兒童與青少年諮商
理論、發展與多樣性

Sondra Smith-Adcock、Catherine Tucker—— 主編

陳增穎—— 譯

Counseling Children and Adolescents

Connecting Theory,

Development, and Diversity

Edited by

Sondra Smith-Adcock
University of Florida

Catherine Tucker
Indiana State University

關於主編者
Editors

| Sondra Smith-Adcock |

北卡羅萊納大學格林斯伯勒分校諮商與諮商員教育學系博士。她已在佛羅里達大學教授學校諮商與心理健康學位課程長達十五年，出版過四十篇以上兒童與青少年諮商相關主題的論著。她的兒童諮商實務經驗豐富，遍及學校、政府單位與私人執業機構。

| Catherine Tucker |

佛羅里達大學諮商員教育學系博士，任教於印第安納州立大學諮商相關領域課程。她擁有北卡羅萊納州與印第安納州的學校諮商師證照、印第安納州心理健康諮商師證照，也是合格的遊戲治療師督導。她的臨床諮商實務經驗超過十年，是多篇諮商相關主題期刊文章與書籍章節的作者。2015 至 2017 年，擔任兒童與青少年諮商學會（Association for Child and Adolescent Counseling）理事長。

譯者簡介
Translator

陳增穎

現職：南華大學生死學系所副教授

學歷：國立臺灣師範大學教育心理與輔導學系博士

美國伊利諾大學香檳校區訪問學生

經歷：諮商心理師高考及格

國高中輔導教師

諮商與心理治療實務工作者及督導

譯作：《敘事治療入門》（2008，心理出版社）

《諮商概論：諮商專業的第一本書》（2012，心理出版社）

《團體諮商：概念與歷程》（2014，心理出版社）

《諮商技巧精要：實務與運用指南》（2015，心理出版社）

《悲傷諮商：原理與實務》（2016，心理出版社）

《40 個諮商師必知的諮商技術》（2017，心理出版社）

《社會心理學》（2019，心理出版社）

《兒童與青少年諮商：理論、發展與多樣性》（2021，心理出版社）

《青少年心理學》（2022，心理出版社）

譯者序
Translator

　　長大成人後的我們，都曾經是兒童與青少年，但不知道從什麼時候開始，一頭栽進成人世界的我們，常常忘了當初的心情與模樣。兒童與青少年，成了一個既熟悉又陌生的族群。翻譯本書時，不禁感嘆歲月催人老，我離自己的年輕時代好遠了，幸而生活周遭仍有不少晚輩、學生、個案在身邊。跟他們在一起時，時常說起「想當年，我啊……」，真是臉紅。當然，現在的兒童與青少年跟我當年並不一樣，怎能把自己的經驗套用在他們身上呢？透過本書可以看到，作者們殷切提醒我們不能把成人和兒童青少年「混為一談」。不管是從發展抑或多元文化的角度，他們都是那麼的獨特且令人驚艷。

　　服務兒童與青少年時，我們應該要思考，你擔任的是鷹架、橋梁、牧羊犬，或者甚至是哈梅爾的吹笛手？你認為當代的兒童與青少年，正面臨哪些挑戰與壓力呢？我們所提供的心理健康照護，是否有讓深受心理疾病之苦的兒童與青少年，得到適當的處遇？網路上曾出現一則笑話，說心理師只會將憂鬱症、躁鬱症、強迫症、思覺失調症等症狀或患者，一律概念化為「童年創傷」。至於真相究竟為何，也如同本書作者所言，須以有實證支持的研究與實務為根據，方能為兒童與青少年量身打造適合的介入策略。

感謝心理出版社林敬堯總編輯催生本書、陳文玲執行編輯細心校對，讓本書完美的呈現在各位讀者面前。翻譯本書時，我有機會搶先將書中介紹的技巧與案例說明應用在教學和實務工作上，獲得不錯的效果。相信各位讀者也能從本書獲得兒童與青少年諮商的精華，一同為提升兒童與青少年更好的生命品質而努力。

　　　　　　　　　　　　　增穎　於南華大學學慧樓

目次

Contents

Section 3

本書索引及各章補充資源與參考文獻
可於心理出版社網站下載使用
https://reurl.cc/e9vOAm
解壓縮密碼：9789861919379

Section **1**

兒童與青少年諮商的
歷史與文化趨勢

Catherine Tucker & Ceymone Dyce

3

　　兒童是生生不息的個體——比那些用習慣的殼圈住自己的成人還要生機蓬勃。因此，為了他們的心理健康和發展著想，千萬不能只靠學校教育，而是要讓這個充滿愛的世界成為他們的守護神。

——**Rabindranath Tagore**（泰戈爾）

　　對歷史無知，就是對所有事情無知。就像一片葉子，竟不知道自己是樹的一部分。

——**Michael Crichton**（麥可‧克萊頓）

引言

　　閱讀本書的研究生，已經進入以諮商為業的生涯預備期了。此時諮商也正面臨典範轉移。過去十年來，科學家們一步步地揭開人類大腦的奧祕。神經生物學的突飛猛進與研究發現，徹底翻轉我們對人類和諮商專業的理解。各個諮商專業領域都不免受到新知識的影響，其中，兒童與青少年諮商或許是受到最大衝擊的。Bruce Perry、Stephen Porges、Bessel van der Kolk、Ed Tronick、Dan

4

編注：正文側邊的頁碼為原書頁碼，供索引檢索之用。

Siegel 等許多研究者和臨床實務工作者的貢獻，大大改變我們對大腦發展的認識、早年依附關係在認同發展扮演的角色、個體與環境的作用如何減輕或加重創傷經驗、青少年大腦的變化過程，還有其他在人際關係、大腦與神經系統上的重大發現。

諮商的新典範形成，意味著我們思考與協助他人解決問題的方向必須改變。例如，我們現在知道大腦的成長與變化，不僅出現在出生頭幾年，而是終生持續進行。我們現在也知道遭受壓力與創傷，會對大腦的結構與功能造成影響，但透過諮商或同理的關係解決創傷經驗，一樣也可以改變大腦（van der Kolk, 2014）。本書將綜合呈現最新的神經生物學、重要的發展理論、諮商理論、社會一歷史脈絡背景的研究結果，可幫助有志於在學校或其他臨床場域從事兒童與青少年諮商的讀者打好堅實的基礎。有些讀者或許已經相當熟悉諮商或發展理論，但我們相信，納入新的科學研究發現與擴充多元文化的應用觀點，是這些文獻獨特的貢獻。

作為前導緒論，本章會介紹本書強調的概念與觀點，說明美國自建國以來，兒童與青少年面臨的重大社會與歷史問題。我們也要承認，各式各樣的全球化議題，已經影響到數以萬計的兒童與家庭。雖然我們也會探討美國境內不同背景的兒童與青少年問題，但畢竟篇幅有限，無法面面俱到。若你是國外讀者，或剛從外地來到美國，我們希望你能協助理出當地的重要議題與歷史淵源。我們也希望美國的讀者能把握機會，好好瞭解他國的心理健康照護系統、教育、童工、兒童保護等議題，尤其是將來要服務移民的讀者。透過這本書，我們能提供讀者許多和兒童與青少年多元文化諮商有關又有用的資源，讓你有機會省思自己的多元文化勝任能力。

本章最後要探討未來有可能影響你以諮商師為業、服務兒童與青少年時，其他新興的議題。這一節的內容幾乎可寫成一本書了。因此，我們希望這裡所介紹的概念，能激發讀者繼續深入學習。此外，我們也衷心期盼，讀完本書後，你可以從中汲取知識和技巧，更有自信地將之應用在兒童與青少年諮商上，有效地幫助他們的人生邁向成功。

5

・讀完本章之後，你應該能夠・

- 說明專業諮商師為何需要瞭解社會、文化與歷史脈絡背景。
- 說出美國這兩百多年來，在童工、教育、兒童保護等重要議題上的轉變。
- 說出若要使兒童與青少年諮商發揮效果，為何必須下工夫瞭解發展理論和神經生物學。
- 指出當代會對兒童與青少年諮商造成重大影響的議題。

兒童與青少年諮商：發展與多元文化的觀點

對諮商師來說，兒童與青少年諮商是相當重要的專業領域。兒童與青少年是一個獨特、異質性的群體，非但不可等閒視之，更值得好好研究一番。兒童與青少年的諮商需求，不亞於成年人（Innerhofer, 2013）。身為臨床督導和諮商師教育工作者，我們發現許多諮商研究生對兒童與青少年仍是一知半解，而他們將來直接或間接服務的對象，就是兒童與青少年。瀏覽諮商與相關教育課程認證評議委員會（Council for Accreditation of Counseling & Related Educational Programs, CACREP）的名錄，可看出這些合格的諮商碩士學位學程，絕大多數未對兒童與青少年諮商規劃特定的課程。雖然所有的碩士學位課程都會開設人類發展與多元族裔諮商，但並不清楚這些課程是否和兒童與青少年諮商的理論與實務直接相關（CACREP, retrieved August 27, 2014 from http://www.cacrep.org/directory）。

案例描述 1.1 有助於我們瞭解為何兒童與青少年諮商是一個非常特別的專業領域。請留意在這個真實的案例描述中，兒童的情緒困擾表現和成人相比是多麼不同。

案例描述 1.1

處理兒童與青少年問題時，瞭解人類發展過程是不可或缺的知識。請運用你所知道的發展理論，解釋這兩兄弟的悲傷反應為何出現差異。

唐尼，14 歲，弟弟藍迪，5 歲，他們的祖父最近剛過世。兩兄弟跟祖父的感情很好，祖父的過世讓他們非常傷心。請思考兩兄弟的發展階段，會如何影響他們的悲傷反應。

就在祖父的喪禮過後不久，唐尼變得越來越退縮封閉。除了吃飯時間外，爸媽幾乎看不到他，就連吃飯他也只吃一點點。其他時候，唐尼都把自己關在房間裡，不停地打電動或看書。他不和朋友出去玩，看起來一副病懨懨的樣子，卻又常跟家人起衝突。就算媽媽問他：「你還好嗎？」唐尼也只會回答：「還好，不要管我，妳不會懂的。」於此同時，藍迪則是變得越來越焦慮、黏人。爸媽說他現在「一直黏著他們不放」，跟他以前獨立的個性判若兩人。和哥哥唐尼不一樣的地方是，藍迪的情緒比以前更為起伏不定，一下子大哭，一下子又因為小事像學步兒一樣大發脾氣。老師說藍迪在學校常常「恍神」，並且不時找同學吵架。

不論諮商師的工作場域在哪裡，若要對兒童與青少年採取特殊的諮商技巧和介入方式，都必須經過審慎評估，確保其運用得當。負面童年經驗（Adverse Childhood Experiences, ACEs）研究的結果告訴我們，這是非常需要嚴肅看待的問題。負面童年經驗研究檢視 17,000 位全美各地不同背景的成人資料，邀請受訪者回答最近的健康狀況並回顧早年經驗。研究結果令人震驚。童年遭遇負面生命經驗者，如：父母入獄服刑、受虐、被送到寄養家庭等，成年後常飽受身心健康不佳之苦（Felitti et al., 1998）。之後用這些資料進行的數個追蹤研究全數顯示，負面童年經驗越多，往後身心健康出問題的機率越高。從負面童年經驗研究可清楚看出，兒童時期經歷創傷，常嚴重危害成年期的健康。幸運的

是，負面童年經驗研究也顯示，預防或有效的早期介入創傷事件，可以降低成年期負面影響的風險（CDC, 2015）。由此可知，諮商師須介入負面童年經驗分數高的家庭與兒童，以預防或減緩這些經驗持續貽害民眾的身心健康。

除了瞭解大腦的發展與理論外，諮商師也應懂得如何處遇各個不同生命階段、問題類型的個案（ACA, 2014）。為符合倫理守則，諮商師應瞭解與採用實證支持的實務（evidence-based practices）。也就是說，諮商師應使用經過嚴謹研究與證實有效的策略（Marquis, Douthit, & Elliott, 2011）。盡量不要使用見到個案才當場突發奇想的技術，或諮商師自己喜歡的技術，而是應該使用實證支持的實務。所以，諮商師需持續閱讀專業期刊、參加繼續教育課程、只要有新的證據出現，就更新自己的技巧（Chorpita, Daleiden, & Collins, 2014）。雖然融合實證支持的取向與新興或創新的治療方式也是可行的，但運用時應有意為之，並著眼於找出其之所以有效的證據（Chorpita et al., 2014）

不僅兒童間的個別差異極大，就連在同一個文化和社會裡，兒童與成人的發展和相對權力也是天差地別（Axline, 1969）。兒童與青少年在處理訊息、表達想法和行為表現上，在在迥異於成人。把兒童與青少年當作是一群特殊的人口，這麼一來，實務工作者才不至於把自己和兒童青少年「一視同仁」。即使諮商師和兒童青少年的族裔、性別、社經階級相似，也應從他們是分屬兩個不同團體這個方向，去理解雙方的諮商關係。我們認為諮商師（尤其是新手諮商師）應該把「兒童與青少年和我們不一樣」這點謹記在心。

運用引導活動 1.1 的例子，探討人類的發展如何影響一般的日常任務與活動。

引導活動 1.1

隨著兒童年齡漸長，周遭人通常會給予他們越來越多的自由度，測試他們的能耐。思考以下列出的活動，回想自己最初能從事這個活動的年紀。你認為自己當時的發展狀況，足以勝任這項任務了嗎？現在的你會允許那個年紀的兒童從事這項活動嗎？你的理由為何？（請用發展理論支持

你的回答。）和你的同學相互討論答案，留意其中會浮現的文化差異。

1. 在沒有旁人照看的情況下使用電動除草機

2. 獨自待在家中一小時

3. 自己一個人走到同社區的朋友家

4. 自行使用火爐

5. 照顧小孩

8　　　我們也相信，不管服務對象是誰，為了提供最佳服務，諮商師至少要對他們的社會—歷史脈絡有基本的認識。所謂鑑往知來，不瞭解過去，哪敢說懂現在？

美國兒童的社會—歷史脈絡背景與兒童心理健康照護

自有歷史以來，絕大多數的父母親都是依照當時社會的狀況，盡己所能地關愛孩子，想給孩子最好的。但要在什麼情況下，以法律與社會福利系統介入對兒童的處遇，仍是眾口不一（Brenner, 1970）。照顧未成年者的主要法律責任，通常是落在原生家庭的成人身上。然而，有些家庭因過於貧困而力有未逮、有些則是父母雙亡，或存在照顧者的虐待或疏忽等。凡此種種，使得社會和法律在保護兒童問題上，依然責無旁貸（Myers, 2004）。

以下四大議題，是瞭解美國兒童社會與歷史脈絡背景的關鍵。想要把兒童培養成有能力、情緒穩定的成年人，教育、童工問題、兒童虐待與疏忽、兒童的心理健康照護等，都是現代社會必須予以重視的議題。

教育

　　殖民地時期早期，美國的教育多半以殖民者的利益為優先，這是為了確保他們的孩子可以自己讀懂聖經（這是新教徒的重要目標）（Cook & Klay, 2014）。許多早期的殖民者偏好基礎教育，即便缺乏師資、書籍和空間，無法讓每個孩子受教育，但至少要讓男孩子能夠讀書。第一個制定法律、要求每一城鎮負起教育責任的是麻薩諸塞州。麻州在 1647 年立法通過，規定每一個超過 50 人的城鎮，需成立一所學校（Brackemyre, 2015）。但並不是每個州都實施推動這項法令。

　　獨立戰爭之後，喬治・華盛頓總統與湯瑪斯・傑佛遜總統遊說國會通過法律，希望每位兒童都能接受教育（Reisner & Butts, 1936）。華盛頓總統與傑佛遜總統等多位開國元勛堅信，民主要能成功，唯有仰賴民眾投票。這些民眾由白人地主組成，他們不但能夠閱讀，而且具備理性思考，可以在投票時做出理智的決定（Cook & Klay, 2014）。不過，由於議員堅持由當地政府制定教育法規，聯邦教育法鎩羽而歸。結果，有些州（如：麻州）通過強硬的教育法案，有些州則採尊重私人企業辦學（Reisner & Butts, 1936）。最為人所知的應是傑佛遜總統推動「設立公立學校法案」（Act to Establish Public Schools），最後終於在 1796 年得到國會的支持通過（Brackemyre, 2015），但並沒有強制每個州都要遵從。因此，一直到 19 世紀，仍有許多州認為教育是私人企業，政府沒有必要建設公立學校（Reisner & Butts, 1936）。直到 19 世紀中期，教堂、慈善機構、家庭式學校等，仍是美國學童當時最主要的受教育場所（Mintz, 2012）。

　　到了 1840 年代，教育更為普及（至少對白人家庭而言）（Mintz, 2012）。希望孩子上學的家長必須幫子女註冊、支付學費。讓孩子上整天課的家長也等於失去一個勞動力，對清寒家庭來說，讓孩子上學可說是一件不切實際的事（Walters & James, 1992）。就算付得起學費，女孩的求學之路也處處受限，因為有些學校根本不接受女孩入學（Graham, 1974）。雖然有些私立女校辦學優良，不過通常學費昂貴，一般家庭負擔不起（Graham, 1974）。淪為奴隸的兒童特別被排除在學校教育之外；南北戰爭以前，讓奴隸受教育在多數南方州還是違法

9

的（Anderson, 1988）。身心障礙兒童的教育機會不平等，直到 1975 年，國會才通過「身心障礙者教育法案」（Individuals with Disabilities Education Act, IDEA）（Walters & James, 1992）。也就是說，1918 年以前，某些州的兒童還無法享受義務教育；1974 年以前，身心障礙兒童甚至沒有自由和完善的公立教育受教權保障他們。

當時學校的教學品質良莠不齊，學生的性別與種族組成不一（Herbst, 1996）。1950 年代之後，還有些公立學校仍舊實施男女分校和／或種族隔離政策（Graham, 1974）。中學教育在美國的起步稍晚。1940 年，僅有一半的 18 歲民眾擁有高中學歷（Herbst, 1996）。時至今日，已有 88% 的美國公民可從高中畢業（U.S. Census Bureau, 2012）。然而，內陸城市低收入家庭的非白人男性學生，和富有的白人同學相較，雙方依然存在著相當大的成就差距（U.S. Department of Education, 2013）。

當前面臨的議題

學校教育在兒童與青少年的生活中占據核心位置。本節將詳細探討當代一些重要的教育政策。這些政策和議題可能在一夕之間發生變化，因此，須留意各種新聞來源，方能及時更新資訊。

10

教育差距

根據美國教育學會（National Education Association, NEA）的定義，「『成就差距』（achievement gap）一詞，意指少數族裔與／或低收入戶學生的學力測驗成績，和白人與亞裔學生之間的差距。不過，學力測驗成績的成就差距，影響的族群層面不一。有些族群只在某一方面落後，例如，低年級小男生的成績和高中女生的數理科學成績。不同背景（種族、性別、障礙、家庭收入）學生的成就差異，顯現在大型標準化測驗成績上。學力測驗成績差距通常會導致長期的每下愈況，影響學生是否能完成高中職、大學學業，及成年的就業選擇」（NEA, n.d.）。

無論是學校諮商師或臨床諮商師，都可成為推動改變的重要人物，以消弭

成就差距。不過，學校諮商師站在較有利的位置。學校諮商師可以調閱學生資料，教導他們如何做好時間管理，縮短差距。例如，高中諮商師可以檢視學生的資料，挑出領取免費或補助午餐券的優等學生名單，為這些學生提供課後輔導，幫助他們考上大學，申請就學貸款。小學諮商師可以檢閱州成績考試資料，看看新進教師的班級學業成績好不好，方便來年為教師提供必要協助。學校諮商師應主動參與校務決策，如：學生分班、選派教師、經費分配等，運用各種管道獲悉個別或團體學生的重要「內幕」消息，知曉各個老師的優缺點，懂得善用這些資訊做決定。美國學校諮商師學會（American School Counselor Association）的官網上有許多文章可供參閱，協助諮商師發展能減少各族群成就差距的策略（ASCA, 2014）。

移民家庭兒童的教育

移民政策在過去數年來，一直是爭論不休的議題。許多鄰近墨西哥的邊境州，試圖藉由築牆、駐兵巡守、拒絕讓無證成人與兒童移民接受基本醫療與教育服務等，來限制移民湧入美國（Hipsman & Meissner, 2013）。1996 年，聯邦政府通過法律，禁止無證移民以州內學費優惠就讀大學（Chen, 2011）。有些州則已經修訂法律，若是符合某些必要條件（如：已在該州定居數年），則放寬移民接受高等教育，註冊成為州內學生（Chen, 2011; Hooker, Fix, & McHugh, 2014）。某些州（如喬治亞州）已經決定將資源重新分配，只要是公立幼兒園和中小學的兒童，無論身分合法與否，都支持他們完成學業。州政府的論點是，不要讓非法移民兒童受到父母親的牽連，只要讓他們好好接受教育，將來也可以成為誠實納稅的成年人（Hooker et al., 2014）。諮商師應該熟悉執業當州與無證移民健康與教育資源相關的法律。

11

特殊教育議題——種族與階級

前面大略提到，社會正義和成就差距問題息息相關。接受特殊教育服務的兒童，其性別、種族、家庭收入的比例嚴重失調，也是值得商榷討論的議題。2011 到 2012 年，以及 2013 到 2014 年間，美國教育部與人權辦公室依性別、

種族和家庭收入，針對各個學區的校規和特殊教育，進行了一項全國性的調查。這些單位先前曾針對少數樣本學校進行研究，但在 2011 年，則蒐集到美國境內所有學校提供的資料（Office of Civil Rights, 2015）。研究發現，許多接受特殊教育安排的非裔、拉美裔、多元族裔、貧困家庭的男童，被體罰的可能性和嚴重程度居高不下（Office of Civil Rights, 2015）。對少數族裔男性的差別待遇與苛刻對待，從學齡前一直延續到就業期間。從引導活動 1.2 中，可以更詳細地看出各州的成就差距。請參考人權辦公室的網頁（http://www2.ed.gov/about/offices/list/ocr/data.html?src＝rt）。

引導活動 1.2

運用人權辦公室的網頁，查看你所屬學區的資料。在你居住的區域裡，所有兒童都能達到相同的學業成就嗎？若否，你可以做些什麼來縮小他們的差距？

特許學校與學券制

12

無論美國是否應該採取統一的教育系統，建國初期傑佛遜總統的改革嘗試，近幾年又再度浮上檯面。隨著 2001 年開始實施的「不讓任一孩子落後」（No Child Left Behind, NCLB）法案，使得公立學校必須對學生的學習問題負起績效責任。「不讓任一孩子落後」法案中，對高風險測驗（high-stakes testing）（譯注：指測驗或考試的結果，關係到升學、畢業與一些教育資源的取得，對考生的利益有較大影響）和教師的角色與訓練，賦予一些新的規定。此舉導致某些州或行政區轉而支持設立特許學校（charter schools）（譯注：或譯為委辦學校，是指政府將經營公立學校的特許權，發給審核通過的民間組織或個人辦學），或由政府發放學券（vouchers）（譯注：又稱教育代金券）給貧困家庭，讓他們的孩子可以捨棄辦學不佳的公立學校，改讀私立學校（Richardson, 1994）。反對特許學校和學券制的人士認為，把公共基金撥給這些

學校，會讓已經難以生存的公立學校更是雪上加霜。但贊成者則認為，公共基金本來就可以用在除了公立學校之外的選擇上。請透過引導活動 1.3，多瞭解這項議題在你所屬地區的運作情形。

引導活動 1.3

　　你所在的州，對特許學校和學券制的法律規定為何？在你居住的城市中，學齡兒童就讀傳統公立學校、特許學校、私立學校，或在家自學的比例各是多少？每種類型的學校，畢業生和升大學的比例各是多少？（這些資訊可以在州政府教育網查詢。）每種類型的學校，種族或社經／家庭收入分布有差異存在嗎？它們各有何優缺點？你所在的州，是否禁止非法移民兒童上學或申請就學貸款？該州的種族和性別特殊教育服務方案為何？寫信給當地的教育委員會，贊許他們的努力，並陳述你關切的問題。擬好草稿後，帶到班上和同學討論。

▍童工問題

　　遲至 1938 年，國會通過「公平勞動基準法」（Fair Labor Standards Act, FLSA），方有聯邦層級的法律規範童工問題（Rauscher, Runyan, Schulman, & Bowling, 2008）。公平勞動基準法限制未成年者每週能工作的時數和型態。自 1938 年以來，公平勞動基準法經過數度修正，規定未成年者在學期間每週工作時數不得超過 40 小時。除了家族企業或家庭農場尚無規範之外，禁止僱用 14 歲以下的兒童（Kruse & Mahony, 2000）。1938 年前，許多兒童每天工作至少 12 小時，無週休日，工作環境險惡，薪水少得可憐。

　　近來，聯邦法與州法在保護未成年者免於危險職場、超時工作、勞力剝削的立場趨於一致。未成年的非法僱用近百年來雖已獲得極大改善，但並沒有絕跡。Kruse 與 Mahony（2000）的研究指出，每年仍約有 31 萬個未成年者違反

勞動法，在工時超長、有害環境及未適齡的情況下工作。雙親學歷低於高中職以下的兒童，比雙親為大學畢業者，更容易成為超時工作或危險職場的受害者（Rauscher et al., 2008）。同份研究報告亦指出，非裔兒童青少年的超時工作情形，較他們的白人同儕尤為嚴重。由此可見，童工問題的規範雖有成效，但並未完全消失，對不同種族和社經階級的影響也不一樣。為了更加判明這些人口變項與過度工作、學業成就不佳、偏差行為之間的因果關係，實有必要進行更多的研究。諮商師必須提高警覺，加強關注高風險兒童青少年的工作情形。引導活動 1.4 要請讀者上網瀏覽一些照片，以幫助你進一步瞭解童工問題。

引導活動 1.4

1990 年代初期，Lewis Hine 披露一張張攝影照片，令支持規範童工的聲勢為之一振。Hine 花了數年的時間周遊全美各地，記錄 20 世紀初期兒童的職場辛酸。上網搜尋國家檔案館（National Archives）（https://www.archives.gov/education/lessons/hine-photos），即可瀏覽他的童工照片集錦。看過這些照片後，請討論下列問題：

1. 在工廠熬夜工作或輪三班制，會對兒童的學習能力造成什麼影響？
2. 你所在區域的兒童，會從事哪些類型的工作？如果那是一片廣大的農業區，兒童在移民農場勞動力上扮演什麼角色？
3. 你有父母、祖父母或其他親戚在孩提時期長時工作嗎？這樣的工作經驗如何影響他們的成年生活？你會讓你的孩子去工作嗎？什麼樣的狀況下你會允許？

14 ▌兒童虐待與疏忽

美國兒童虐待與疏忽的比率難以估計，1962 年以前要取得數據更是難上加

難（Levine & Levine, 1992）。殖民地時期，當地的司法機關偶爾會判定幾起苛待兒童的案例，但兒童虐待通常被當作家務事，由家庭或社區自行解決（配偶虐待亦同）。20 世紀前，警察多半不會受理虐待與疏忽的報案，遑論上呈到法庭接受審理。虐待與疏忽在當時根本不違法。唯一的例外是 1869 年的 **Fletcher v. People** 案（引自 Myers, 2004）。

1869 年，一位伊利諾州的父親被控告將眼盲的兒子囚禁在寒冷潮濕的酒窖裡，數日不聞不問。辯護律師說，父母有權力以他們自認合適的方式撫養孩子。伊利諾州最高法院駁回，表明父母的權威「必須在理性和人性的範圍內行使。如果父母親恣意妄為，對孩子施以無理的虐待，無論是監禁或不人道的毆打，法律將給予懲罰」。即使多數的虐童案件從未獲得起訴，但單一案件如 **Fletcher** 案，已經為未來的判決樹立重要的司法里程碑。此案奠定加害者應為兒童虐待與疏忽接受懲罰。雖然另有其他法條大幅修正，不過強力行使親權的觀念在美國依然歷久不衰。

19 世紀末期，**Fletcher** 案與其他廣為人知的虐童案終於引發立法聲浪，要求保護兒童免於虐待與疏忽。1912 年，聯邦兒童局（Federal Children's Bureau）成立，透過國家層級監督與增進兒童福利。到了 1918 年，只剩三個州還沒有設立審理虐待與疏忽案件的少年法庭（Myers, 2004）。19 世紀末 20 世紀初，辨識與關懷受虐兒童的責任，大部分由私人慈善團體承擔，如：紐約預防兒童虐待協會（New York Society for the Prevention of Cruelty to Children）（NYSPCC; Levine & Levine, 1992）。有意思的是，紐約預防兒童虐待協會原初的設立宗旨是要防止動物虐待（Myers, 2004）。雖然這些組織不遺餘力地為受虐兒童奔走請命，但他們卻沒有被賦予懲罰兒童虐待或疏忽加害者的法定權力。

1962 年，享有盛名的《美國醫學會雜誌》（*Journal of the American Medical Association*）刊登〈受虐兒童症候群〉（The Battered-Children Syndrome）一文（Kempe, Silverman, Steele, Droegemueller, & Silver, 1962），加上媒體鋪天蓋地的報導，美國民眾終於認知到兒童虐待問題的嚴重程度。〈受虐兒童症候群〉一文點燃民眾的熊熊怒火，催生政府立法設置公辦兒童保護機構，推動各州制定法律，將兒童虐待與疏忽升級為刑事犯罪行為（Myers, 2004）。1967 年，美國

15　50 個州全數立法通過，要求醫師必須將疑似受虐兒童通報給保護服務機構（Myers, 2004）。

　　時至今日，強制通報已擴及教師、醫師、護理師、日間照護人員、心理健康照護人員等其他兒童服務的專業工作者（Child Welfare Information Gateway, 2014）。半個世紀以來，兒童保護機構的設置與立法，目的是為了懲罰虐待與疏忽的加害者，拯救數以千計兒童的生命。鑑於過往歷史及當前社會現狀，或許令人難以想像。此外，寄養與領養照護服務仍有諸多缺失尚待改進。幸好，今日的美國兒童已較過去安全，受到保障。從案例描述 1.2 中，可一窺社區的心理師如何發現可能為兒童疏忽的徵兆。

案例描述 1.2

　　薇若妮卡是合格的專業諮商師，在當地的家庭服務中心工作。梅森是她的個案，今年 6 歲。他來諮商的時候，常是一臉倦容，帶著黑眼圈，睡眼惺忪，有時甚至在遊戲和晤談當中睡著了。最近，他穿的短褲、T 恤和鞋子顯得太大，根本擋不住深秋的寒意。薇若妮卡知道梅森的母親是位年輕的單親媽媽，得夜以繼日地做兩份工作才能養活母子倆。薇若妮卡也知道梅森的媽媽曾經酗酒，男人運很差。薇若妮卡非常關心梅森的身心健康，她接下來該採取什麼行動？和你的同儕與教授相互討論，找出最合乎倫理的處遇方式。

▎兒童的心理健康照護

　　雖然美國兒童接受的教育與保護都較之前好多了，但兒童的心理健康服務仍面臨資金不足、人員短缺、推廣使用不力的情形（SAMHSA, 2012）。20 世紀以前，兒童的心理健康照護並未受到聯邦政府的重視（Jenkins, 2011），直到 20 世紀初，才逐漸開始看重兒童的心理健康需求（Salmon, 2006）。美國兒童的心理健康照護，是在 1982 年 Jane Knitzer 博士發表「無人聞問的兒童：失格的兒

童與青少年心理健康服務公共責任」（暫譯）（Unclaimed Children: The Failure of Public Responsibility to Children and Adolescents in Need of Mental Health Services）一文後，才開始受到全國矚目。這份報告強調國內兒童的心理健康需求受到嚴重漠視（Community Action Network, 2010）。

即便 1974 年的「聯邦社區心理健康中心法案」（Federal Community Mental Health Centers Act）指定核撥兩千萬美金，擴大對兒童與青少年的服務，但 Knitzer 發現，1980 年代早期，仍有超過三分之二需要心理健康服務的兒童，並沒有得到適當的處遇（Children's Mental Health Network, n.d）。為回應 Knitzer 指出的這項危機，國家心理健康研究院（National Insitute of Mental Health）於 1984 年創立「兒童與青少年服務系統方案」（Child and Adolescent Service System Program, CASSP）（Community Action Network, 2010）。兒童與青少年服務系統方案的任務是將兒童納入現有的心理健康照護體系中，並開辦多種新的服務項目（Community Action Network, 2010）。不過，雖然政府不遺餘力推廣，但 2016 年時仍有許多心理健康服務未竟其功，特別是針對低收入戶兒童與少數族群兒童的服務。

根據 2012 年「美國的行為健康」（Behavioral Health in the U.S.）報告指出，聯邦政府物質濫用與心理健康管理局估計，每年約 64% 的兒童與青少年患有嚴重的心理健康問題，須接受治療。但過去一年中，僅有 12% 物質濫用的青少年，和 60% 注意力不足過動症（ADHD）的青少年得到治療處遇（SAMHSA, 2012）。雖然採用 1982 年 Jane Knitzer 博士所建議的治療模式後，2016 年接受心理健康服務的兒童與青少年均獲得明顯改善，但也只有少於六個人次的心理健康專業人員前去關懷拜訪，且絕大多數說他們只有拿到處方藥物治療，沒能同時接受諮商服務（SAMHSA, 2012）。接受心理健康服務的族群也有差別，例如，少數族群（包含性取向少數族群）、司法非行機構安置、寄養機構等處境的兒童，比其他人口族群的兒童更為焦慮、憂鬱和創傷（SAMHSA, 2012）。然而，這些兒童也是美國境內諮商方案服務不周的對象（SAMHSA, 2012）。

16

兒童心理健康照護的當代觀點

　　身處 21 世紀早期，兒童的諸多長期心理健康問題，如：憂鬱、焦慮、學業問題、發展遲緩、物質濫用、心理創傷等，依然層出不窮。雖然心理健康專業人員在辨識及治療這些疾病上已可看出某些成效，但多數深受心理疾病之苦的兒童並未得到適當處遇（SAMHSA, 2012）。此外，自閉症、躁鬱症、肥胖（雖然這些不是心理健康問題，但無疑是公共衛生要關注的重點。且肥胖也會引發憂鬱、焦慮、低學業成就）等診斷案例急速攀升，也是諮商師在未來二十年需面臨的新挑戰。美國的多元族群人口激增，在訓練心理健康專業人員時，留意各個族群的差異，亦是 2002 年心理健康新自由委員會（New Freedom Commission on Mental Health）報告揭示的重要目標（U.S. Department of Health & Human Services, 2003）。

　　大腦發展結構與功能的知識突飛猛進，也大大增進我們對心理健康問題機轉的瞭解（Perry, 2005; Schore, 2012）。然而服務取得不易，造成健康問題浮現與開始治療的時間延後（SAMHSA, 2012）。因此，兒童與青少年心理健康服務人員在 21 世紀的最大挑戰之一，即為提供有效且公平的服務，以及懂得該如何善加介入。透過引導活動 1.5，請你列出諮商師可資運用的當地資源。

引導活動 1.5

　　為你所在的區域製作一份社區資源指南，列出所有可以推薦個案或學生前去使用的相關服務機構，包括需自費的諮商服務、家暴收容中心、藥酒癮戒治設施、醫院、兒童虐待與疏忽通報專線等重要資源。完成這份清單後，請想想對那些低收入戶家庭的民眾——特別是對沒有個人交通工具的民眾來說，這些資源方便取得嗎？有哪些阻力橫亙在眼前？

未來趨勢

▌兒青諮商與其他諮商專業

　　在兒童與青少年諮商中，當前最為活躍的研究領域，莫過於為他們量身打造合適的介入方式。為跟上諮商趨勢，諮商師需要去瞭解有哪些創新又有效的取向適合這類獨特的族群。兒童與青少年是學習和環境的主動參與者。遊戲治療已然成為諮商師用以改變兒童行為的有效介入取向。越來越多研究顯示，遊戲治療能有效處理來自各種文化背景、各式各樣問題類型的兒童（Ray, 2015）。透過人際歷程，遊戲治療師運用遊戲的療癒性力量，協助個案預防或解決心理社會困擾，實現正向成長與發展（Association for Play Therapy, n.d.; Blanco, Ray, & Holliman, 2012; Bratton, Rhine, Ray, & Jones, 2005）。遊戲治療學會（Association for Play Therapy）近來發表支持實證實務的聲明，概述如何運用各種形式的遊戲進行研究。各位讀者可參閱遊戲治療學會的官網聲明全文（http://www.a4pt.org/?page＝evidencebased）。自 2015 年秋，一群遊戲治療研究者即致力於申請登錄在全國實證支持方案與實務服務註冊網站（National Registry of Evidence-Based Programs and Practices）中。

　　創作經驗，是兒童教育相當重要的內涵，也是健康發展的基石（Glassman & Prasad, 2013）。因此，兒童與青少年諮商亦須採取有別於尋常的策略。一項令人眼睛為之一亮的創新諮商專業方式為藝術治療。藝術治療能有效提升兒童的自尊、自我管理和親社會行為。研究顯示，表達性藝術治療能大大提高兒童在諮商關係中的投入程度與反應水準，療效顯著（Howie, Prasad, & Kristel, 2013）。在新的健康照護系統下，諮商專業正面臨巨大的變化，諮商師不可不察。

18

▌平價醫療法案

　　未來十年對諮商實務影響最大的，極有可能是因推動「平價醫療法案」（Affordable Care Act, ACA）而跟著改弦易轍的美國健保制度。「平價醫療法案」包含各項醫療改革條款，特別是如何取得聯邦醫療保險／醫療補助。根據新的聯邦法律，心理健康服務連同其他九項基本條款，都在聯邦保險交易所承保的範圍內（Mechanic, 2012）。如此一來，諮商師、家庭醫師與護理師等聯合執業的醫療機構，將得到較高的聯邦補助（Mechanic, 2012）。學校諮商師也將看到，大部分的學生都有資格利用這套健保制度，得以轉介到外面的機構接受更多服務。成人亦將受益於這套新的健保制度，保險公司不得拒絕承保在醫療保險前就已經罹病的民眾，也讓孩子直到 26 歲前，得以繼續受惠於父母親受僱的雇主負擔保險計畫（Mechanic, 2012）。雖然這套法案才通過沒幾年，但有些州政府卻正想方設法不參加「平價醫療法案」。原因可能是「平價醫療法案」讓諮商師與其他心理健康專業人員得從頭改變財務與文件處理方式。

▌神經科學的新發現

　　越來越多的研究報告陸續發展出創新且有效的創傷和其他心理問題處遇方式。近期的研究也發展出如何處遇在學校產生行為問題的心理創傷或心理疾病學生，因此學校諮商師也必須高度留意有關大腦的研究（Cozolino, 2013）。

　　2013 年，美國聯邦政府挹注更多經費，展開一項嶄新且大規模的人類大腦研究計畫（National Institutes of Health, 2014）。來自各個不同部門的科學家，如：美國食品暨藥物管理局、國防高等研究計劃署、國家科學基金會等，與國家衛生研究院攜手合作，補助全美有潛力的神經科學實驗研究室。第一期的研究經費已於 2014 年核撥（National Institutes of Health, 2014）。諮商師與其他心理健康專業人員必須與這些研究報告的結論接軌，新的知識將可能對心理健康的診斷和處遇帶來深遠的影響。

諮商的基本原則

- 與其他發展階段相比，兒童與青少年期是個獨一無二、理應受到保護的時期。

- 直到近代，美國的兒童與青少年才受到政府的介入保護，免於勞力剝削、劣質照顧、貧窮或欠缺教育機會及其他戕害身心健康與福祉的不利因素。

- 為讓兒童與青少年擁有安全與健康的發展期，我們仍有很長的一段路要走。

- 認識各個發展階段與社會權力的差異，有助於諮商師更加瞭解兒童與青少年。

- 兒童與青少年不是小大人。服務對象為兒童與青少年的諮商師，必須具備特殊的專業知能，如：深厚的發展理論知識。

- 改善兒童與青少年的生活，是各個工作場域的諮商師責無旁貸的使命。

本章作者簡介

Catherine Tucker（見主編者簡介）。

Ceymone Dyce，佛羅里達大學諮商教育學位學程博士生。她的研究興趣是整合弱勢社區與兒童的心理健康照顧。

編注：本書各章末有相關補充資源及參考文獻，請至心理出版社網站下載使用（詳情請參見目次頁最後的說明）

2 Chapter

兒童與青少年諮商的
法律與倫理議題

Sondra Smith-Adcock and Sandra Logan

> 所有兒童都有受到保護的權利。他們有生存、安全、歸屬、受到關注、接受適當照顧，以及在受保護的環境中成長的權利。
>
> —— 聯合國兒童基金會（UNICEF, 2010, p. 149）

引言

　　立憲政府會制定法律，賦予國民基本的自由並提供保護。兒童與青少年在自由和保護的天平中，處於特殊、不確定的位置。他們尚未達到能全權做決定的年紀，但同時又應享有基本權利。對兒童與青少年的自由和保護尋求最佳平衡，可回溯到 19 世紀末，美國制定首部兒童保護的法律（Myers, 2004）。如今 21 世紀，已經過了十多年，我們仍在想辦法努力讓兒童與青少年免於照顧者的施虐，或至少要讓兒童與青少年保有一些個人生活的主控權。根據「美國兒童的每日現況」（Each Day in America for All Children）（Children's Defense Fund, 2014）的統計數據顯示，號稱多元民主的美國，還沒有找到一個理想的方法可以保護兒童。每天有：

- 4 個兒童死於虐待或疏忽
- 187 個兒童因暴力犯罪而被逮捕
- 408 個兒童因毒品犯罪而被逮捕
- 838 個公立學校學生遭受體罰
- 1,837 個兒童被證實受到虐待或疏忽
- 4,028 個兒童被逮捕

　　諮商師的專業倫理，是為了回應保護兒童與青少年的特殊需要。處遇兒童與青少年的諮商師，其所依循的法律與倫理守則有別於成人。由於兒童的法律權利受限，加上倫理強制命令，使得倫理決定相較之下更為複雜。同時，不同年齡的兒童，也應享有符合其發展階段的個人自主決定權。如何維持平衡，須仰賴專業諮商師對法律與倫理的決定，具備廣泛且專業的知能。

　　關於應如何對待兒童與青少年，諮商師所抱持的個人信念與文化成見，是影響其做決定的關鍵變項。具有反思能力的諮商師，會帶著洞察力與熱忱執行業務（Parsons & Zhang, 2014）。做任何決定之前，我們必須檢視自己和決定之間的關係。對於本章探討的議題，如：離異父母的權利、青少年的性行為、打破保密協定等，每個諮商師都有其獨到的見解與態度。有助於反思的問題有：（1）你跟個案的關係是？（2）你對個案的責任是？（3）你的經驗會如何影響你做決定？（4）你應該從兒童、家長或其他人的觀點，來重新思考個案的議題嗎？（5）如果從另一個角度重新思考個案的議題，你會如何修正你的決定？

　　本章將仔細回顧和兒童與青少年諮商有關的法律與倫理議題，以案例說明協助學校與臨床場域的諮商師順利掌握特殊的法律與倫理守則。這也是兒童與青少年諮商師的基本工夫。

──── **‧讀完本章之後，你應該能夠‧** ════

- 在學校與臨床場域進行未成年者諮商時，知道該援引哪些聯邦法和州法。
- 引用諮商專業組織（如：美國諮商學會 [ACA, 2014]、美國學校諮商師學會 [ASCA, 2010]）所制定、和兒童與青少年諮商相關的倫理守則。
- 懂得運用諮商實務倫理（如：知後同意）。
- 統整法律知識與倫理實務，瞭解並懂得運用倫理決策模式。
- 反思個人在兒童與青少年諮商方面的倫理原則。
- 認識和兒童與青少年諮商有關的專業組織。

在學校與臨床場域服務的諮商師，時常會碰到法律與倫理問題情境。這些問題情境幾乎每天發生，範圍從單純、簡單，到模糊、主觀的都有。例如：

- 學校諮商師晤談一位剛轉學過來的小三男童。男童媽媽說他患有注意力不足過動症（ADHD），考試時需要準備一個特別的空間給他。有哪些法條和這個問題有關？學校諮商師該如何處理？
- 經過幾次晤談後，一位青少年對諮商師坦承她最近涉入有風險的性行為。諮商師可以打破保密協定，告訴她的父母嗎？
- 一位年輕媽媽心急如焚地尋求教養協助，因為孩子最近的脾氣越來越暴躁。經過簡短的初談後，才知道媽媽剛與孩子的爸爸離婚。此時需要父母雙方的同意，孩子才能接受諮商嗎？
- 一位 5 歲的孩童哭哭啼啼地跟老師說：「媽媽昨天晚上打我打得好痛。」老師該把這件事通報給兒童福利單位嗎？

有哪些法律與倫理守則和上述情境有關？每個兩難問題的答案均視情況而定。本章將提供一些有用的資訊，協助讀者因應解惑。請透過引導活動 2.1，

訪談幾位諮商師（學校、機構、私人執業或醫療場所的皆可），瞭解他們如何處理法律與倫理問題情境。

28

引導活動 2.1

　　進入任何一個專業領域前，若能受教於前輩是一件很棒的事情。新手諮商師可以從資深的專家身上學習經驗。請運用下面的練習，訪談一位諮商專家（心理健康或婚姻與家庭諮商師、學校諮商師、社工師等），就兒童與青少年諮商的相關法律與倫理議題，提出他們的觀點和經驗。思考你從專家的分享中得到的收穫，並與同學討論，比較各個諮商專業的相似與相異點。

訪談問題：

1. 請簡述您的兒童與青少年諮商教育訓練背景。
2. 您對未成年者諮商的相關州法規定有多瞭解？有哪些法律是您個人比較不熟悉的？
3. 您如何獲取最新的州法訊息？
4. 在您特殊的諮商專業和場域中，須面對哪些常見的法律與倫理議題？
5. 您會如何處理未成年者和家長／監護人之間的衝突？
6. 諮商家庭父母分居或父母有可能離婚的未成年者時，要面對哪些挑戰？
7. 是否有任何特別的資源可協助您處理法律和／或倫理兩難？
8. 您曾經因諮商未成年者，而被傳喚到法庭說明嗎？若有，請分享您的經驗。
9. 還有哪些建議或箴言是您想跟後進分享的？

兒童的權利

　　兒童有權利嗎？若有，他們有哪些權利？就法律而言，兒童擁有的權利少於成人；兒童無法自己選擇醫生、自己買房，或拿薪水養家。不過，兒童亦擁有公民權及許多其他保護自身的法律權利（Legal Information Institute [LII], n.d.）。兒童受美國憲法及州法保護，是公民權的保護對象。本書第 1 章曾說明美國的兒童權利發展歷史脈絡，本節將接續回顧已經通過的兒童法律權利。以下根據康乃爾大學法律資訊中心（Legal Information Institute, LII）的〈兒童權利概觀〉（Children's Rights Overview）一文，列出和兒童權利有關的聯邦法律（Legal Information Institute [LII], n.d.）：

29

表 2.1　與兒童權利有關的聯邦法令

防範權利剝奪的公民行動（**Civil Action for the Deprivation of Rights**），**42 U.S. C. § 1983**	在自由的社會中，提供基本的人權保護（包括兒童）。
印第安兒童福利法案（**The Indian Child Welfare Act of 1978**）（**25 U.S.C., Ch. 21**）、兒童虐待防治與處遇法案（**The Child Abuse Prevention and Treatment Act of 2010**），**42 U.S.C. 5101 et seq; 42 U.S.C. 5116 et seq**	美國聯邦法律保護寄養與領養兒童的權利，滿足其基本需求。尊重家庭情感與種族及文化背景。
社會安全法案（**The Social Security Act**）（**42 U.S.C., Ch. 7**）	此為最廣泛且最近期的法案，責成州政府提供兒童健康保險。社會安全法案要求政府支援未成年者。
兒童局（**The Children's Bureau**）（**42 U.S.C., Ch. 6**）	由美國國會受全體選民託付成立，照顧兒童福利的政府部門。

　　倡議兒童權利時，諮商師得先熟知 1989 年的「聯合國兒童權利公約」（United Nations Convention on the Rights of the Child）或稱 UNCRC（UNICEF, n.d.）。UNCRC 的立場是兒童享有基本人權，包括與其自身相關決定的訊息（UNICEF, n.d.）。Madeline Albright（時任美國駐聯合國大使）在 1995 年即簽署 UNCRC，但美國卻沒有締結這項公約。因為必須先得到美國國會的同意，再由總統核准（UNICEF, 2005）。美國沒有核准的理由，牽涉到政府角色與公民自主權的社會政治與意識型態衝突。某些派系認為這項公約會損害美國的主權、州政府的權利，以及家長的教養權（Cohen & DeBenedet, 2012）。關於 UNCRC 的詳細資訊及歷史意義，請參閱聯合國兒童基金會（UNICEF）的網站：http://www.unicef.org/crc/index_understanding.html。引導活動 2.2 要來探討兒童的法律權利。

30

引導活動 2.2

　　瞭解當代的兒童權利發展史與其貢獻至為重要。閱讀 UNICEF 的「認識兒童權利公約」（Understanding the CRC）（https://www.unicef.org/child-rights-convention/what-is-the-convention）。此外，閱讀「兒童的權利」（Rights under the Convention on Children's Rights）一節，內文詳述指導原則與兒童的三大權利：生存與發展的權利、受保護的權利、參與權利。請瀏覽其他關於兒童權利的網路資源。以你所學，編纂 1 至 2 頁的電子報或小冊子，摘述兒童（及其他弱勢族群）的權利。請發揮創意呈現這些重要的資訊，包括重要的日期和事件，以及這些事件的意義。

兒童與青少年諮商師及法律：與司法系統合作

　　美國各州各有不同的法律與部門機構，管理寄養、監護權與領養等兒童福利。逐州審視所有法規不在本章的討論範圍。某些法律，如：何謂兒童虐待、法定年齡、法定強姦罪、未成年者使用生殖健康服務的權利等，各州說法不

一。美國衛生與公共服務部（The United States Department of Health and Human Services）對這些法規提出指導原則，請參閱：「各州兒童福利線上資源」（Online Resources for State Child Welfare）、「法規與政策」（Law and Policy）（Child Welfare Information Gateway, 2013a）。諮商師應好好研究執業州的法律與政策。請依引導活動 2.3 進行探討。

引導活動 2.3

制定州法的目的是為了保護和尊重個體的權利，同時也提出指引方向。正因如此，諮商師有必要懂得執業州的法律。請瀏覽美國衛生與公共服務部「兒童福利資源入口」（Child Welfare Information Gateway），網址為 https://www.childwelfare.gov/topics/systemwide/laws-policies/state

1. 點選你執業的州名。
2. 點選一個主題。
3. 就「兒童虐待與疏忽」（child abuse and neglect）、「兒童福利」（child welfare）、「領養」（adoption）等三大領域內的複選框，點選和你諮商工作有關的主題。
4. 點擊「前往」（go）鈕，開始搜尋州法。
5. 結果頁面會引用特定的法條和參考出處。另外，可用 PDF 檔加以儲存，有助於比較及瞭解各州的法規內容。

接下來，本章將繼續提供兒童與青少年諮商師重要的法律訊息。我們會引用紙本與線上資源，協助學校與臨床場域的諮商師即時跟上新知。此外，我們也會回顧常被專業諮商師參考提及的法律資訊。重要的是，聯邦法與州法不斷地與時更新，因此，雖然本章盡力提供最新的訊息，但專業諮商師也應關注法條有何變化進展。

31

美國聯邦隱私法：醫療保險隱私及責任法案（HIPAA）和家庭教育權利與隱私法案（FERPA）

保護兒童與青少年個案隱私的聯邦法律，其重要性不言而喻。例如，1997 年的「醫療保險隱私與責任法案」（Health Insurance Portability and Accountability Act, HIPAA）要保護病人（包括兒童）的健康記錄（病歷）隱私（U.S. Department of Health and Human Services, n.d.）。家庭教育權利與隱私法案（FERPA, 20 U.S.C § 1232g; C.F.R § 34 CFR Part 99）規定，所有接受聯邦政府補助學校的學生教育檔案記錄必須保密。FERPA 也要求保障符合「身心障礙者教育法案」（IDEA）的所有教育檔案文件隱私，在後續小節會有進一步的討論。接受物質濫用治療的兒童與青少年，另受 42 CFR Part 2 法案的保護。任何政府部門、機構資助，以及與物質濫用有關的教育、處遇或預防方案，都受到隱私保護（Kunkel, 2012）。

HIPAA 保障的是醫療病歷，FERPA 規範的則是教育檔案記錄。在臨床場域服務兒童與青少年的諮商師受 HIPAA 的條文約束，而公立學校（包括大學院校）的諮商師，則受 FERPA 的規範。不過，兩者並不互斥。因此，諮商師皆應深入瞭解這兩個法律。例如，學校諮商師轉介學生給社區心理衛生中心，可能會被要求提供學生的在校表現；同樣地，關於學生的心理健康診斷記錄，也和學校諮商師處理學生日常生活適應情況有關。上述狀況顯示，記錄是隱私的，在把相關資訊透露給合作的諮商師時，須得到法定監護人的簽名同意。雖然記錄的隱私非常重要，但分享給合作單位也是為了兒童的福祉著想，以加強處遇的效果。

在上述隱私法律的規範下，記錄受到保密的管理。然而，FERPA 最主要的目的也是為了賦予法定監護人有權利閱覽孩子的記錄。在某些情況下，HIPAA 允許未成年者有權不讓家長或照顧者閱覽個人健康記錄（如：未成年者證明公布記錄給照顧者，會令其暴露於危險之中）。不過，教育檔案記錄不受 HIPAA 限制。也就是說，FERPA 允許家長及照顧者調閱未成年者的教育記

錄（45 CFR § 160.103; Family Educational Rights and Privacy Act, 20 USC § §
1232g; and 34 CFR, part 98）（U.S. Department of Health and Human Services & U.S.
Department of Education, 2008）。欲知更多詳細資訊，請見 https://www2.ed.gov/
policy/gen/guid/fpco/doc/ferpa-hippa-guidance.pdf 中 的「Joint Guidance on the
Application of the Family Education Rights and Privacy Act」（FERPA）以及「Health
Insurance Portability and Accountability Act of 1996（HIPAA）To Students' Health
Records」。

未成年者的法律同意權

　　許多法律及倫理守則特別為未成年者而設。例如，未成年者的法律同意權
範圍，是許多兒童與青少年諮商中法律及倫理議題的核心概念。**同意權**
（**consent**），顧名思義，係指多數成年人有簽訂有效合同的能力。除少數例外
情況外，未成年者無法簽訂法律有效合同，包括同意接受諮商服務。美國的法
定成年年齡，依各州州法訂定。大部分的州法規定 18 歲為有權同意接受健康
處遇的年齡。例如，在許多州裡，青少年有權同意某些類型的治療處遇，包括
心理健康服務。先前的法律判例通常以青少年是否達到足夠做成熟決定的年紀
而定，或依揭露資訊給家長或照顧者是否會危害青少年而定。

　　同意及隱私方面的法律也在未成年者的隱私和照顧者知的權利中擺盪。法
律同意權的概念，亦和究竟到哪個年紀能做出像成人般的決定有關。例如，未
成年者何時能在未經家長的許可下，進行性行為或結婚（U.S. Department of
Health and Human Services, 2004）。在沒有合法權威准許的情況下，必須由成人
照顧者同意未成年者接受治療處遇。因此，未成年者不像成年人一樣，可對隱
私保有合理的期待。未成年者的**保密權**（**confidentiality**）受限。與之有關的法
律概念為**特權溝通**（**privileged communication**），意指在法律訴訟期間，保護
特定關係（如：律師與委託人、醫師與病人、夫妻）之間免於出示證據。諮商
的當事人亦享有這項特權。故在訴訟期間，諮商師可以在個案的要求或同意下
透露訊息。某些州規定，個案與有照助人工作者之間，屬於享有特權的諮商關

係，但多數的學校諮商師取得的是州執照，因此不納入這項法律類別（Hansen, 2009）。任何正在執業的諮商師，不管執業場所為何，若無法確定對個案提供的資訊享有溝通特權，都應該尋求法律諮詢（Hansen, 2009）。

雖然未成年者在法律上並無同意接受治療的權利，但他們的參與和決定接受治療，是諮商成功的關鍵。以發展和優勢本位為取向的諮商師都知道，諮商不是我們為孩子做（do）了什麼，而是與他們在一起（with）。因此，介入措施若能取得未成年者同意（assent），雖稱不上有效合同，但卻是鼓勵兒童與青少年投入及接受諮商的作法。任何服務場域的諮商師，可用下列方式向未成年者解釋並取得同意：以適合其年齡和發展階段的用語，說明諮商取向；希望未成年者配合的事項（如：多久晤談一次、你們會一起進行什麼活動等等）。5到 6 歲的兒童可以用簽名或口頭的方式同意。對處遇未成年者的專業諮商師而言，同意權與保密權的概念，是法律與倫理議題的兩大基石。更多有關同意與保密的資訊，請見本章其餘內容。

保密權對兒童與青少年諮商的重要性不亞於成年人。它強調保障兒童與青少年隱私的同時，也把照顧者受到告知的權利列為優先。身為專業諮商師，個案的隱私至上，認識聯邦隱私法是任何執業場域的諮商師必備的基礎知識。雖然某些諮商領域和隱私法關係更為密切，但所有諮商師皆應明瞭這些法律的適用範圍與重要性，當好捍衛個案記錄的守門員。更多有關 HIPAA 或 FERPA 議題的指導原則，請參閱人權辦公室（Office of Civil Rights）的網頁：http://www.hhs.gov/ocr/privacy/hipaa/faq/index.html。

身心障礙兒童諮商：IDEA 與 Section 504

有兩大聯邦法律專門規範身心障礙兒童的教育服務。學校諮商師不但應將這些法律整合至工作中，它們也是任何服務於學生諮商工作者的重要工作事項。

身心障礙者教育法案（IDEA）

IDEA 規定，身心障礙兒童有權接受適當且合宜的教育。學校應負起責任提供滿足其發展與教育需求的服務，充分提升身心障礙兒童的學業成就。在 IDEA 的規範下（IDEA, 2004），基礎教育在學兒童（K-12，指從幼兒園到 12 年級）若符合下述 13 個身心障礙類別之一，即合乎接受支持性教育與心理健康服務的條件。此外，任何接受聯邦補助的公立學校，皆須依法提供這些服務。全國身心障礙兒童宣導中心（National Dissemination Center for Children with Disabilities, NICHCY）對每一兒童身心障礙類別的簡介如下：

34

表 2.2　兒童期身心障礙類別

自閉症	嚴重影響口語和非口語溝通，以及社交互動的發展障礙，通常在 3 歲之前發病。常會影響學習表現。
聽覺障礙	聽力缺損，嚴重損害語言能力，對學習表現造成不利影響。
視聽覺合併障礙	視力與聽力合併缺損，無法安置於專為聽覺障礙或視力障礙兒童設計的特殊教育方案。
情緒障礙	長期表現出一或多種下列特徵，對學習表現造成不利影響： （1）妨礙學習，其困難並非因智能、感官或健康等因素直接造成。 （2）難以與同儕和老師建立或維持令人滿意的人際關係。 （3）在正常情況下，行為或情緒表現異常。 （4）情緒時常低落或心情憂鬱。 （5）有惡化成生理症狀、社交恐懼或學業表現等相關問題的傾向。
聽力損傷	聽力受損程度雖不符合聽覺障礙的定義，但卻嚴重損害學習表現。
智力障礙	一般智力功能顯著低於平均水準，影響適應功能與發展。
多重障礙	多重缺損（如：智能障礙合併視覺障礙、智能障礙合併肢體障礙），無法安置於專為特定障礙設計的特殊教育方案。
肢體障礙	嚴重的肢體缺損，對學習表現造成不利影響。

（下頁續）

35	其他健康 損傷	體能、活力虛弱或敏捷度異常（包括對環境刺激過度敏感），導致無法充分參與學習活動。 （1）起因於相關健康問題，如：氣喘、注意力不足過動症、糖尿病、心血管疾病、血友病、鉛中毒、白血病（血癌）、腎臟病、風濕熱（rheumatic fever）、鐮狀紅血球貧血症（sickle cell anemia）、妥瑞氏症等。 （2）對兒童的學業表現造成不利影響。
	特殊學習 障礙	使用語言的基本心理歷程出現缺陷，在聽、說、讀、寫、思考、拼字、算術等能力上遭遇困難。
	口語或 語言障礙	口說或語言缺損，對兒童的學業表現造成不利影響。
	腦部創傷	因外力造成後天性大腦損傷，引發生理缺陷或心理社會問題（或兩者兼而有之），對學習表現造成不利影響。
	視覺障礙	視力缺損；即使加以矯正，仍對兒童的學業表現造成不利影響。

資料來源：改編自 National Dissemination Center for Children with Disabilities (NICHCY). (2012). *Categories of Disability Under IDEA*.

　　學校諮商師與 IDEA 的關係，主要是提供身心障礙兒童直接諮商服務。學校諮商師通常也和行政事務密不可分，如個別化教育計畫（Individualized Education Plans, IEPs）。重要的是，IEPs 也包含諮商服務在內。與 IEP 有關的諮商目標如：（1）**發展情緒覺察能力**；（2）**培養對他人的同理心**；（3）**有效的情感交流能力**。這些社會與情緒目標，常在諮商關係的脈絡下進行。雖然臨床場域的諮商師不常涉入個別化教育計畫的行政業務，但也必須具備相關的法律知識。因為校方極有可能轉介身心障礙兒童，或需要臨床場域諮商師的合作與諮詢。

504 條款（*Section 504*）

　　「1973 年復健法案 504 條款」（Section 504 of the Rehabilitation Act of 1973）規定，公立學校應為有生理或心理缺陷，以致一或多種主要日常生活活動受到大幅限制的學生，提供免費和適當的教育。2004 年的「身心障礙法案修正案」

（American Disabilities Act of 2004）（2009 年制定）繼續規定必須執行 504 教育服務條款，也進一步擴展身心障礙的定義。在 504 條款的規定下，適合身心障礙學生的教育，包含回歸一般班級上課、學習輔助，和／或特殊教育及相關服務（Office for Civil Rights, 2015）。504 教育計畫賦予學生特定的教育學習調整，是學校、學生、家長／法定監護人之間的有效協議。這些調整要協助身心障礙學生方便取得教育服務，無論其障礙需求是物理需求（如：殘障坡道）或心理需求（如：更多的測驗時間或協助課堂筆記）。

還記得本章引言中提到，學校諮商師晤談一位患有 ADHD 並符合 504 條款教育計畫的小三男童。隨著考試日期逼近，學校諮商師帶了一份計畫副本，與任課教師和其他教職員協調，為孩子另做適當安排，包括：延長作答時間、安靜的空間、減少題本每一頁面的內容，或請人在旁朗讀題目。

全國學習障礙中心（National Center for Learning Disability）網站（http://insource.org/files/pages/0087-Section_504_vs_IEP.pdf）中，呈現了 IDEA 與 504 條款的差異比較表。數十年來，這些法律已然成為兒童與青少年諮商的重要法律里程碑。這些法律貫徹起來不盡然均等，許多問題尚有待諮商師為身心障礙兒童發聲。有些橫亙的絆腳石須加以留意。少數族裔的未成年者被認定為身心障礙的比例過高（U.S. Department of Education, 2009）。例如，非裔男童可能會被過度診斷為智能障礙和情緒困擾（Donovan & Cross, 2002; USDE, 2009）。有趣的是，此一現象也擴及到低估少數族裔的資優兒童（USDE, 2009）。多年以來，研究檢視這個差異現象何以存在，爭議懸而未決（Klingner et al., 2005; Skiba et al., 2008）。不過，多數意見大致認為要從歷史和系統脈絡來看問題；系統性的歧視是根源（NASP, 2013）（請參閱第 1 章所談到的成就差距）。

諮商師為身心障礙兒童發聲（倡議）

專業諮商師是教育與心理照護系統中，為兒童與青少年喉舌的主力。Trusty 與 Brown（2005）概述學校諮商師倡議的過程，任何服務場域的諮商師都可以應用這些步驟。Trusty 與 Brown 建議的步驟如下：

37

1. **培養倡議的性格**。倡議的性格係指諮商師重視倡議的個人特質，是倡議技巧的根基。有主見、自己做決定，是倡議重要的特質之一。

2. **擴展倡議的人脈與知識**。學習並發掘有關倡議的資源，建立校內校外的關係網絡。

3. **界定要倡議的問題**。蒐集資訊，從系統脈絡的觀點界定問題。

4. **發展行動計畫**。善用宣導推廣資源，建立清楚且具體的計畫。

5. **實施行動計畫**。善用倡議技巧，如問題解決、溝通和合作來安排規劃行動。

6. **評估**。評估行動是否能緩解問題。

7. **大功告成或重新整隊出發**。鼓勵（家長和兒童）自我倡議。若問題依舊沒有改善，則重新整編、重新出發（修改自 Trusty & Brown, 2005, p. 264）。

過失侵權或不當執業

侵權（tort）這個詞，意指故意或無意的民事違法行為。雖然有些專業諮商師的侵權行為是蓄意為之，甚至成了犯罪行為（如：偷竊個案的財物或保險詐欺），但多數屬於疏忽過失，即使須接受法律制裁，但不構成犯罪要件（如：未通報兒童虐待）。對專業諮商師來說，這些行為常被稱為**不當執業**（**malpractice**）。不當執業意指專業人員違反該專業預期的**照顧標準**（**standard of care**）。根據 Wheeler 與 Bertram（2012）研究，**照顧標準**係指在類似的情況下，專業諮商師須擁有的合理注意水準，使其能執行符合知識、技能和倫理的專業行動（p. 15）。諮商師和其他專業人員一樣，若未能達到照顧標準，即涉及**疏忽過失**（**negligence**），或陷入損害他人的不法處境。由於專業諮商師和個案間為法定的**責任**（**duty**）關係，若未善盡責任，即為諮商師的疏忽過失（Wheeler & Bertram, 2012）。法律上，一般的門檻標準通常是合理的照顧標準——在類似的情況下，另一位專業諮商師是否會做出相同或類似的決定？在法院判例中，意指專業社群要把門檻標準建立出來。就倫理程序而言，照顧標準大同小異，依州執照或認證委員會而定。

38

　　法律的定義和倫理守則的定義密切相關（ACA、ASCA 等諮商專業守則）。這些專業守則通常具備法律效力。也就是說，這些守則等同於聯邦法、州法或當地法令。違反這些專業守則，就是不當執業，須送交倫理和法律制裁。每州都有法律規範專業諮商師和法定的專業執照委員會。例如，由全國合格諮商師認證委員會（National Board for Certified Counselors, NBCC）負責監督管理這些標準和制裁。前往 NBCC 的網頁並瀏覽「認識證書和執照」（Understanding Certification and Licensure）這一主題（NBCC, 2014），比較國家諮商師證書和州執照的差異（https://www.nbcc.org/Certification/CertificationorLicensure）。欲知各州學校諮商師的執照法規，請瀏覽美國學校諮商師學會（American School Counselor Association）的網頁（http://www.schoolcounselor.org/school-counselors-members/careers-roles/state-certification-requirements），或諮詢執業州的教育局。

父母的權利與監護權

　　「統一親子關係法」與「統一兒童監護管轄法」（The Uniform Parentage Act and the Uniform Child Custody Jurisdiction Act）（Legal Information Institute, n.d.），是適用於美國各州與華盛頓哥倫比亞特區的法律。一般說來，這些法律的本意為跨州一體適用，州政府須尊重且執行親權和監護權相關的裁決。瞭解家長的權利與監護權法律是專業諮商師很重要的工作，主要是因為會出現誰有權利提出**治療同意**（**consent for treatment**），也就是誰能為孩子做決定、誰有權利閱覽子女的教育和健康記錄等爭議問題。只要有監護權或撤銷親權的法律裁決存在，諮商師都有可能被控事先知情。

　　若離婚後的雙親之一方要在另一方未同意的情況下，替未成年子女尋求諮商，又要如何處理呢？在這種情況下，諮商師應該要釐清並遵循雙方的監護權協議行事。若監護權為父母親共同持有，則雙方都有獲得子女資訊的權利。學校諮商和臨床場域經常面臨家長同意的相關問題。

　　處理關於親權和子女監護權的問題，可能會引發諮商師的情緒波動。諮商師夾在父、母兩方和／或孩子的意見之間，渾然不知已經快要踩到法律界線。

39　例如，單親母親帶著脾氣暴躁的兒子前來求助，諮商師應要求母親出示法律文件副本，載明母親和父親之間的監護權分配狀況。重要的是，若父親也擁有監護權，就必須得到他的同意與合作，方能進行接下來的處遇工作。

　　錯綜複雜的家庭法，是諮商未成年者的重大挑戰。美國各州的法規龐雜繁瑣，本章無法逐一摘述如此大量浩瀚的資訊。欲知更多美國的家庭法律，請參閱美國律師協會（American Bar Association, ABA）的線上資源，如引導活動2.4。

引導活動 2.4

　　身為助人專業工作者，熟悉你所在執業州的相關家庭法律是很重要的。美國律師協會出版的《家庭法季刊》（*Family Law Quarterly*），曾依主題用圖表簡單整理各州法律，包括：扶養費／配偶贍養費、監護權、兒童撫養費用問題、離婚理由等。想要更瞭解你執業州的法律，請參閱 http://www.americanbar.org/groups/family_law/resources/family_law_in_the_50_states.html 網站上的資訊，並回答下列問題。

　　瀏覽每個圖表，指出你所在的執業州適用於哪些法律、判例以及例外。

問題：

1. 根據圖表 1—扶養費／配偶贍養費因素（**Alimony/Spousal Support Factors**），找出法律中唯一沒有納入所有四項因素的州名。

2. 根據圖表 2—監護權準則（**Custody Criteria**），找出近期載明家庭法和監護情形法條最多的州名。

3. 根據圖表 2—監護權準則，指出哪些州較傾向共同監護。

兒童虐待與疏忽強制通報

　　美國各州和華盛頓哥倫比亞特區採用強制通報的法律，要求相關責任人員須對疑似兒童不當對待和虐待事件進行通報（Child Welfare Information Gateway, n.d.）。兒童不當對待（child maltreatment）包括身體虐待、情緒虐待、性虐待和疏忽。不作為（acts of omission）、或沒有採取合理的行動以保護兒童免受傷害，也構成不當對待（Child Welfare Informantion Gateway, n.d.）。再者，各州均明定專業諮商師為強制通報責任人員。其他可能會被認定為通報責任的人員，包括：司法人員、法院指定律師、校園與娛樂場所聘僱人員等。

　　當強制通報發生在通報人員於某機構（如學校或醫院）就職或擔任志工期間，常以「機構通報」（institutional reporting）的方式為之。在這種情況下，機構內部通常已經建立好一套通報該如何進行的政策或流程。不過，這些流程並非因此免除責任通報人員的通報義務，也不是要讓機構禁止個別通報（Child Welfare Informantion Gateway, 2013b）。縱使這些法規的細節因州而異，但都是諮商師和主管應切實遵守的法規。強制通報的完整資訊，請上兒童福利資源入口（Child Welfare Information Gateway）的網站 https://www.childwelfare.gov/systemwide/laws_policies/statutes/manda.pdf。

　　通報必須進行的法律，各州之間有些微差異。一般而言，具執行公務權力的責任通報者，在有理由相信兒童被疏忽或虐待，或獲悉、或觀察到正有兒童不當對待情事發生，導致兒童受到傷害時，則必須通報。通報疑似虐待或疏忽的責任，不受**特權溝通**限制（Child Welfare Informantion Gateway, 2013b）。在法律上和倫理上，強制通報以保護兒童免受傷害遠比特權溝通優先。

　　回到前面的例子。5 歲的兒童哭著對學校老師說：「媽媽昨晚打我打得好痛。」由於孩子的情緒十分混亂，老師馬上告知學校諮商師和校長。不過，並沒有看到瘀青或其他受傷的跡象。怎樣才算達到須強制通報兒童福利單位的臨界點呢？虐待的法律定義一般為蓄意對兒童施加傷害（Child Welfare Informantion Gateway, n.d.）。許多兒童教育專家雖然強烈反對打罵孩子（Gershoff, 2008; MacKenzie, Nicklas, Waldfogel, & Brooks-Gunn, 2013），但打罵不

40

盡然都是虐待。在此案中，通報兒童福利單位實非緊急必要。不過，若發現疑似身體虐待情事，只要是在美國境內、美國領土和加拿大，都可撥打國家兒童虐待求助熱線（Childhelp National Abuse Hotline）（1-800-4-A-CHILD; http://www.childhelp.org/hotline），美國絕大多數州也有通報專線。欲知更多訊息，請上全國兒童虐待與家庭暴力防治委員會（National Council on Child Abuse and Family Violence）的網站：https://www.nccafv.org/child-abuse-reporting-numbers。

41

▌少年司法

當未成年者犯罪及做出非行行為（delinquent acts）時，會進入司法體系。但因未成年之故，司法體系對待兒童與青少年的方式，自然不同於成人。例如，青少年沒有「由陪審團裁決的權利」，除非被移交給成人司法審判系統，像成人一樣被起訴（United States Department of Justice, n.d.）。此外，**非行**（**delinquency**）一詞，意指青少年犯下等同於成人犯罪的違法罪行。交通違規和只會被科以少量罰金的微罪，通常不被視為非行，逃學逃家等身分犯（status offenses）（譯注：是指相同行為如果是由成年人所為，就不會構成違法的兒童行為）也不算非行。有些州特意不把某些重大的「非行行為」列為重大犯罪，如此一來犯下那些罪行的青少年才不會被送往犯罪法庭審判。許多州把謀殺視為犯罪行為，而非非行行為，即使犯罪者為兒童也不例外（Griffin, Adams, & Firestine, 2011）。雖然此一傾向有待進一步檢視，但至少大部分的州是如此作法。諮商師應該知道，有些州的犯罪青少年會被關入成人監獄，和成人罪犯一起服刑。此外，美國的司法體系（包括少年司法系統）充斥著暗潮洶湧的種族偏見。非裔與拉美裔青少年被逮捕和入監的比例遠高於白人青少年。以美國而言，67% 的入獄青少年為少數族裔（Leadership Conference on Civil and Human Rights, 2014）。有些州容許法官判處青少年和成人一樣的罪刑，包括終身監禁不得假釋。目前有將近 2,570 位青少年被判無期徒刑，其中 74% 為非裔或拉美裔（Leadership Conference on Civil and Human Rights, 2014）。

另一個常被少年司法制度誤認違法比例過高的族群是同性戀、雙性戀及跨

性別（LGBT）青少年。根據估計，美國青少年人口中，約 3% 至 5% 為 LGBT，而被拘留和監禁的青少年中，卻高達 15% 為 LGBT（Hunt & Moodie-Mills, 2012）。一旦進入拘留設施，LGBT 青少年遭到霸凌、性騷擾、性侵害的比例，遠高於異性戀青少年（Hunt & Moodie-Mills, 2012）。

專業諮商師常有機會碰到非行少年。第一，校園犯罪與非行行為確實層出不窮（Florida Department of Juvenile Justice, n.d.），學校諮商師有時須代表學生或機構與司法體系周旋。第二，許多專業諮商師在青少年司法場域工作，從事個案管理或直接服務。在這些場域工作、與司法體系接觸的諮商師，擔任為青少年發聲，作為兒童、青少年及其家庭改變觸媒的角色。諮商師擔負在少年司法場域中，提供最佳諮商服務的倫理責任。許多機構和組織都致力於使少年司法體系更具社會復歸功能，以期有效減少青少年犯罪，同時也協助青少年邁向成功。欲知更多資訊，請上網搜尋 Coalition for Juvenile Justice、Juvenile Law Center、John D. and Catherine T. MacArthor Foundation、Annie E. Casey Foundation 或 Free Child Project。

▌近期立法：強制預防霸凌

過去十年來，許多州已經通過反霸凌立法。根據美國衛生與公共服務部的 stopbullying.gov（停止霸凌）網站資料顯示，除蒙大拿州僅有宣導政策外，其餘各州皆已制定和霸凌有關的法律。根據「全美各州霸凌法律與政策分析」（Analysis of State Bullying Laws and Policies）（Stuart-Cassel, Bell, & Springer, 2011）所示，有 13 個州明定，若校外的霸凌行為造成校園環境敵意升高，學校應負管理責任。由於有明定政策的州數不多，且各州的校外政策不一，涉及霸凌和網路霸凌情事的處理方式，受地理位置和工作場合的影響而有差異。

諮商師應該注意，某些非主流族群的青少年，較易成為各式霸凌和騷擾的目標對象。

關於霸凌的法律仍在起步當中，多數法律是過去十到十五年間才開始引進的。運用引導活動 2.5，找出當地社會團體或州政府對於霸凌的相關政策。

引導活動 2.5

拜訪 stopbullying.gov 的網站：http://www.stopbullying.gov/laws，研究當地和州政府的政策，探討規範當地學校的政策和法規。在諮商師工作的場域，這些政策是否能有效地推動實施？諮商師要如何善用這些法律和政策來為兒童倡議發聲？

兒童與青少年諮商倫理：最佳實務與倫理決策

接下來要探討專業諮商師的倫理守則及倫理決策模式。我們會整合前面提到的法律原則，與未成年者諮商專業倫理守則強調的**照顧標準**。諮商專業組織（如：ACA, 2014; ASCA, 2010; AMHCA, 2010）最新的倫理守則，請見章末的「專業組織」一節。

諮商師的專業知能

兒童與青少年諮商是重要的專業領域。首先，諮商師應具備服務此一獨特又弱勢族群的專業知能。由於並沒有專門為兒童與青少年諮商個別訂定倫理守則（ASCA 倫理守則是專為學校諮商師所制定，不是為未成年者諮商而設），因此 ACA（2014）倫理守則 C.2 明確指出應在專業知能範圍內提供服務。守則中聲明：

C.2.a. 能力界線
諮商師應根據自身所受的教育、訓練、督導經驗、專業證書、專業經驗等，在專業知能範圍內提供服務。多元文化諮商勝任能力是所有諮商專業領域皆應具備的知能。服務不同背景族群的當事人時，諮商師應具備相關

的知識、自我覺察、敏感度、性情與技巧。（p. 8）

　　此外，ACA 倫理守則 C.2.b. 也指出，要在一個新興的專業領域服務，培養專業技巧的重要性自不待言。例如，Lawrence 與 Kurpius（2000）建議，以兒童與青少年為工作對象的諮商師，必須具備專業知能，熟悉特殊的診斷工具。學者們更是諄諄告誡，散漫地把用於成人的治療方式和診斷工具套用在兒童身上，是非常不恰當且不合乎倫理的作為。

　　如第 1 章所述，兒童與青少年諮商是一項專業領域，必須接受額外的教育、訓練與性格陶冶。對於學校或臨床場域的諮商師來說，無疑是門重要的專業領域，因為兒童正處於發展敏感期的階段（Remley & Herlihy, 2014）。本書其後章節將詳細闡述這項專業領域的最新進展。發展年齡與階段的知識、採用適合年齡發展的介入措施、兒童期心理疾病、以文化為中心和以家庭為中心取向等，都是諮商師應具備的專業知識。

知後同意與保密

　　如前所述，由於兒童與青少年通常未成年，相較於成人，法律權利受限，因此諮商師須援用不同的倫理與法律。未成年者的諮商倫理守則和倫理決策相形之下更顯重要。儘管未成年者通常須得到家長的同意才能接受處遇（學校除外，因為諮商是教育方案之一），但是也應盡量給他們必要的倫理承諾，並且讓他們在諮商中保有主體性。**保密**（**confidentiality**）與**知後同意**（**informed consent**）即為兩大需要特殊考量的倫理概念。法規命令和倫理守則通常相符一致，但難免也有兩相衝突的情況。例如，諮商師被聽證會傳喚，要對兒童監護權提出證詞，但又強烈地覺得應以保密為優先。如此一來，該諮商師即陷入法令要求與保護兒童的倫理承諾之間的拉扯。

　　諮商師通常會嚴格遵守保密規定，但在有些情況下仍不得不違背此一誓言。例如，得知兒童虐待和疏忽情事。諮商師也必須知道工作場域對於打破保密規定和通報，有其特定程序和作法。這些程序能幫助諮商師在必須通報時，

得到適當的諮詢和督導。

　　ACA 倫理守則重視保密，尊重任何個案（包括未成年者）的隱私。守則 B.1.c. 指出：「諮商師應保護潛在個案和當前個案的祕密資訊。諮商師只能在取得適當的同意、嚴謹的司法或倫理正當理由下，方能揭露資訊。」（2014, p. 7）保密是對所有個案的倫理承諾。不過，保密仍有限制存在。ACA 倫理守則 B.1.d. 重申在整個諮商過程中，諮商師都要讓個案知道在哪些情況下會打破保密。不管在臨床場域或學校，都應該好好地讓兒童與青少年個案知道，諮商關係是受到保密維護的。然而在學校，仍有向校方或家長透露資訊的壓力。當保密受到這些要求的牽制時，也應該讓兒童知情。例如，諮商師可以說：「在這裡，你所說的話會被保密。不過，在某些情況下，我會讓你的爸媽或老師知道我們的談話內容，好讓你在學校的表現更好。」

　　運用引導活動 2.6，用角色扮演的方式練習向兒童與青少年個案說明知後同意。

引導活動 2.6

　　分成小組，請學生輪流扮演如何向兒童或青少年個案說明保密原則。例如，學生 1 扮演諮商師，學生 2 扮演兒童或青少年，其他小組成員擔任觀察員，提供回饋。

　　諮商師應解釋保密的限制（ACA, 2014, B.1.d.）。這些**限制（limitations）**涉及保護兒童與青少年個案免受嚴重傷害，應對緊急事態。ACA 倫理守則 B.2.a. 訂出打破保密的指導原則是：個案處於可預見危險的狀態，或法院要求揭露資訊。Wheeler 與 Bertram（2012）列出各式各樣的因素，包括：「未成年者的年齡、成熟度、教育程度；與家長或監護人的關係；揭露祕密是否合理、是否有助於改善狀況，或是會造成傷害」等，都應該納入是否打破保密決定的考量（p. 89）。此外，考慮自身所處職場及瞭解組織對保密的觀點和政策，也是諮商

師做決定過程中的考量因素。如前所述，若發現兒童虐待與疏忽情事，美國各州均強制要求諮商師通報。

　　ACA 倫理守則 A.2（2014）強調諮商關係中知後同意的重要性。A.2.a. 聲明：

> 個案擁有選擇是否進入或留在諮商關係中的自由，他們也有獲知充分訊息的權利。諮商師有義務用書面或口頭方式告知個案，在諮商服務期間，諮商師與個案雙方的權利與責任。知後同意在諮商歷程中持續進行。在整個諮商關係中，諮商師須適當地記錄他們對知後同意的討論（p. 4）。

46

　　雖然未成年者沒有簽訂諮商服務合約的法律權利，儘管如此，仍不可忽略告知他們諮商歷程並獲取同意的重要性。根據倫理守則 A.2.b.，須告知的資訊包括：諮商目的、目標、技術、過程、限制、潛在的風險與好處；諮商師的資格、證書、相關經驗、諮商取向等（p. 4）。重要的是，倫理守則也要求知後同意過程中，須兼顧發展程度與文化敏感度，確保個案確實瞭解知後同意程序（ACA, 2014, A.2.c.）。Lawrence 與 Kurpius（2000）建議，應以兒童可以理解的話語說明諮商歷程，依兒童的發展程度納入他們的決定。

與父母和其他成人合作

　　雖然司法系統已有長足的進展，法院也常認可兒童與青少年的權利。但大體而言，法律仍較站在親生父母這一邊，認為他們有權利代表兒童做決定（Legal Information Institute [LII], n.d.）。因此，諮商師傾向將資訊透露給家長（Hendrix, 1991），說明知後同意時，也會讓個案知道這一點。近來，隱私法讓諮商師有了不同的選擇，但多數法規仍贊同可對家長揭露資訊。

　　由於未成年者通常無權簽署法律同意書，如何好好保護未成年個案隱私的相關倫理議題，逐漸受到重視。ACA 倫理守則（2014）B.5（a, b, & c）提及個案行使知後同意權的能力。事實上，倫理守則 B.5.a. 特別指出保密的重要性，

若個案缺乏自主行使知後同意權的能力，諮商師應以法律和倫理守則為據。倫理守則 B.5.b. 指明家長和監護人的法律權利，以及諮商師與家庭或監護人之間建立合作關係的重要性。諮商師須和監護人溝通諮商關係的保密性質。最後，倫理守則 B.5.c. 對於諮商師是否能對第三方揭露保密訊息提出指導原則。在這些情況下，諮商師須徵得監護人或合適的第三方同意，並確保個案瞭解揭露的必要性，但同時也會盡可能地保護他們的隱私。揭露資訊時，未成年者的年齡和發展程度，是決定打破保密與否的考量。隨著兒童年齡漸長，他們做決定的自主性與權威性也隨之提高，此時諮商師也毋須堅持要打破保密了。從法律上來看，年齡越大，越被視為具有**同意**的能力。記住，有些隱私法賦予年紀較大的兒童同意治療的權利，因此，得到家長同意並非適用於所有情況。

若是經過一段時日的諮商後，青少年才向諮商師透露她正從事危險性行為，此時諮商師應該告訴家長嗎？諮商倫理守則指出，當面臨嚴重與可預見的傷害時，保密規定是可以打破的（ACA Code of Ethics, 2014, B.2.a., p. 7）。Moyer 與 Sullivan（2008）的研究顯示，學校諮商師打破保密的決定，取決於數個因素。最重要的考量因素是危險行為的嚴重性、危險行為發生的可能性有多大？其他因素包括：打破保密的後果、保護青少年、告訴家長後可阻止危險行為的可能性、危險行為持續的時間等。在本章引言的案例中，諮商師思考是否要打破保密決定的因素很多，例如該名青少年的年紀。

諮商未成年者時，須謹記揭露（**disclosing**）與告知（**informing**）之間的分野。告知監護人、老師或其他心理專業人員訊息，同時不打破你和個案之間的保密協定，其實是可並行不悖的。例如，監護人跑來找學校諮商師（或學校社工師、學校心理學家），想知道小四學生的具體諮商內容。此時，告訴他們你和孩子正在探討他的攻擊行為，是較為合適的回答。如此一來，不但有提到晤談的主題，也得以對晤談的具體內容保密。

重要的是，這樣的說法比較不會破壞諮商師跟個案好不容易建立起來的治療同盟。諮商師尤應在揭露訊息給家長前，先跟青少年溝通。無論你的服務場域為何，記住，諮商的目標是提供一個兒童與青少年可以信賴、暢所欲言的環境，而不用擔心隔牆有耳。

　　諮商未成年者時，打破保密的狀況不一而足。面對家長提出揭露保密訊息的要求，Remley 與 Herlihy（2014）提出下列的指導原則。首先，諮商師應與未　　48 成年者討論成人的這項要求，瞭解未成年者是否願意揭露晤談內容。許多時候，諮商師比兒童還要關心隱私的問題。因此，諮商師可以先和成人討論揭露訊息並沒有站在兒童的最佳利益著想，並即時把握機會，教育提出要求的成人諮商關係的本質，也向成人保證，若發生需要打破保密的情況（如：虐待、疏忽、傷害自己或他人），一定會通知他們。不過，若這樣還是無法說服成人，諮商師下一步可以和成人與未成年者聯合會談。此時諮商師的角色是擔任協調者，希望成人改變索求訊息的觀念，或希望未成年者願意揭露訊息，消除成人的疑慮。若雙方沒有共識，還有一些選項可行。諮商師可以事先告知兒童後再揭露。若成人並非家長或監護人，就要在揭露訊息前通知家長或監護人。或者，若決定拒絕揭露訊息，則先取得直屬主管的認可。不管怎樣都得記住，監護人有獲知訊息的法律權利。

　　Remley 與 Herlihy（2014）建議，當監護人要求揭露保密訊息時，諮商師可採取圖 2.1 的步驟因應。

倫理決策模式

　　專業諮商師的倫理決策通常沒有唯一對或錯的答案。相反地，面臨倫理兩難情境時，當務之急是就此一特殊情境，決定哪一個為最佳選項。倫理決策模式對於相當曖昧模糊的情況，特別能派上用場。

　　Remley 與 Herlihy（2014）建議採行下列普遍使用的步驟。不過，他們也要提醒大家，雖然這些步驟看似線性走向，但法律和倫理情境鮮少依此按部就班進行：

1. 辨識與界定問題
2. 參考倫理守則和德行價值
3. 留意內在聲音

49

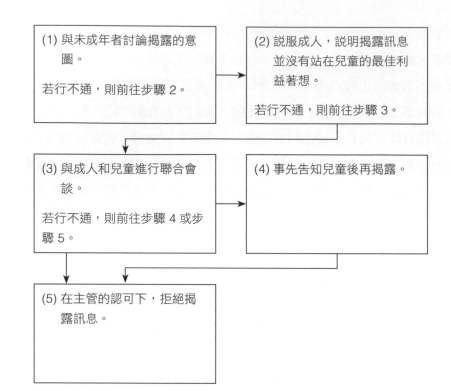

圖 2.1　如何回應家長揭露保密訊息的要求

資料來源：改編自 Remley, T., & Herlihy, B. (2014). *Ethical, legal, and professional issues in counseling* (2nd ed.). Boston, MA: Pearson.

4. 諮詢同事或專家

5. 將個案納入做決定的歷程

6. 辨識預期的結果

7. 深思熟慮可採取的行動

8. 選擇並付諸行動

　　這些步驟必須同時將你執業場域的政策或規章納入考量。再者，這項決策歷程或許要來來回回好幾次。

　　思考倫理議題時，Sileo 與 Kopala（1993）提出評估（Assessment）、益處（Benefit）、後果（Consequences）、諮詢（Consultation）、職責（Duty）、教育（Education）（A-B-C-D-E）等思考重點，將抽象的概念化為具體可行的工作

表，以提升個案的福祉。這個方法的缺點是無法幫助諮商師識別兩難情境，優點是無論諮商師的訓練背景、知識為何，或熟不熟悉倫理守則，使用時都很容易上手。 50

對於在學校服務的諮商師，Stone（2013）發展出下面九個步驟，即「學校倫理問題解決之道」（Solutions to Ethical Problems in Schools, STEPS）：

1. 情理兼顧地界定問題
2. 參閱 **ASCA 倫理守則**與法律
3. 考量學生的**年齡**與發展水準
4. 考量服務場域、家長的權利、未成年者的權利
5. 運用道德原則
6. 判定可採取的行動和後果
7. 評估所選擇的行動
8. 諮詢請益
9. 付諸行動

案例描述 2.1 說明諮商師如何運用 Stone 的倫理決策模式。

案例描述 **2.1**

我們用下面的案例故事，說明如何運用 Stone（2013）的倫理決策模式。

芭芭拉是在小學工作的學校諮商師。才剛工作三個星期，就遇到了被老師轉介而來、小五的凱瑟琳。凱瑟琳這學期跟同學相處得不太好，老師說這是凱瑟琳頭一遭碰到人際問題，她的朋友從去年就不讓她加入新的朋友圈。凱瑟琳從開學初就一直鬱鬱寡歡、孤立退縮，早自習哭了大半節，老師不得已只好把她帶到輔導室。芭芭拉瞭解凱瑟琳孤單無助、被朋友排擠的心情。凱瑟琳坦承她看了一些名人自殘的文章。她告訴芭芭拉，雖然看了這些文章，但她並不會

跟著做。第一次晤談時，芭芭拉和凱瑟琳約定好，她不可以傷害自己。聽到凱瑟琳說「不會」，芭芭拉也就放心了。當凱瑟琳離開輔導室，芭芭拉心想：「我應該告訴她媽媽嗎？我應該把她轉介給社區諮商中心嗎？」

運用 Stone（2013）的「學校倫理問題解決之道」（STEPS）九步驟模式，跟芭芭拉一起思考如何解決倫理兩難問題。

情理兼顧地界定問題。 芭芭拉是新手諮商師。她幾個月前才剛畢業，對自己的專業能力不太有信心。她很關心凱瑟琳，對凱瑟琳的遭遇感同身受，想要讓凱瑟琳振作起來，幫助她和朋友和好。芭芭拉知道她必須提供適當的諮商服務，保護凱瑟琳免受傷害。雖然她不覺得凱瑟琳會傷害自己，但她也明白凱瑟琳的心情低落，可能會進一步惡化成嚴重的問題。芭芭拉思考了一會兒，決定找一位同事聊聊。

參閱 ASCA 倫理守則與法律。 首先是諮商師的專業能力問題（ASCA E.1）。芭芭拉認為她懂得凱瑟琳的難過心情和同儕關係，但若發現她有任何自殘的徵兆，則想把她轉介給社區諮商中心。ASCA 倫理守則 A.5 中提到轉介的決定及如何進行適當的轉介。最緊急的情況是，芭芭拉必須決定是否揭露凱瑟琳曾閱讀有關自殘的文章，此舉反映出她的自傷意圖。ASCA 倫理守則 A.2.c.指出，除非法律規定及為了預防傷害，才可以揭露資訊。根據倫理守則，嚴重或可預見的傷害，依學生的年齡、場域、家長的權利、傷害的本質而有不同的認定。

考量凱瑟琳的年齡與發展水準。 凱瑟琳 11 歲，認知與社會情緒發展程度符合她的年齡水準。雖然她的認知與年齡發展相符，但她的年紀尚輕，情緒不穩。芭芭拉應考量凱瑟琳目前極需要社會支持。

考量服務場域、家長的權利、未成年者的權利。 凱瑟琳擁有諮商隱私權。不過，家長也有權利知道凱瑟琳正面臨自我傷害的風險。在這樣的情況下，芭芭拉應和主管討論保密的問題，再向家長揭露訊息。

運用道德原則與照顧倫理。 芭芭拉有保護凱瑟琳隱私的倫理責任，但她也有保護她免受傷害的道德責任。若依芭芭拉個人的道德觀，她會希望凱瑟琳感受到關係的連結與安全感。

判定可採取的行動和後果。芭芭拉和主管討論後，判定凱瑟琳目前最需要的是值得信任的關係。芭芭拉決定告訴凱瑟琳，要讓她爸媽知道她心情低落一事。此舉的好處是讓凱瑟琳得到必要的鼓勵與支持，後果是凱瑟琳可能會覺得芭芭拉背叛了她的信任，危及諮商關係。但如果芭芭拉和凱瑟琳一起做出這個決定，或許可以緩和信任危機，況且這也是能緩解凱瑟琳低落心情的最佳選擇。

付諸行動並評估結果。芭芭拉判定並沒有立即迫切的自傷危險，但仍不可輕忽傷害的嚴重性。關於保密的兩難情境，沒有完美的答案。在這個案例中，芭芭拉覺得她可以藉由告知家長，來協助凱瑟琳度過困境。同時她們也共同做出決定，尋求外界的轉介協助。

向其他的專家諮詢請益雖然重要，但學校諮商師，特別是小學諮商師，往往孤立無援。倫理決策不能單靠一個人，而是要靠團體合作。芭芭拉可以跟熟悉諮商專業倫理的同事討論。諮詢請益時，須確定你所請教的對象熟稔法律或諮商倫理。

專業組織

雖然瞭解法律與倫理守則無疑是專業諮商師最重要的事，不過通常沒有唯一正確答案。因此，專業諮商師要參考專業組織、相關學會與工作場域制定的行為準則，綜合作出專業判斷。諮商未成年者時，可以參考的倫理守則有：

52

- 美國諮商學會（American Counseling Association, ACA）（2014）：「倫理守則2014 年版」（2014 ACA code of ethics），取自 http://www.counseling.org/resources/aca-code-of-ethics.pdf（這些守則並非專為兒童與青少年諮商而制定，但許多州的認證委員會採用這些守則）。
- 美國學校諮商師學會（American School Counselors Association, ASCA）（2010）：

「學校諮商師倫理守則」（Ethical standards for school counselors），取自 https://www.schoolcounselor.org/asca/media/asca/Ethics/EthicalStandards2016.pdf」。

- 美國心理學會（American Psychological Association, APA）（2010）：「倫理守則與行為規範」（Ethical principles of psychologists and code of conduct），取自 http://www.apa.org/ethics/code/principles.pdf。
- 全國學校心理學家學會（National Association of School Psychologists, NASP）（2010）：「專業倫理守則」（Principles for professional ethics），取自 https://www.nasponline.org/standards-and-certification/professional-ethics。
- 全國社會工作師學會（National Association of Social Workers, NASW）（2008）：「倫理守則」（Code of ethics），取自 https://www.socialworkers.org/About/Ethics/Code-of-Ethics/Code-of-Ethics-English。

透過引導活動 2.7，比較上述不同心理健康專業的倫理守則。雖然這些倫理守則看似相同，但也有些許差異。請你找找看吧！

引導活動 2.7

比較上述各助人專業組織的倫理守則。找出這些專業組織（ASCA, ACA, NASP 或 NASW）的倫理守則，並比較不同組織的倫理觀點。例如，這些組織的倫理守則，在界線議題、打破保密或諮商師的能力方面，有哪些異同點？助人工作者可以從這些倫理守則中得到哪些啟示？

諮商的基本原則

- 雖然未成年個案的法律權利受限，但成人有責任做最有利於兒童的決定。
- 服務兒童與青少年個案時，有效的諮商師會檢視個人的價值觀和倫理守則。
- 瞭解知後同意與保密的各個面向，是與未成年者工作的首要之務。
- 美國各州有其獨特的兒童福利法律規定，包括：虐待與疏忽、寄養照顧、監護權和領養等等。專業諮商師應掌握執業州的最新法律動態。
- 與個案隱私有關的兩大聯邦法案，分別是醫療保險隱私及責任法案（HIPAA）與家庭教育權利與隱私法案（FERPA）。HIPAA 保障的是醫療病歷，FERPA 規範的則是教育檔案記錄。
- 為身心障礙兒童提供特殊教育與服務資源的兩大聯邦法案：身心障礙者教育法案（IDEA）與復健法案 504 條款（Section 504）。
- 兒童與青少年諮商是一門諮商專業領域。因此，專業諮商師必須在其能力範圍內執行業務。
- 做倫理決策可不是件簡單的事。面臨兩難情境時，尤需懂得運用倫理決策模式。
- 諮商師必須覺察、倡導反對種族、性別或其他少數族群（包括兒童與青少年）等所受到的歧視。

本章作者簡介

Sondra Smith-Adcock（見主編者簡介）。

Sandra Logan，佛羅里達大學諮商教育學位學程博士生，並在拉瑪大學擔任實習生督導，也曾任小學、中學與大學的諮商人員。她的研究興趣包括學校諮商督導、領導能力發展、諮商師的專業認同發展。

3
Chapter

嬰兒期到青春期的依附、創傷與修復：
神經生物學的啟示

Mary Vicario and Carol Hudgins-Mitchell

……無庸置疑，經驗形塑了大腦結構。

——Siegel（席格）（2012, p. 47）

引言

　　丹尼爾，小學四年級生，學校生活慘不忍睹。他的閱讀和數學成績敬陪末座，跟同學也相處得不是很好。他經常神經兮兮地說：「有人在監視我。」下課時間，丹尼爾喜歡在筆記本上塗塗寫寫。有天，老師發現他的塗鴉裡有性意涵的圖畫，氣得叫他去校長室訓話。

　　13 歲的緹娜常和同學大打出手，留校察看是家常便飯，有自我傷害史。她桀驁不馴的個性，在學校和鎮上遠近馳名。緹娜已進出寄養機構數次，現在的寄養媽媽雖然很樂意照顧她，但對她的偷竊、說謊和操弄感到束手無策。

　　凱西，小學一年級生，在搬來跟祖父母同住之前，已經被疏忽和虐待好一段時間了。他的家族代代貧困，付不起健保費，房屋破舊，處境堪憐。他無法集中精神上課，老師說他一直試圖引人注意，就算搞怪被討厭也在所不惜。凱西整日神情緊張，缺乏個人空間和身體界線的概念。不管在走廊、午餐或課間休息時間，他都難以從一個活動順利地轉換到下一個活動。他常常在學校惹事生非，但當師長訓斥他時，他卻看似難過、茫然不知所措，好像失了魂一般。

凱西的祖母說他晚上還會尿床，最近甚至不能控制大便，時常拉在褲子上。

薇樂莉，17 歲，童年即被診斷為自閉症（autism spectrum disorder, ASD）。她的語言表達能力有限，無法解釋她為何被帶離原生家庭，或她怎麼被原生家庭成員嚴重疏忽和虐待。常有人形容薇樂莉「甜美又乖巧」，但有時暴怒起來，保母說她簡直像變了一個人。由於發展遲緩和溝通能力不足，許多人對她的諮商效果存疑。

這就是以兒童與青少年為協助對象的諮商師每天都會碰到的個案狀況。這些個案難以執行功能性任務，如：組織作業、問題解決、回憶資訊、排序、把想法轉換為行動、學到教訓等等。除此之外的問題還有：

- 侵入性想法
- 易受驚嚇
- 缺乏情緒調節能力
- 衝動易怒
- 自我傷害行為
- 逃學逃家
- 引人注意的行為
- 焦慮不安
- 自尊低落
- 轉換困難
- 解離
- 本體感覺（對自我身體和個人空間的覺察）功能不彰（poor proprioception）

這些年幼個案有哪些共同點？上述情節的個案，遭遇到各種不同的創傷或「毒性壓力」（toxic stress）。他們的外顯行為表現，其實洩漏了他們的內心世界，但許多臨床工作者和校方人員對童年期的壓力或創傷知之甚少，也不瞭解它們對還在成長中的大腦會產生什麼衝擊。甚至因為一些誤解，導致錯誤的介入。老師和大人以為孩子不服管教，殊不知這是孩子在惡劣或混亂家庭下發展出來的求生之道。就算在學校或轉移到安全的家庭環境，這些曾身處虐待或疏忽下得出的重要求生技巧，依然在孩子身上如影隨形。這些過往的求生技巧，在安全的環境裡，反倒像是反社會行為和發洩動作。為協助兒童捨棄如今已是不適應的行為，代之以社會容許的行為，諮商師必須瞭解創傷對大腦的影響。

神經影像技術與生物化學的進步，使得創傷治療面臨驚天動地的變化。創

傷與毒性壓力對人類大腦、發展和關係造成的長短期影響，近來，這方面的知識突飛猛進。這些發現，加上神經可塑性（neuroplasticity）（指大腦本身有成長和恢復的能力）的新知（Doidge, 2006; Chapman, 2014），對於如何協助受創傷的兒童與青少年復原、成長與學習，露出一道希望的曙光。

・讀完本章之後，你應該能夠・

・説明早期的關係創傷如何影響健康的大腦發展。

・討論有關負面童年經驗（Adverse Childhood Experiences, ACE）的研究，探討有害的生命事件對兒童與青少年發展的影響。

・運用人際神經生物學（interpersonal neurobiology）解釋兒童與青少年的情緒調節。

・檢視大腦研究與神經生物調節機制對諮商的啟示。

・探討關係／社會腦和教育系統可以提供哪些機會，支持與強化健康發展。

・分享兒童與青少年創傷知情（trauma-informed）與創傷回應（trauma-responsive）諮商的研究、理念和最佳實務經驗。

本章將探討社會環境和物理環境，以及重要關係如何形塑大腦發展（Cozolino, 2006）。接著，我們也要檢視如何選用諮商介入策略，促進成長與改變。Eliana Gil（1991）曾言：「受虐孩子所做的每件事，都是為了獲得安全感。」（p. 3）根據創傷知情照護的保護模式（Sanctuary Model of trauma-informed care），創傷對行為的影響可以重新框架為：「不是你有什麼毛病，而是你遭遇了什麼事情？」（Bloom, 2010）如果學校和心理衛生機構的諮商師能用這個角度來解讀兒童的行為，或許就能帶領孩子深度體驗人與人之間的情感連結，重獲建立安全感、依附關係、調節情緒狀態的能力。為了更明白毒性壓力和創傷如何影響大腦發展，首先必須多瞭解大腦的發展歷程、基本結構與功能。

瞭解大腦的結構與功能是一項複雜又艱鉅的任務。2013 年，歐巴馬總統宣
62　布啟動「先進革新神經科學人腦研究」（Brain Research through Advancing
Innovative Neurotechnologies, BRAIN）計畫，邀集美國政府、高等教育機構、
私人團體共同來開發繪製「大腦功能動態圖」（dynamic understanding of brain
function）（White House, 2014）。根據國家衛生研究院（National Institute of
Health, NIH）的說明：「人類的大腦有將近一千億個神經元與一百兆個連結
體，是當今科學界最大的謎團、醫學界最大的挑戰。」（National Institute of
Health, 2014）

　　由於大腦錯綜複雜，至今難解，因此，本章僅提供簡略的說明及譬喻，便
於我們接下來討論及概念化更為複雜的神經生物結構與交互作用。在這裡我們
僅概述大腦的主要功能區塊：大腦皮質、邊緣系統、腦幹、神經元、神經網
絡、神經傳導物質等。

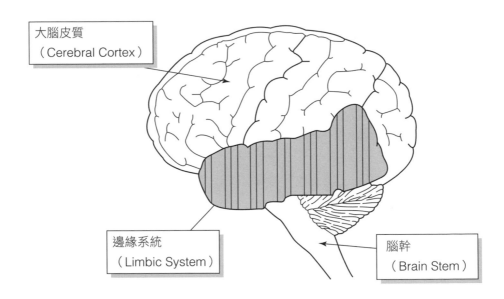

大腦皮質
（Cerebral Cortex）

邊緣系統
（Limbic System）

腦幹
（Brain Stem）

圖 3.1　簡易人類大腦構造圖

　　圖示人類大腦時，我們把重點放在大腦功能會對諮商帶來什麼啟發。要把
63　大腦地圖謹記在心，得學習有關大腦發展的知識。想進一步瞭解大腦研究如何

啟發諮商實務的讀者，可參閱以下書籍：

- Cozolino, L. (2010). *The neuroscience of psychotherapy: Healing the social brain* (2nd ed.). New York, NY: Norton.（心理治療的神經科學）（暫譯）
- Porges, S. (2011). *The polyvagal theory: Neurophysiological foundations of emotions, attachment, communication and self-regulation.* New York, NY: Norton.（迷走神經理論：情緒、依附、溝通與自我調節的神經生理學基礎）（暫譯）
- Siegel, D. J. (2010). *The mindful therapist: A clinician's guide to mindsight and neural integration.* New York, NY: W.W. Norton & Company.（正念治療：第七感與神經整合指南）（暫譯）

大腦發展

　　哺乳類動物在生命早期階段，必須仰賴他者才能取得資源和生存機會。人類嬰兒無法自行覓食、找水、找避風雨處。由於生理條件限制，勢必得依賴照顧者，於是，人類的大腦和生理機能內建了情感連結的機制（Lieberman, 2013; Cozolino, 2006）。社會科學研究者一向強調個人的信念系統源自於早年的需求是否得到滿足（Bowlby, 1988）。John Bowlby（約翰・鮑比）（1969）在 1951 年依據對戰後歐洲無家可歸的孩子所做的研究，提出著名的依附理論。自那時起，Bowlby 和許多研究者持續改良理論，但基本論點仍舊主張：人類的行為和情緒，與童年期受到的對待有關（Whelan & Stewart, 2015; 見第 5 章）。從大腦研究得到的發現和實徵證據，和 Bowlby 的理論不謀而合。早年關係深深影響兒童的健康發展（Kestly, 2014）。

　　Daniel Siegel（丹尼爾・席格）（2010）設計了一個非常簡單的學習工具，只要用自己的手，就可以大致瞭解大腦的三個主要區域：大腦皮質、邊緣系統、腦幹。這個大腦模型簡明易懂，可以用來跟大人和小孩解釋大腦功能。見圖 3.2。

用手說明大腦及其功能，Siegel（2010）首先介紹連結大腦和軀幹的脊髓。他用手腕比喻這個中樞神經系統部位。接著是腦幹，就像是手掌底部。被四隻手指頭包在掌心的大拇指，代表邊緣系統。最後，包覆大拇指的四隻指頭，代表大腦皮質。記住這個掌中大腦模型，我們將進一步說明每個大腦區域的功能。引導活動 3.1 先帶領讀者認識 Siegel 博士的掌中大腦模型和大腦各部位。

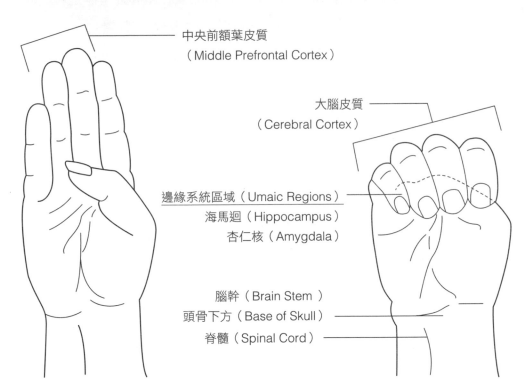

圖 3.2 掌中大腦模型

引導活動 3.1

觀看 Siegel 博士在 https://www.youtube.com/watch?v＝G0T_2NNoC68 影片中對掌中大腦模型的解說。跟著影片的說明做出掌中大腦模型的動作，直到耳熟能詳為止。接下來，請向班上同學示範解說掌中大腦模型。這個生動的掌中大腦模型，可以幫助你監控你的大腦狀態。下次當你快失去自制力之前，先做幾次深呼吸緩和焦慮，保證你秒懂影片內容！

大腦皮質──執行控制中心

65

作為執行控制中心，大腦皮質掌控了一些執行功能，如：工作記憶、組織、計畫、問題解決、安排順序等。大腦皮質在掌中大腦模型中，指的是包覆大拇指的四隻手指頭。哈佛大學兒童發展中心（Harvard Center on the Developing Child）（Yeager & Yeager, 2013）把執行功能比喻成忙碌的空中交通管制系統，其工作是「全神貫注、決定任務優先順序、設定與達成目標、控制衝動」（p. 9）。大腦皮質也要控制執行行動，也就是把想法轉換成行動的能力。我們常認為這是再簡單不過的事，但其實要把想法轉換成行動是一個複雜的神經處理過程。創傷壓力、年齡、發展能力等，都有可能影響這個神經處理過程（Yeager & Yeager, 2013）。

大腦皮質也會幫我們解讀非語言線索，如臉部表情、音質聲調、肢體語言、姿勢動作等。重要的是，大腦皮質會聯合邊緣系統，提升情緒調節和情緒喚起的能力，以完成任務或忍受不愉快的情緒刺激，協助穩定心情、提高挫折容忍度和衝動控制（Schupp, 2004; Siegel, 2012）。由於大腦皮質要到 25 歲左右才完全發展成熟，多數研究青少年的學者已經考慮要將青春期延長到 18 歲之後、接近 25 歲。因此，我們不是天生就具備執行功能技巧，而是慢慢地從他

人和外在環境中學習。由此可見，大腦皮質的功能終其一生受關係和正負向環境經驗影響。下面的案例描述說明執行動作功能出問題的情形，以及該採取什麼介入策略以協助青少年自我調節。

案例描述 3.1

大腦本位家庭介入（brain-based family intervention）

　　桃樂西，19 歲，她和她的孩子被兒保單位轉介諮商。桃樂西是中度智能障礙者，意即她只能進行具體的操作思考。具體操作思考的特徵是無法理解抽象概念。傳統的談話治療對她行不通，因為桃樂西只能用動作理解她的周遭世界、生活與問題，沒辦法抽象思考。桃樂西的孩子正處於前運思期。瞭解桃樂西和孩子的發展狀態後，諮商師運用藝術、遊戲、舞蹈、音樂、社交情景故事等多種表達性媒材，把他們當成一個家庭來處理。

　　桃樂西和孩子的進展不錯。她已接近團聚計畫（reunification plan）的尾聲，可以接孩子回家，剩下的最後挑戰是規律的上下班。終於能在圖書館覓得一職時，桃樂西「欣喜若狂」、非常興奮，因為這是她從孩提時代就期待的夢幻工作。但讓眾人（包括桃樂西自己）大吃一驚的是，桃樂西竟然常常遲到，每週也只到班兩三天。問她是不是有這回事，桃樂西明確地說她很有動力上班。但若問她：「那妳為什麼不每天上班呢？」桃樂西旋即飆淚，搖搖頭說：「我也不知道，我就是沒辦法。」這些話激怒了兒保單位，揚言道：「妳並沒有像妳之前說的那麼期待孩子回到妳身邊吧！」桃樂西很絕望，覺得自己就像她媽媽一樣，嘴巴說愛她，但卻無法滿足她的需求。桃樂西的諮商師相信桃樂西真的希望孩子回來，猜測桃樂西的困難在於無法將動機化為行動。接著，諮商師詢問桃樂西的晨間例行事項。桃樂西說她鬧鐘一響就起床，準備去上班。諮商師說：「桃樂西，請妳告訴我，『準備去上班』大概是什麼情形？」桃樂西說有時鬧鐘響了之後，她會先去洗澡、做早餐。有時不知怎麼的，她抬頭一看時鐘，才發現錯過搭公車的時間，或是所有程序花的時間比她預想的還要久。諮商師表示自己也不是個能早起的人，如果能做張清單，清楚寫明每天早上該

66

做的事，或許就不會忘記該做什麼，也比較能及時出門。下一次的療程，諮商師帶來錄影設備，錄下她們角色扮演桃樂西進行晨間例行事項的情形。諮商師說這樣也能幫助桃樂西教導孩子學習如何規劃執行早晨的活動。稍後問桃樂西想怎麼教育孩子，桃樂西說：「我希望能教他一些事情，讓他的日子過得比我還輕鬆。」桃樂西抬起頭來，對這個話題很感興趣。

諮商師說：「我們來拍幾張妳希望孩子完成一些晨間例行事項的照片吧！」桃樂西喜歡這個提議，這讓她覺得離孩子回家的日子又更近了一些。下一次的療程，桃樂西教孩子起床和上班上學的重要性。當孩子做出這些動作時，桃樂西就在一旁拍照。桃樂西不再曠職，準時去上班了。桃樂西的孩子也很高興，因為拍照很好玩，而且這些照片也會掛在家裡的牆上，彷彿在等他回家。

桃樂西不再抗拒上班，興致高昂地去工作和教導孩子。她的大腦需要具體的協助（照片），幫助她執行行動。找到有趣且具體的方式協助個案執行行動，而非認定個案沒動力、不配合。類似的介入策略可以用在達成任務導向的目標，如：準時上學、完成回家功課、設定個人目標等等。

邊緣系統——迎賓中心或安檢中心

作為大腦的迎賓中心（welcoming center）或安檢中心（guardhouse），邊緣系統要處理所有來到大腦的訊息（刺激），判斷訊息安全與否、如何解讀訊息、要把訊息送往何處等（Porges, 2011）。在掌中大腦模型中，邊緣系統指的是被包在掌心中的大拇指。如果進來的訊息是安全的，就會送往大腦皮質，加以注意或思考。由杏仁核判定有威脅或沒威脅的訊息，經過濾後分別送往腦幹或大腦皮質。若是不安全的訊息，就送到全身各器官的迷走神經。一旦有威脅產生，就啟動戰或逃反應動作，也就是出於恐懼而發動攻擊（戰）或走為上策（逃）。這些被接收到的訊息，統稱為臟腑反應（visceral response），也就是感受到五臟六腑或身體器官的反應（Porges, 2011）。每個人都曾有過這種危險預

67

警系統被激發的感覺。例如，走進黑暗的房間裡，即不由自主地「打寒顫」。

　　邊緣系統的主要構造是杏仁核與海馬迴。杏仁核掌管情緒記憶，包含自傳式事件記憶和最早期的非自傳式記憶（或稱「感覺」[felt] 記憶）。杏仁核大約在胎兒期第六個月時開始發育，一直持續到出生後 18 個月（Porges, 2011; Schupp, 2004; Siegel, 2012）。海馬迴處理杏仁核所接收到的短期記憶，協助杏仁核穩定，擔任自我安撫與情緒調節的角色任務。海馬迴監測記憶與時間，鞏固短期記憶並轉換成長期記憶，儲存在大腦皮質裡。海馬迴也有助於維持畫夜節律（circadian rhythm），也就是我們的生理、心理、行為依 24 小時的日夜週期循環而變化。另外，海馬迴亦協助調節睡眠、食慾、消化和血壓等畫夜週期。重要的是，海馬迴也能控制意識，維持自我認同感。因此，早年的肢體或情緒創傷，會破壞一個人的意識感和認同一致感。海馬迴大概在 3 歲時完全發展成熟，這也說明為什麼嬰幼兒得靠照顧者來安撫他們。

　　調節安全感與情緒的杏仁核與海馬迴，在出生第一年照顧者提供的關係下慢慢發育。若兒童在安全的環境下成長，他們的邊緣系統就會在與照顧者形成的安全依附關係中，發展出一致的自我感（Cozolino, 2006）。如果邊緣系統中的依附和酬賞中心得以適當發育，兒童就能發展調節中心，與大腦皮質相互合作，提取正向的關係回憶，協助他們在生理上與情緒上恢復平靜（Siegel, 2010）。引導活動 3.2 要帶領讀者檢視自己的自我調節經驗。

　　大腦結構的情緒調節功能，有賴於正向的關係經驗（Siegel, 2010; Cozolino, 2006）。嬰兒的邊緣系統還在發育與成長，而正向的關係經驗能促進自我安撫與壓力管理的路徑形成（Siegel, 2010; Cozolino, 2006; Banks, 2015）。若早年缺乏穩定、正向的人際互動，邊緣系統就無法適當地發展成功能良好的調節機制，往後恐怕演變成兒童期的失調行為，也就是一興奮就靜不下來、環境一有變化就難以調節轉換、容易被外界過度刺激、發脾氣發好長一段時間（Chapman, 2014; Solomon & Siegel, 2003）。從案例描述 3.2 中可以看到聚焦於調節情緒、促進親子關係情感連結的諮商策略。

引導活動 3.2

建造救生艇活動（Building Your Life Raft Activity）是一種自我照顧活動。請回答下列問題：

1. 哪些活動可以使你平靜？
2. 哪些活動可以帶給你喜悅，或振奮你的心情？
3. 哪些音樂可以使你平靜？
4. 哪些音樂可以帶給你喜悅？
5. 哪些事情讓你覺得有趣？

找一位同學互相訪問上面的問題。説明你個人的喜好時（例如，能讓你心情平靜或愉悦的活動或音樂），試著回想你第一次從事這些活動的情景。這些能使你自我平靜的活動，讓你聯想到哪些正向關係回憶（positive relational memory, PRM）呢？

案例描述 3.2

透過關係調節情緒（emotional regulation through relationship）

　　佐菈的照顧者形容她，「一生氣就是好幾個小時，直到力氣用盡才肯罷休」。3 歲時，佐菈已經「被好幾個寄養家庭踢出去」。新的寄養媽媽承諾會好好照顧她，但不知道「還能撐多久」。寄養媽媽說佐菈每次從幼稚園放學回家，都一副很累的樣子，需要睡個午覺，但又吵著要看電視。寄養媽媽用看電視作為她乖乖去睡午覺的交易，但這樣的規定只換得佐菈尖叫個沒完沒了。諮商師向寄養媽媽說明兒童會從與照顧者的關係中學習到如何鎮定和調節情緒。考慮到佐菈被帶離親生父母身邊（他們被控疏忽兒童與濫用藥物），錯失了與照顧者建立平心靜氣關係連結的早年經驗，才會改用電視作為鎮定的工具。諮

69

商師教寄養媽媽，當佐菈下午看卡通時，可以和她一起隨音樂舞動，溫柔地摟著她，和她一起唱歌。另外，讓佐菈擁有自己的鴨嘴杯、毛毯或洋娃娃。這些策略都是為了幫佐菈從和照顧者一起平靜地看電視（因為看電視是佐菈慣用的調節手段），順利地轉換到睡午覺。

　　Allan Schore（2005）說明嬰兒與照顧者的互動（如：凝視、微笑、發出咕咕聲等），能調節嬰兒右腦的情緒喚起狀態，以及位於右腦的視覺、聽覺、觸覺、手勢和情緒等非語言溝通。照顧者和嬰兒之間的直接、非語言溝通，是從一方的右腦傳遞到另一方的右腦。照顧者的右半腦和嬰兒的右半腦，進行著一場非語言互動之舞：眼神相望、溫和的遊戲、臉部表情模仿、提高聲調、節奏動作、互相關注與安撫。根據神經科學家的看法，右半部的大腦主掌身體感覺、下意識處理、情緒、知覺和前語言期記憶的心理模式（Chapman, 2014; Siegel, 2012; Cozolino, 2010）。

　　在嬰兒發展出自傳式事件記憶、個人敘事或自我感之前，右腦先擔負起身體記憶及下意識處理的任務。透過早年的互動，兒童得以形成自我感、自我價值，並學習調節情緒（Siegel, 2012; Cozolino, 2010）。由於嬰幼兒的大腦尚在成形，直到大約 3 歲時（甚至更久，依成長經驗與發展能力而定），都還需要成人的協助來鎮定與安撫情緒（Siegel, 2012; Cozolino, 2010）。例如，3 歲大的學步兒常帶著過渡性客體（transitional object），如毛毯、填充玩偶等來安撫自己，如同照顧者就在身邊安撫著他們。

　　對 60% 到 65% 的兒童來說，安全的依附關係讓這個過渡時期轉換得很順利（Beebe, 2005）。但安全依附關係並非指父母親或照顧者得隨時隨地回應嬰幼兒。事實上，據估計，安全依附型兒童的照顧者只正確回應了 30%，不過，他們能意識到沒有跟兒童同調或情感連結中斷了，會趕緊加以修正（Beebe, 2005）。失誤和修復的過程，反倒有助於兒童發展出情緒調節的神經路徑。當兒童受到關注、得到愛的關懷、知道他們的需要會被滿足，這樣的基本安全感是壓力調節的前提條件（Siegel, 2010）。

　　沒有得到安全、愛、關注和照顧的兒童，他們遭受的毒性壓力或創傷，會衝擊發育中的大腦。這可能是因為兒童和照顧者之間無法同調（lack of attunement），或年輕父母缺乏經驗所致，但多數的情況是來自於潛在的關係或環境壓力源（Garner et al., 2012）。這些毒性壓力即為負面童年經驗（ACEs）（Felitti et al., 1998）。負面童年經驗和毒性壓力的影響力，本章稍後會再詳細探討。

　　一直處在高度慢性壓力、特別又是疏於照顧的兒童，他們的大腦和行為不得不想辦法在那樣的環境下求生存，例如，他們可能來自暴力家庭，認為最暴力的人就是最安全的人，因為他可以打人，卻不會被打。離開暴力環境後，這些孩子或許安全了，但他們的內心仍然惶惶不安。他們試圖尋求安全感，但由於可以安撫情緒的海馬迴體積變小、神經路徑變少，導致他們容易被貼上反抗、易怒、攻擊性強的標籤（Cozolino, 2013）。

　　顛覆以往大腦無法修復的說法，神經科學家已經發現，某些受損的大腦神經細胞其實可以再生（Siegel, 2010）和連結（Doidge, 2006）。雖然重大的損傷，如中風或嚴重腦傷，恐怕無法完全復原，但人類的大腦終其一生都有能力長出新的神經細胞和新的神經路徑（Siegel, 2010; Schore, 2003）。這意味著生長於有害環境的兒童需要長出新的神經連結，以重新經驗、感受並創造安全感。要促進這個過程，可以在諮商中（和父母一起）使用安全腳本（safety script）。安全腳本說明範例如下：

　　「這是一個安全的地方，在這裡，我不會讓任何人用粗暴的行為打你、推你或罵你，也不會讓你打人、推人或罵人，因為這是一個安全的地方。」（Vicario, Hudgins-Mitchell, Corbisello, 2012, pp. 10-11）。

　　不安全的行為出現或快要形成時，上述聲明可以安撫邊緣系統，在安全的前提下設定人際關係規則。開頭第一句就是要安撫邊緣系統，這麼一來大腦就可以將接收到的訊息解讀為安全的，再傳送給大腦皮質做進一步的處理（Schupp, 2004; Porges, 2011; Siegel, 2012）。接下來我們要保護兒童別做會造成傷

71 害的事。因為受過傷害的兒童首先會把焦點放在維護自己的安全，使得他們越來越自我中心，因此必須先讓他們聽到我們要保護他們。第三句是設立界線，最後一句則是連結界線與安全，重申這個環境與諮商關係是安全的。請以平靜的態度說出這個安全腳本。無論照顧者是誰，如：家長（親生父母、寄養父母、領養父母、親屬照顧）、教師、諮商師、個案管理員、直接服務專業人員、精神科醫師等，這個安全腳本均一體適用，效果良好。

　　每次用上面的安全腳本跟兒童說明時，剛開始兒童通常都會歪著頭，露出困惑又好奇的表情。這是好兆頭，因為好奇是學習的第一步。根據我們的經驗，兒童大概要花六個月的時間，才會對安全腳本反應一致。於此同時，照顧者也要學習新的反應行為，不一定每次都要記得使用安全腳本。諮商師可帶領照顧者反覆體會、想像實施安全腳本的情境，討論它對親子關係的影響，以建立新的親子互動習慣。

腦幹——基本生存

　　作為大腦最古老的部分，依演化的標準，腦幹負責身體所有毋須思考的自動化功能，如：生理激發（arousal）、控制膀胱與內臟、消化系統、出汗、呼吸、驚嚇反應等。面對日托中心、學校人員、社工及其他親職人員等照顧者，我們會教他們認識腦幹因恐懼反應而引發的遺尿症（enuresis）和遺糞症（encopresis）。這其實是和腦幹與迷走神經（恐懼）反應有關的兩個作用（Porges, 2011）。兒童常因尿床或大便失禁而受到處罰，被成人指責他們存心搗蛋、懶惰、愛唱反調、易怒或想引人注意。其實腦幹的反應等同於強烈的情緒反應。腦幹雖然主宰這些功能，但並未意識到兒童正處於強烈的情緒狀態下。若能讓兒童感到安全，排泄功能失常的情況就會改善。

　　對於夜間尿床的行為，我們採取的諮商策略是協助兒童和主要照顧者談談孩子白天的成功經驗。有時，我們會製作一份成功日曆，具體標示成功日期。
72 我們也會請家長和孩子一同發揮想像力。如果有做惡夢的情形，則邀請讓兒童

覺得安全的人一起來重構夢境，構思可以找回自身力量的結局。兒童可以透過繪畫或雕塑惡夢場景和新的結局，讓新的結局和安全感更為具體真實。案例描述 3.3 說明治療夢魘的諮商策略。

案例描述 3.3

用說故事來改寫惡夢（storytelling to retell nightmares）

　　凱西，小學一年級生，夢魘已經影響到他白天在學校的注意力。他的諮商師用說故事的方式重構他的惡夢，把凱西的想像力化為行動。凱西說他想要「做一個『魔鬼剋星』背包，把追我的妖魔鬼怪捉起來，或者我也可以像《親愛的，我把孩子縮小了》這部電影一樣，把那些妖魔鬼怪壓扁。」凱西把他編的故事說給諮商師聽，還把故事畫出來。他的祖母每天晚上都念一次凱西編的故事給他聽，幾天之後凱西就不再做惡夢了。

　　我們已經認識大腦皮質、邊緣系統、腦幹的功能，接下來就要學以致用了。引導活動 3.3 要請你找一位同學，對大腦功能及其角色進行腦力激盪，並探討它們在兒童與青少年諮商上扮演的角色。

引導活動 3.3

　　將大腦的三個區域（大腦皮質、邊緣系統、腦幹）做成一張表格，在每一標題下，列出當兒童的大腦皮質、邊緣系統、腦幹因創傷或毒性壓力受損時，可能會顯現於外的行為。它為診斷或諮商歷程帶來什麼啟示？

神經元——大腦的基本結構單元與神經系統

神經元（neuron），或稱神經細胞，負責處理與傳遞電位和化學信號訊息（Cozolino, 2006, p. 38）。這些信號訊息透過突觸（synapses），與其他特定神經元連結。神經系統裡約含數十億個神經元，有高達十到一萬個突觸信號站（Cozolino, 2006, p. 39）。稍微計算一下，把這些連結的數目和路徑相乘，就可以知道人類的大腦活動複雜度（又稱神經網絡），要比其他物種強多了。細察神經元的連結互動，我們可以看到即便是一個細胞，都內建了連結機制。請觀看引導活動 3.4 介紹的影片，你會對人類大腦連結的複雜性嘆為觀止。

引導活動 3.4

花幾分鐘的時間觀看 YouTube 的影片：「How Your Brain Looks When You Think New Thoughts」（透視生生不息的大腦）（暫譯）（https://www.youtube.com/watch?v＝wI388XoCp48），親眼瞧瞧神經元連結、新的神經網絡形成、斷裂和修剪的畫面。

看完影片後，請思考關係文化治療（Relational Cultural Therapy, RCT）先驅 Judith Jordan 給諮商師的建言。她建議諮商師要尊重關係的複雜性，甚至保持複雜性（Jordan, 2012）。關係文化治療的重點是關係的療癒性質。你對這個建議有何看法？對諮商專業有何啟示？

人類擁有哺乳類中最為複雜的大腦和社會網絡，依賴照顧者以求存活的時間也最長（Cacioppo & Bertson, 2002; Cozolino, 2006）。這麼長的依賴期是為了留給大腦發展複雜神經網絡的時間，好學習溝通、瞭解與預測他人的行動、培養依附關係、發展挫折容忍力，和複雜的社會群體交流，如家庭、學校和社區（Cozolino, 2006）。

▌社交腦

Louis Cozolino（2006）在他撰寫的《人際關係的神經科學：依附與社交腦的發展》（暫譯）（*The Neuroscience of Human Relationships: Attachment and the Developing Social Brain*）一書中，把大腦細胞之間的溝通描述成：「神經元具有社會合群的性質。它們不喜歡孤立，彼此互依共存。若沒有持續發送以及從其他神經元接收訊息，它們就會萎縮、死亡。」（p. 39）研究已然證實，環境和關係互動如何形塑大腦發展與遺傳基因（Cozolino, 2006）。研究顯示，約有三分之一生活在育幼院、僅供以餵奶和換尿布的嬰幼兒，沒有得到妥善的滋養照顧，不幸地因缺乏人際互動而死亡。倖存的孩子中，罹患心理疾病的機率是一般人的兩倍（Szalavitz & Perry, 2011）。這個發現為古老的人類智慧——負向注意（negative attention）更勝於漠視無視（no attention）——奠定了神經生理學的基礎。生命頭幾年，嬰幼兒若要活下來，必須有吸引成人餵食、為他們提供住處、受驚嚇時得到安撫的能力。如果沒有得到足夠、定期的關注，極可能引發負面的認知、情緒和生理後果。

事實上，Sandra Bloom（2010）的研究表明，孤立可能引發自我傷害與自殺的行為後果。曾聽聞有些被困在陷阱內的動物會咬下自己的爪子，或登山者切斷自己的手以求脫身。受困動彈不得的人會自我傷害。身體被困住，不必然心理也被困住；身體安全，也不代表心理安全。那些經驗創傷或毒性壓力的人，可能遭受到過度的生理孤立（如：隔離、禁閉、禁足等）或社會孤立（如：被霸凌、無視、排擠等）。被他人誤解、想法與情緒受到箝制，或不被認可，都會產生被囚禁的感受。就算沒有自我傷害，但孤立無援的經驗烙印在大腦，恐會觸發受困感。請思考本章引言中談到的緹娜案例。案例描述 3.4 說明藝術治療如何協助緹娜停止自我傷害的行為。

案例描述 3.4

用磨砂糖霜降低自我傷害行為（sugar scrub to reduce self-injurious behavior）

　　如本章引言所述，緹娜有自我傷害史。當她第一次來到藝術治療室，立刻就像其他來到這裡的個案一樣，她用紅色顏料在牆上的海報紙留下她的手印，接著又把顏料塗滿整隻手臂，她喃喃自語：「這就像我傷害自己的感覺。」彷彿鬆了一口氣。我們送給緹娜一枝大水彩筆（不包含顏料），讓她帶回家，這樣她就可以在家裡用水彩筆進行感覺統合（sensory integration）來自我安撫。這是實施感覺餐單（sensory diet）的第一步，用來替代她的自我傷害行為。下一步是用製作磨砂糖霜培養她的安撫感覺。諮商師準備了砂糖、橄欖油，以及薰衣草、松木、香草等精油。首先把橄欖油加到一杯砂糖裡，結塊之後再讓緹娜滴入她喜歡的精油香味。諮商師和緹娜合力完成磨砂糖霜，分裝在小密封罐裡。當緹娜又升起自我傷害的念頭時，諮商師鼓勵緹娜和家長用磨砂糖霜緩解自殘衝動。經過一段時間後，磨砂糖霜漸漸發揮效果。只要緹娜覺得今天不好過，就拿磨砂糖霜塗一塗。與信任的人一起製作與使用磨砂糖霜，幫助緹娜自我安撫和建立連結感。她不必在痛苦中孤軍奮戰了。

75　　過去二十年來，已有數篇跨領域的研究記載社會排除（social exclusion）對身體的影響。例如，Candace Pert（1997）在其諾貝爾獎提名著作《情緒分子的奇幻世界》（*Molecules of Emotion*）中提到，由於社會排除行動造成長期的壓力化學物質釋放到血管中，估計約提高 2.6% 的冠狀動脈疾病罹患風險。同樣的，Claude Steele（2010）在《韋瓦第效應》（*Whistling Vivaldi*）一書中從文化的層次說明，光是覺察到社會排除的可能性，釋放出的壓力化學物質即會干擾學習，妨礙資訊檢索。另一方面，Lieberman（2013）的《社交天性：人類如何成為與生俱來的讀心者？》（*Social: Why Our Brains Are Wired to Connect*）闡述與他人的正向連結如何增強我們的學習潛能。總而言之，研究顯示當人感到安全時，學

習、問題解決、整體生產力都會比社交受到孤立、威脅或不安全時還要好得多（Lieberman, 2013; Bloom, 2010）。雖然這是個不言自明的結論，但科學研究近期才發現威脅越大、能力下降越快，也才剛要開始研究它對助人專業的影響。

如上所述，研究已經證實在基本的神經生理方面，人有逃避孤立的傾向，也就是我們必須仰賴他人才能生存。當兒童覺得不受關注和重視，正向的行為表現也被視若無睹時，就可能會以負向方式尋求注意。為協助兒童以正向方式發展神經網絡，我們必須提供正向關注，讓他們感受到自己在他人心目中的重要地位，別人重視和在乎他們。和成人一樣，兒童也希望自己能有社會生產力，透過工作或完成交辦任務，對他人做出貢獻。案例描述 3.5 說明如何運用計畫性的正向關注處遇小學一年級生凱西。

案例描述 3.5

計畫性的正向關注（planned positive attention）

凱西，小學一年級生，在學校喜歡引人注意。老師交派他擦黑板、送作業到辦公室或幫植物澆水等特別任務。老師也推薦他參加社交技巧遊戲團體，學習如何開心地與同儕建立正向關係。凱西的祖母也找了些家事請他幫忙，如：炒蛋、擺放餐具，凱西甚至也很樂意倒垃圾！正向的社會連結越來越多之後，凱西的「特殊任務」得到認可，他的不當尋求注意行為慢慢減少，課業成績也提升了。

神經網絡

76

新的研究顯示環境和關係如何形塑大腦和遺傳基因（Cozolino, 2006）。為了能與生活周遭的他人與環境產生更好的連結，人類演化出兩種方法，讓基因幫神經元彼此連結，形成神經網絡。其中一種方法是讓神經系統具有統一的結構；第二種促進神經網絡成長的方法是基因轉錄（genetic transcription）。就像

法院的書記官記錄法庭狀況，基因轉錄意指經驗改變和形塑了大腦（Cozolino, 2006, p. 40）。新的經驗可以重寫童年的負面經驗。Schore（2010）指出，出生之後，轉錄的神經結構占大腦結構的 70% 以上。神經系統的成熟有賴於後天經驗，又稱突觸形成（synaptogenesis）或突觸發生，在出生之後大幅增加，（Putnam, 2006）。這個過程使得人類的大腦能依自身所處環境做出調整修正，對兒童來說，這也意味著矯正性經驗不只具有心理上的意義，也能造成大腦的變化。

看似偶然不相關的兩件事，其實有可能是必然。首先，人類是地球上唯一在出生後，大腦仍繼續發育的生物。第二，我們是地球上唯一有「眼白」的生物（Cozolino, 2006; Porges, 2011）。人類擁有所有動物中最大的眼白（即鞏膜），使得人類嬰兒容易與照顧者「對上眼」。眼神的接觸，反過來協助嬰兒與照顧者讀懂彼此的心思。透過這樣的照顧互動，嬰兒的新皮質持續成長發育。新皮質（neocortex）是大腦的一部分，掌管社會互動、抑制衝動、注意力、學習，為將來的抽象思考、自我評價和同理心奠定發展的基礎（Cozolino, 2006, p. 22）。

鏡像神經元

2006 年，《紐約時報》的一篇文章引用了學者 Giacomo Rizzolatti 的一段話：「我們是精巧敏銳的社會性生物。我們的生存有賴於瞭解他人的行動、意圖與情緒。鏡像神經元（mirror neuron）讓我們不必經由概念、理性化的思考，而是透過直接的刺激、感受，碰觸他人的心靈。」（Blakeslee, 2006）

數年前，Rizzolatti、Fadiga Gallese 與 Fogassi（1996）觀察恆河猴後發現，當猴子看到別的猴子抓住一個物體時，發射電子訊號的神經元，和自己抓住物體時發射電子訊號的神經元一模一樣。這個偶然的發現促使研究者詳細檢視人類的社會行為如何在不同的神經系統和大腦部位演化（Keysers, 2011）。鏡像神經元也和語言發展有關。事實上，鏡像神經系統或許也和臉部表情與溝通時需用到的肌肉有關（Keysers, 2011）。人類和許多高等哺乳類動物（如猴子），會

下意識地模仿周遭人物的表情，尤其是那些看起來和我們最相似、接近的人
（Keysers, 2011; Porges, 2011）。

　　儘管學界對於鏡像神經元是否會「學習」，或本為天生固有的特質，仍存
有疑問（Catmur, Walsh, & Heyes, 2007），但無庸置疑地，哺乳類動物天生就會
與近親的情緒同調。若發生創傷或毒性壓力源出現，這些天生的能力將受到損
害，導致個體正確評估他人情緒的能力變差（Doidge, 2006; Porges, 2011）。最
後，請花幾分鐘的時間，觀看引導活動 3.5 中 Beatrice M. L. de Gelder 博士解說
的影片內容。

引導活動 3.5

　　請觀賞荷蘭蒂爾堡大學（Tilburg University）認知與情緒神經科學實驗
室負責人暨認知神經學教授 Beatrice M. L. de Gelder，在 Morgan Freeman
（摩根·費里曼）擔任旁白及主持的節目「穿越蟲洞」（*Through the
Wormhole*）（https://www.momovod.com/vod-play-id-52255-src-1-num-5.
html）中，帶領我們一探究竟鏡像神經元的動作和反應。每當 Morgan
Freeman 說出「盲視」（blindsight）一詞時，想想鏡像神經元的奧妙吧！

　　下面是一些能幫助兒童促進神經系統可塑性（成長）的活動，也是能夠建
立依附關係和學習的大腦連結鍛鍊活動（這些活動修改自 Vicario et al., 2012）：

- 躲貓貓遊戲（peek-a-boo）
- 拋球或滾球
- 用雜誌圖片或圖畫製作臉孔或眼睛的拼貼圖
- 凝視你自己的照片（以及爸媽、老師或諮商師的照片）（這可以在他們的
  大腦和你之間建立連結）
- 拍攝家庭活動的照片，或從他們的視野角度拍照

78　　　這些活動若善加修改，亦可運用於幼童或青少年。從案例描述 3.6 中，可看到「躲貓貓遊戲」如何改善寄養家庭的親子依附關係。

案例描述 3.6

躲貓貓遊戲介入技巧

　　案例描述 3.2 中的佐菈，和寄養媽媽一起玩假裝「我是電視」遊戲。寄養媽媽開心地用眨眼方式假裝電視一開一關，並一邊說著：「電視開了，電視關了。」佐菈玩得很投入，笑得合不攏嘴。接下來，她們把遊戲修改成「躲貓貓」。如前所述，隨著佐菈和照顧者之間同調的搖擺與擁抱節奏，她發脾氣的時間和舉動也漸漸縮短減少了。此外，有趣的「電視躲貓貓」遊戲，不但進一步強化佐菈與照顧者的情感連結，也幫助佐菈在關係中提升被重視的自我價值感。透過這個簡單的介入技巧，佐菈發展出她早年錯失的神經元連結與社會—情感連結，以及應該要透過關係而形成的調節能力（Cozolino, 2006; Siegel, 2010）。

　　同樣地，沒有戴眼鏡的凱西，某天突然說想做副紙眼鏡，「就像你（諮商師）戴的那樣。」在他的指示下，他和諮商師一起做了副假眼鏡。凱西別過臉，戴起假眼鏡，再轉過身來。當諮商師說：「我看到你了！」凱西簡直樂壞了，咯咯笑個不停，纏著諮商師說：「再玩一次！再玩一次！」凱西的祖母說：「有時候他就像個兩歲的小孩。他可能從來沒有玩過躲貓貓。」祖母也戴起假眼鏡，讓凱西在家裡也玩個夠。之後不久，凱西說他想玩「捉迷藏」。他通常躲在很好找的地方，當祖母找他的時候，他就像個小小孩一樣躲著偷笑。祖母會故意大聲問凱西在哪裡，假裝遍尋不著，直到凱西忍不住笑出聲來。然後，祖母會驚喜地大叫：「找到你了！」並給凱西一個溫暖的、興奮的重逢擁抱。祖母覺得「和凱西更親近了，他的情緒也越來越穩定」。躲貓貓和捉迷藏等一些簡單的遊戲，無疑是能讓兒童覺得「被看見」和「被找到」的關係連結絕佳妙計。雖然它們常被視為幼齡活動，但稍加修改後老少咸宜，可以修復早年與照顧者的關係，協助個案調節情緒。

Sandra Bloom（2010）研究她所謂的「諮商師與情緒工作」，即助人專業對助人工作者的影響，以及工作環境的情緒氛圍。她發現，若與不知所措的個案工作，那種茫然的情緒不只會出現在個案身上，連帶會散布到整個工作環境。有趣的是，若與憂鬱的人一起工作，工作人員也會開始覺得無助，職場像無頭蒼蠅般漫無目標。圖 3.3 說明 Bloom 在平行歷程上的發現。

想像你自己正在與本章引言中的其中一位兒童談話。想像你可能升起的感受，接著想像這個小朋友可能會有的感受。這些感受會不會很像呢？如果鏡像神經元賦予我們與他人情緒同調的天生能力，是不是與 Bloom 認為個案的情緒會影響諮商師與機構的主張不謀而合？執業這麼多年來，我們看著原本懷有慈悲熱情的兒童諮商師紛紛求去。由於他們所處遇的兒童無力掌控環境，連帶也使得他們累積挫折感、大失所望。仔細看看下圖。當個案不知所措，諮商師自然也會跟著手足無措；當個案情緒激動、咄咄逼人，如同多數前來諮商的兒童與青少年一樣，表現出他們的不安與恐懼，也會誘發助人者採取懲罰報復行動。平行歷程會影響諮商師的助人歷程、工作環境，甚至私人生活。

79

平行歷程

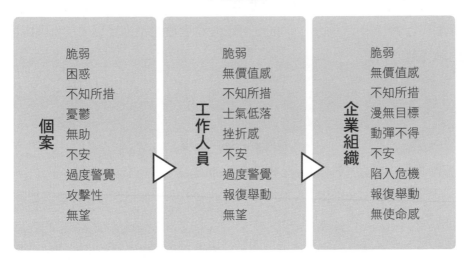

圖 3.3　Bloom 的發現一覽表

資料來源: Bloom, S. L. (2010). Trauma-Organized Systems and Parallel Process. In Tehrani, N. (Ed). *Managing Trauma in the Workplace: Supporting Workers and the Organizatio*. London: Routledge. pp. 235-251. Courtesy of Dr. Bloom and the ANDRUS Sanctuary Institute.

80   好消息是，由於神經路徑的可塑性，如果諮商師願意在接完有強烈情緒經驗的個案後，重新集中精神，相信就可以調節對個案的情緒反應。為此，我們推薦前面提到的**救生艇活動**（life raft activity）。每天下班後，或接完困難的個案後，諮商師應參考表中所列，做些能讓自己放鬆或愉悅的活動。為發揮這些經驗的情緒反應調節作用，請盡量運用多種感官，栩栩如生、詳細地重現這些經驗。若有和這些經驗相關的照片更好，它們可以緩和工作壓力困境。此外，我們也相信這種關注大腦的自我照顧活動，可以反過來讓諮商師以正向的方式影響環境。我們喜歡的作法是，提醒一起工作的父母親、諮商師和教師：「我們**就是**環境。」（We **are** the environment.）身為諮商師，我們責無旁貸要營造有助於兒童學習與成長的情緒環境。

神經傳導物質——大腦的化學作用

    神經傳導物質（neurotransmitters）是神經細胞發射訊號給另一神經細胞時，釋放出來的化學物質。例如**多巴胺**（**Dopamine**）的釋放與飲食、性、營養等生存行動有關（Doidge, 2006）。多巴胺會引發愉悅滿足感，是大腦中最強大的神經傳導物質。

引導活動 3.6

好時巧克力活動（Hershey's Kisses activity）

    試試巧克力的妙用。我們常用好時巧克力，但你也可以用任何你喜歡的巧克力品牌，口味濃淡皆可。不要用白巧克力或攙雜其他添加物的巧克力。慢慢地品嘗手中的巧克力，留心注意吃時的感覺和情緒，把它們寫下來。答案沒有對錯。寫完之後先擱著，我們稍後會再回過頭來看，也會跟你分享多數人進行這個活動的感受。

回想吃巧克力時，你會出現哪些情緒。這些情緒和神經化學物質多巴胺有關。許多研究顯示，巧克力中的可可成分，能促進大腦的多巴胺分泌。吃巧克力時，我們常情不自禁脫口而出「好吃、好開心、好滿足、還想吃更多、太罪惡了」，那些無法享受巧克力美味的人，甚至會油然而生「失望」的感受。如果多巴胺是我們的獎賞，那為什麼還會有罪惡感呢？因為罪惡感通常伴隨著渴望。我們的大腦事實上非常渴求多巴胺，所以我們會渴求生存所需之物。但我們卻被社會化教育成應該要對渴望的東西懷有罪惡感，形形色色的訊息交錯在一起，讓人不知如何是好。由於我們需要食物和水才能生存，故攝取食物和水（不只有巧克力）能促使大腦分泌多巴胺。

某些諮商策略能促進正向神經傳導物質分泌。這些策略不但能幫助兒童學習自我安撫，還可增進他們的整體身心健康，提高認知與記憶成效。身為諮商師，有時我們還會幫飢腸轆轆或有依附困擾的個案泡杯草本茶，或請他們喝杯果汁或水。我們也鼓勵照顧者找時間和孩子一起下廚，讓孩子重新體驗食物與營養的美味。請孩子幫忙料理，也象徵賦予孩子為自我生存奮鬥的能力。在協助成人的過程中，也附帶建立正向依附關係。這個經驗傳達給孩子一個訊息：他是有能力的；兒童也可信任照顧者會維持他們的生存與營養所需。照顧者與兒童一起下廚的經驗越多，一些和兒童期依附創傷有關的問題行為，如：暴食、偷竊、囤積食物（或其他物品）的狀況也會跟著減少。食物與情感連結都是生存的必要條件，笑聲和樂趣當然也是。這些活動亦有助於大腦修復，因為多巴胺的分泌可以療癒創傷與負面經驗造成的傷害。

案例描述 3.7 說明另一個適用於兒童、能刺激多巴胺分泌的活動。

案例描述 3.7

糖果雨介入技巧（raining candy intervention）

這是個促進多巴胺分泌、緩和與鎮定情緒的活動。因為丹尼爾覺得這個活動能讓他的心情平靜，我們將此活動命名為「糖果雨」。諮商師須準備一個身體造型的餅乾壓模（例如薑餅人）、原子筆或鉛筆，以及莓果巧克力糖。

81

1. 請個案含住一顆莓果巧克力糖，直到糖果在口中慢慢融化，吃到裡面的莓果。

2. 請個案描述身體感覺。不管個案說了什麼，再次重複他的話，並進一步詢問感覺的程度、形狀或畫面。丹尼爾說：「嗯，就像躺在山丘上，下起了糖果雨。」重複個案的話。當諮商師重複丹尼爾的糖果雨句子，他接著說：「我可以到屋子裡找一個大碗，把它放在我的肚子上，裝滿一整碗的糖果，想什麼時候吃就什麼時候吃。」諮商師和他一起畫下這個景象。接著諮商師又問下起糖果雨時，還會發生什麼事？丹尼爾說：「就像下在我心裡，我覺得非常開心。」兩人又一起畫出糖果雨下在他心裡的畫面。丹尼爾的臉上始終掛著微笑。

3. 接著問個案：「還有什麼事能帶給你同樣的感覺呢？」但對丹尼爾，諮商師則是字斟句酌：「還有什麼事能帶給你像糖果雨那樣的感覺呢？」用個案的隱喻去回應他，強調他的話「被聽見了」。

話語被聽見、發展新的安全感意象與隱喻，是療癒創傷很重要的一環。當丹尼爾被問到，還有哪些事能帶給他「像糖果雨一樣的感覺」時，他說：「含著糖果、聞薄荷或巧克力的味道、輕拍我的背、讚美我、輕聲細語地對我說話。」丹尼爾一直很努力想融入寄養家庭。一開始，寄養媽媽還不知道要讚美丹尼爾什麼，但很快地，她想起丹尼爾一向都把自己的房間整理得很乾淨。接著寄養媽媽又陸陸續續想起幾件丹尼爾的確有幫上忙的小事情。寄養媽媽決定請丹尼爾多幫忙，這麼一來她就有機會多多讚美他了。諮商師為寄養媽媽示範該如何如實描述她所看到的丹尼爾表現，但不要用評價式讚美。例如，「做得好」就是一種評價式讚美。相反地，描述式的讚美則是以歡快、神采奕奕的語調，如實報導丹尼爾做了什麼，讓房間變得這麼整齊。例如：「你花了很多時間摺棉被、收衣服、把東西照你的意思放在該放的位置。」另一種描述式讚美法是在句末加上感謝詞，明確地讓孩子知道你對他的所作所為心懷感謝。最簡單的例子是：「謝謝你幫我開門。」丹尼爾的寄養爸媽也比以往更常輕拍他的背，還送他一些插花用的彩色玻璃珠。丹尼爾把玻璃珠放在口袋裡，所幸他並

不是會亂丟東西的小孩。這些從「糖果雨」活動衍生出來的簡單介入技巧，幫丹尼爾得到他夢寐以求的情感連結，同時又能達到自我平靜與自我安撫的效果。

其他著名的神經傳導物質包括：血清素（serotonin），功用是調節心情、食慾和睡眠；腦內啡（endorphins），可以減輕疼痛。這些神經傳導物質也能促進親子關係連結。只要 20 分鐘的有氧運動，腦內啡就能緩解壓力。不信？你可以親身體驗引導活動 3.7。

引導活動 3.7

在上課之前，花 20 到 30 分鐘做些有氧運動。比較一下沒有做有氧運動時上同一門課的情況，看看你對課程內容的記憶能力有無差別。同樣地，花些時間在課堂上繪畫或彩繪曼陀羅，比較一下沒有畫曼陀羅時，上同一門課記住口語資訊的狀況有無差別。記錄你的反應。哪些活動較能有助於你記住課堂內容呢？

催產素（oxytocin）可說是種親和激素，能穩固人與人之間的連結（Moberg, 2003），強化多巴胺的效果。母親照料、輕撫與擁抱孩子時，就會分泌催產素。伴侶間的性行為也會促發催產素分泌，強化伴侶關係。與其他相伴身邊的動物互動時，雙方（動物和人類）都會釋放少量的催產素，這也說明動物輔助治療之所以有效的部分原因。

負面童年經驗與兒童發展

健康保險公司凱薩醫療（Kaiser Permanente）在 1995 到 1997 年間，與疾病管制與預防中心（Centers for Disease Control and Prevention, CDC）合作，進行了一項涵蓋 17,000 名參與者的「負面童年經驗」（ACE）調查研究（Felitti et al., 1998）。多數參與者是白人、中產階級的白領上班族。這些研究參與者填寫一份匿名問卷，題目包括他們現在的健康狀況和行為、兒時不當管教與家庭失功能經驗。這份問卷的作答內容，加上身體檢查的結果，綜合成這項研究的基礎資料。疾病管制與預防中心二十年來持續追蹤這些原始參與者的醫療狀態。表 3.1 和 3.2 呈現這項研究的驚人結果。所有跟盛行率及健康結果有關的事實和數據，都取自疾病管制與預防中心的官網（http://www.cdc.gov/violenceprevention/acestudy）。

表 3.1　負面童年經驗（ACE）比率

ACE 虐待因素	盛行率	ACE 家庭因素	盛行率
心理／情緒虐待	10.6%	物質濫用	26.9%
肢體虐待	28.3%	心理疾病	23.3%
性虐待	20.7%	喪親、分居、離婚	24.5%
情感忽視	14.8%	母親暴力相向	12.7%
身體忽視（包括營養不良）	9.9%	家人入獄（又稱汙名化的失落）	5.2%

負面童年經驗（ACE）的分數計算方式為：每符合一項兒童虐待和／或疏忽的類別為 1 分，總分為 0 到 10 分。ACE 的分數越高，表示遭受負面經驗的情況越嚴重，負向行為與身體健康後果的風險越高。ACE 的共同研究人員 Felitti 等（1998）發現，「ACE 分數達 4 分者，會成為注射性藥物使用者的可能性是一般人的 1,350 倍；ACE 分數達 6 分者，會成為注射性藥物使用者的可能

性是一般人的 4,600 倍。接受公立心理衛生系統服務者，90% 曾有童年創傷經驗；違反少年司法體系的女孩，有 85% 在童年時期曾遭受身體或性虐待。」

表 3.2 顯示負面童年經驗的長期健康後果。

表 3.2　負面童年經驗的長期健康後果

行為健康狀況後果	身體健康狀況後果
吸菸	骨折
重複受害	慢性阻塞性肺病（COPD）
青少女懷孕	心血管疾病
工作表現欠佳	糖尿病
暴力關係	肥胖
酒精／物質濫用	肝炎
憂鬱症	性傳染病（STDs）
自殺	早逝

　　負面童年經驗分數升高成為迅速蔓延的公共衛生流行病問題。從童年時期開始，他們就受盡毒性壓力與複雜創傷的折磨。不幸地，學校教職人員、醫療專業人員，甚至心理健康臨床工作人員，卻常只看到外顯的行為，沒有察覺到隱蔽潛藏的創傷。結果，兒童被誤診或被冠上多重診斷問題標籤。van der Kolk（2014）形容這些身處不幸境遇的孩子：「還不到 20 歲就被貼上四種、五種、六種甚至更多令人印象深刻，但卻沒有意義的標籤。」（p. 157）

發展性創傷與診斷

　　「如果兒童暴露在不可控制的壓力、家庭失功能或家庭暴力下，而且照顧者未能勝任協助兒童調節情緒喚起的功能，兒童將無法以連貫一致的方式組織

和歸類經驗。」（van der Kolk, 2005, p. 6）

2001 年，美國國會成立全國兒童創傷壓力網絡（National Child Traumatic Stress Network, NCTSN），其使命為：「提高全國的照護標準，改善受創兒童、家庭與社區的服務資源。」（NCTSN, n.d.）除了全國兒童創傷壓力網絡在全美如火如荼展開外，Bessel van der Kolk 與 Robert S. Pynoos 兩位醫學博士也擔任兒童創傷任務小組的召集人，負責推動更能適當指出複雜性創傷對大腦發育影響的診斷類別。歷時四年研究世界各地超過十萬名兒童與青少年，蒐集 130 篇的研究論文，任務小組終於在 2009 年把他們的研究成果提交給美國精神醫學會（American Psychiatric Association），希望《精神疾病診斷與統計手冊第五版》（DSM-5）納入新的診斷類別（van der Kolk, 2014）。他們的訴求是，DSM-5 應在創傷後壓力症候群（PTSD）之外，特別為學齡前兒童建立一個新的次類別。然而，這些研究結論還不足以證明創傷與毒性壓力如何體現於學齡兒童、青少年與發展障礙者的適應不良行為。對許多兒童、青少年與發展障礙者，醫師的診斷根據是他們的外顯行為表現，而不是行為背後可能的原因。事實上，van der Kolk（2014）主張：「全國兒童創傷壓力網絡的資料顯示，82% 的受創兒童並不符合創傷後壓力症候群的診斷準則。」（p. 157）由於這些孩子過度警覺、缺乏情緒調節能力，或難以維持人際與關係界線，他們反倒被貼上注意力不足過動症（ADHD）、對立性反抗症（ODD）或反應性依附障礙症（RAD）的診斷標籤，也意味著有許多隱藏的創傷沒有被偵測和辨識出來。

各位讀者可以瀏覽司法資源協會（Justice Resource Institute, JRI）創傷中心的網頁（http://www.traumacenter.org），裡面蒐集了相當多的研究文獻。例如，可閱讀兒童與青少年創傷敏感瑜伽（trauma-sensitive yoga）的資料。創傷對兒童的影響仍有待進一步的研究，但學校與機構的諮商師應瞭解兒童的世界，仔細檢視他們的成長史，看看毒性壓力與創傷是否影響他們的大腦發育和外顯行為。

我們也號召學校與臨床場域的諮商師，為倡議世人瞭解兒童的負面童年經驗影響挺身而出。例如，新的研究發現顯示，大腦結構會因負面經驗而出現變化。有些學校已經開始對參加個別化教育計畫（IEP）的學生，採用「其他健

康缺損」（other health impaired, OHI）這個診斷名稱，取代先前較被汙名化的　86
「情緒障礙」（emotionally disturbed, ED）此一診斷名稱。由於創傷會改變個體
的知覺與處理感覺訊息的方式，因此，曾遭受創傷或毒性壓力的人，身體感覺
經驗和一般人不太一樣，導致他們在感覺處理上出現問題。以兒童來說，可以
看到他們難以坐定、想用自我刺激的行為安撫自己、笨手笨腳、衝撞、推打、
亂跑、撞東西或撞人、亂成一團、焦慮不安、一大堆尋求感覺刺激（sensory-
seeking）或逃避感覺刺激（sensory-avoiding）等干擾學習或調節的行為。

　　無論在學校或家裡，諮商師都可以透過完整的職能治療評估（occupational
therapy evaluation），實施感覺統合介入技巧。把評估內容及介入方案寫進個別
化教育計畫或 504 復健計畫，以確保個案獲得必要的協助服務。感覺焦點介入
策略（sensory-focused interventions）有助於穩定及調節情緒和本體感覺
（proprioception，對身體位置與動作的感覺），建立深度的安全感（van der
Kolk, 2014）。這些都是尊重關係與文化、又可治療創傷的介入方式。

複雜性創傷的遊戲治療

　　本章提供的都是建基在依附與創傷神經生物學的介入技巧，其中多數也是
關係與感覺焦點遊戲治療（relational and sensory-focused play therapy）（Vicario,
Tucker, Smith-Adcock, Hudgins-Mitchell, 2013）所運用的技巧。關係與感覺遊戲
活動可應用在各年齡層患有發展障礙、前語言期創傷，或因幼年創傷而使語言
表達受限的個案。這些狀況妨礙了大腦發揮前運思期或具體運思期的功能
（Gentile & Gillig, 2012; Siegel, 2012）。前運思期與具體運思期的大腦功能作用方
式，是以感覺本位反應（透過身體感覺直接互動）來理解周遭世界並與外界互
動，而非用抽象思考和語言與他人互動。複雜性創傷會影響親密關係，也常發
生在親密關係中（Cloitre et al., 2009）。因此，對於難以用其他方法治療，或無
法受益於傳統形式的談話治療的年輕個案（如：外顯行為問題、發展遲緩），
感覺本位和關係本位的介入技巧值得一試。

87 　　下一節將介紹幾個關係與感覺本位的治療介入技巧。這些介入技巧結合本章前面探討的大腦功能概念，以及適性發展的感覺活動。最後，我們將在案例描述 3.8，以薇樂莉為例說明這些介入技巧。

關係與感覺本位介入方式舉隅

▋剝掉怒氣蔥蔥（Peel the Anger Onion）

　　難過和恐懼的情緒會消耗能量，而憤怒通常會讓情緒更為高漲。進行兒童與青少年諮商時，我們把它命名為**怒氣蔥蔥**（anger onion），並向個案、家長和老師展示如何剝掉怒氣蔥蔥。洋蔥的外皮是怒氣，能為你帶來活力、保護你，但也常讓你陷入麻煩。不過，只要你夠勇敢，你可以一層一層剝掉怒氣蔥蔥的外皮，正視裡面隱藏的悲傷。就如同剝真的洋蔥一樣，難免會掉眼淚。我們會告訴個案和他們的照顧者：「哭得越多，打擊越輕。」我們也可以看到怒氣蔥蔥有很多層皮（表示各種感覺和行為），最內層的是恐懼。由於恐懼是經歷創傷或毒性壓力後的核心情緒，對鬧脾氣的兒童，最好能跟他們說：「我要做些什麼，可以讓你覺得安全？」而不是只丟下一句：「冷靜一點。」

▋自製不安箱（Make a Worry Box）

　　還記得本章一開始提到的丹尼爾嗎？丹尼爾是小學四年級生，他在下課時間被老師逮到在畫帶有性意涵的圖畫。但老師不知道的是，丹尼爾深受侵擾記憶所苦，這是受創兒童常見的困擾。丹尼爾需要一個安撫他的活動，幫助他容納與管理混亂的思緒。不安箱可以讓兒童與青少年把在平常生活或諮商中想起的不安事件拋諸腦後，好好地回家或上學。不安箱的作法是：找一個鞋盒或任何堅固的箱子，外面依個人喜好裝飾（貼上從報章雜誌剪下來的圖片或個案喜

歡的小東西）。裝飾好之後，諮商師當著個案的面把不安裝進去，並說：「我們因愛而更堅強。不安速速退散吧！」兒童可以在箱子裡放進畫著他煩心事的圖片，或把不安寫在紙上放進箱子裡。每次諮商結束後，可讓兒童帶著不安箱回家，教他們在下次談話前，若有任何憂慮不安的心情，都可把它們放進畫箱子裡。另外，兒童也可以在家裡或學校都各做一個不安箱。

　　身為諮商師，我們也須學習擺脫不安的想法。請跟著引導活動 3.8 的說明，做一個諮商師自己的「不安箱」。

引導活動 3.8

88

　　諮商師要找方法釋放一整天所累積的煩亂思緒與壓力。根據上述說明，做一個屬於你自己的不安箱。把讓你煩心和感到有壓力的事畫下來或記下來，然後放進不安箱裡，蓋上盒蓋，就讓它去吧！試試用引導式心像法，把所有的不安都關進不安箱裡。

蒐集靜心物件（Collect Items for a Calming Box or Bag）

　　能平靜兒童與青少年焦慮心情的活動，當然多多益善。多重感官或靜心物件包在家中或學校都很合適。諮商師可協助家長或老師準備靜心物件包，放在家中安靜的一角或教室講台下面。幼兒園的老師亦可在教室布置一塊「安靜區」，擺放一些讀物和／或物件，一個名副其實安靜不受打擾的空間。靜心物件的特點是容易取得，但又不至於干擾到上課或其他學生。曾有一位老師裁剪一小塊魔鬼氈貼在學生的抽屜下方，學生可以觸摸它讓自己平靜。她說這個方法很管用，連她自己也是愛用者！

　　以下是一些兒童認為可以讓他們心情平靜的物件：

手記	泡泡	磨砂糖霜	曼陀羅	培樂多黏土	擠壓球	刮鬍泡
著色圖	美勞用品	一小盒沙或米	淡香身體乳液或噴霧	雨聲筒（rain stick）	所愛之人／安心之人的相片	能平撫心情的相片／地方
一小塊摸起來很舒服的布	毛根	個人的CD或MP3音樂	撲克牌	磁鐵玩具、神奇畫板（Etch A Sketch）	萬花筒	磁力畫板（Magna Doodle）
螺旋彈簧（Slinky）	複製針（pin art）	用吸管喝飲料	填充玩偶	毛毯或一小塊布	拼圖	指尖陀螺（Fidgets）

正念與引導式心像

　　許多兒童與青少年對學習呼吸技巧、正念練習和引導式心像的反應良好。不管在學校、家裡或諮商室，這些技巧都很好運用。以下是幾種常見的正念活動，請依各個兒童或青少年的需要稍加修改應用。

1. 教導兒童做「腹式呼吸」（belly breathing），想像吸氣時肚子像氣球般鼓起來，呼氣時像氣球般消氣。請兒童把手放在腹部，感覺腹部隨呼吸上下起伏。

2. 諮商師和兒童安靜地坐著，請兒童做幾次腹式呼吸。諮商師以輕柔的語調，鼓勵兒童想像一個能讓他心情平靜祥和的時刻與地方，帶著他用五感栩栩如生地想像這個景象。請兒童看看四周，留意這個景象有沒有什麼特別之處。他聽到什麼聲音？有聞到什麼特別的味道嗎？氣溫涼爽還是溫暖呢？他的感覺如何？味覺呢？還需要加入什麼東西，可以讓這個景象更美好或更舒服呢？請兒童畫下這幅景象，從另外的視角細細體驗。這個活動非常有趣，但如果孩子對畫畫沒有自信，也可以改用拼貼、揮灑顏料、線

條或立體模型的方式表現。

3. 諮商師可請兒童想像自己正漫步在這個非常平靜的地方，同時輕敲膝蓋或輕拍大腿。提醒孩子把這些動作感覺和平靜的心情相連結。

案例描述 3.8 要再來看薇樂莉的故事（17 歲的薇樂莉患有發展障礙）。這個案例說明如何運用關係與感覺本位的介入技巧，來協助薇樂莉表達情緒。讀完之後，請你指出諮商師用了哪些關係與感覺本位介入技巧。

案例描述 3.8

發展、關係與感覺介入技巧（developmental, relational, and sensory intervention）——薇樂莉的案例

17 歲，患有自閉症的薇樂莉，剛被帶離她的原生家庭。她和兄弟姊妹都遭受嚴重的疏忽與虐待。薇樂莉的案例呈現大腦本位介入技巧如何有效辨識出她的早期創傷。十七年來，薇樂莉一直被當成嚴重的自閉症患者，不會用言語表達自己的想法。許多人說諮商對她沒有幫助，但經過關係與感覺本位取向的治療後，薇樂莉已經學會一些人際溝通技巧，這是先前評估她身心障礙的專家料想不到的進步。

薇樂莉首次與諮商師晤談的情況為：薇樂莉列出清單並口述。例如，她列出原生家庭的成員，接著念出他們的名字。每念一個名字，諮商師便跟著複述一遍。當諮商師複述薇樂莉念出的第一個名字後，薇樂莉停下來，第一次正眼看著諮商師。接下來，她重新寫了一張清單，兩人重複剛才的步驟（薇樂莉念，諮商師複述），但這次諮商師加了一些反映：「這些是妳的家人。」薇樂莉說：「家人。」再次看著諮商師。這次的眼神接觸雖然只有一瞬間，但卻是渴望的眼神。只要薇樂莉朗讀清單，諮商師就複述她的話，如此一來一往，延續整個晤談。所有的對話行為皆具有明確目的，也是一種溝通形式。諮商師耐心地讓溝通的意義慢慢浮現，對薇樂莉來說，她們正在建立友好的諮商關係，用這唯一她知道的方式信任諮商師。

90

第二次晤談，薇樂莉期盼殷殷地走進諮商室，興奮地拿出清單。聽到自己的話被諮商師複述，她有得到重視的感覺。經過幾次的列出清單與複述回合，諮商師指著清單上的第一個名字，鼓勵及邀請薇樂莉：「說說妳的父親吧。」薇樂莉不回答。諮商師並不洩氣，她知道薇樂莉的原生家庭環境使得她喪失了個人力量，面對要求時不敢說「不」（no），只能說「好」（yes）。發展障礙與創傷減損她的認知處理速度。當拒絕沒有受到尊重，通常會爆發對立與反抗行為，企圖扭轉個體反應不夠快的缺陷，或因為被打斷而激動不平。回想當有人打斷你的思緒或搶話時，你一定也有類似的挫折感（我們發現，如果家長、老師、治療師和其他專業人員能給予更多的處理時間，孩子的對立與反抗行為會大幅減少）。

　　薇樂莉的晤談持續進行，諮商師也不斷反映和鼓勵她談談清單上的第一位家庭成員。最後，薇樂莉指著妹妹的名字，說：「妹妹。」「蘇是妳的妹妹。」諮商師複述。下一次再看清單時，薇樂莉增加了曾和家人一起居住過的城鎮名。諮商師回應：「妳和蘇曾一起住在梅森城。」薇樂莉慢慢一個字一個字地說出口。過了一段時間，諮商師請薇樂莉畫出家人。薇樂莉不為所動。但過了一段時間，她就願意聽從諮商師的回應，從列出家人的名字，轉而畫出每位家人的模樣。之後的療程，薇樂莉畫了一個女孩躺在床上——她畫蘇在嘔吐。她非常焦慮。諮商師回應：「蘇吐了。」薇樂莉一次又一次地畫這個景象。諮商師配合薇樂莉的表情和圖畫內容，溫和地加上情緒的形容詞，薇樂莉也漸漸說出自己的痛苦。

　　為了幫助薇樂莉順利結束每一次的療程，諮商師會幫她把圖畫收好放進文件夾。每次晤談，薇樂莉會把之前的圖畫拿出來，仔細端詳一番才開始畫畫。但某次療程，薇樂莉卻打破慣例，直接走向諮商師，急切地說出她的要求：「紙、紙。」一拿到紙，薇樂莉立刻畫了一張前所未有的自畫像。她指指畫中人的嘴巴，說：「薇樂莉，嘴巴。」諮商師馬上注意到畫中人物的嘴巴有不一樣的地方（薇樂莉其他畫中人物的嘴巴，都只是簡單的一條直線）。畫中人物的嘴巴張大，顯得很驚恐。諮商師鼓勵她：「說說薇樂莉的嘴巴吧。」薇樂莉毫不猶豫地回答：「嘴巴流血。」並在圖畫中的嘴巴上塗一抹紅色。諮商師溫

柔地問她：「薇樂莉的嘴巴怎麼了？」薇樂莉不停地畫著流血的嘴巴，越畫越激動，全身開始搖晃（這是一種自我安撫技巧），不斷地喃喃自語：「薇樂莉嘴巴流血了。」諮商師重複薇樂莉的話，憂心地問：「薇樂莉的嘴巴在流血。發生了什麼事？」薇樂莉立刻回答：「棍子。」然後畫了一根棍子。諮商師擔心地說薇樂莉的嘴巴被棍子打到了，薇樂莉露出驚恐的笑容。諮商師再次重複薇樂莉的話，問她：「誰用棍子打薇樂莉的嘴巴？」薇樂莉笑得更驚惶，一再地說：「爸爸棍子、爸爸棍子，打。」諮商師回應她：「爸爸用棍子打。」薇樂莉心有餘悸地說：「嘴巴流血，嘴巴流血。」但仍緊張兮兮地笑得更大聲。諮商師以平穩的聲調，搖搖頭說：「妳在笑，但我不覺得這是件好玩的事。」薇樂莉霎時愣住，面露懼色，諮商師看了都心疼。過了一會兒，薇樂莉終於哭了。諮商師握住薇樂莉的手，說：「很痛，所以妳哭了。」薇樂莉回答：「嘴巴痛，哭。」畫了幾滴眼淚。諮商師謝謝薇樂莉願意分享她嘴巴受傷的故事。

　　某天，薇樂莉帶來一張尾巴像是陰莖的怪物畫。她一來就馬上把畫放進不安箱，然後呆呆地凝視前方。諮商師故意視而不見，也不打擾她，完全停留在此時此刻，只問薇樂莉能否把手放在她的肩膀上。薇樂莉點點頭。諮商師說：「感覺我的手在妳的肩膀上。妳在這裡很安全。」薇樂莉看著諮商師，看著她的手。諮商師重複一遍：「感覺我的手在妳的肩膀上。妳在這裡很安全。」薇樂莉說：「手在肩膀上，安全。」薇樂莉接著才回到現實，眼睛看著諮商師。諮商師請薇樂莉的媽媽來諮商室，指示她：「當薇樂莉想起那些令人不安的回憶時，她會眼神渙散，聽不進周遭人的話，那是因為她的心思跑掉了。這時候，妳可以問她是否可把手放在她的肩膀上，並告訴她跟妳在一起很安全。」媽媽照著諮商師教的做，薇樂莉輕輕搖晃身體，看著媽媽。兩人四目交接，薇樂莉說：「安全。」媽媽也反映薇樂莉的話：「是的，薇樂莉現在很安全。」諮商師又教她們另一個可以在家裡使用的深呼吸技巧，把手放在肚子上，吸氣的時候就像氣球脹大。薇樂莉反覆地說：「肚子氣球。」媽媽也接著說：「大肚子氣球。」兩人咯咯笑成一團。她們做了幾次腹式呼吸，準備回家好好練習。

　　接下來的療程，諮商師和薇樂莉又繼續畫畫和命名，協助薇樂莉建立安全感。從大腦本位的觀點來看，這是幫助薇樂莉發展神經網絡的基本技巧。每一

次療程，諮商師都會問薇樂莉怎樣才能讓她感到安全。某一天，薇樂莉竟清楚說出：「握手。」接著她畫了一幅畫，顯示那些能握住她的手、讓她感到安全的人。幾週後，薇樂莉的媽媽說：「薇樂莉雖然還是有大發脾氣的時候，但如果我問她是不是可以坐下來，讓我握住她的手，她會照做。她真的進步很多！」

諮商師依照薇樂莉的步調，運用感覺與關係介入技巧，瞭解薇樂莉如何感知世界，與她同在，陪她走過創傷生命經驗。藉由這些作法，改善了大腦因創傷而受損的語言功能（Carpenter & Stacks, 2009）。我們也看到邊緣系統因重獲安全感而得到修復，恢復原本的功能（Porges, 2011）。由此可知安全感的基本神經處理過程，可以促進或抑制依附關係和情緒調節（Siegel, 2012）。

92

引導活動 3.9

回想薇樂莉的案例描述，指出和薇樂莉工作時，使用的關係與感覺本位介入技巧。

諮商的基本原則

- 早年的創傷與毒性壓力會改變大腦的結構。所幸，神經可塑性和大腦本位的諮商介入技巧，有助於療癒創傷與壓力所造成的傷害。
- 負面童年經驗影響行為與身體健康。負面經驗越多，健康風險越高。
- 諮商師須為遭受毒性壓力摧殘的兒童挺身而出，因為外人往往只看見他們的「行為乖張」。諮商師必須與跨系統合作，減輕毒性壓力的遺毒，促進復原力開展。
- 50% 的大腦發育在出生前開始生長，之後再受環境形塑。

- 若早年關係未能提供兒童持續的正向互動，邊緣系統就無法適當地發展出調節機制充分運作所需的神經路徑，造成往後兒童期與青春期的失調行為。

- 情緒調節能力、安全感和依附關係，三者環環相扣。因此，只要能在其中一項下工夫，其他兩項也會跟著改善。

- 就發展的角度觀之，兒童的安全感或「神經覺」（neuroception）是情緒調節的起點。若曾經驗創傷或毒性壓力，就算個體的物理環境安全，他還是會缺乏安全感。

- 運用主動傾聽與安全腳本，讓個案感受到諮商師的理解與情感連結，並願意在諮商師的協助下學習情緒調節。

- 瞭解神經生物學的情緒調節基礎，諮商師可教導家長和照顧者用「延長正向注意時間」（time in）取代「剝奪活動時間」（time out），幫助孩子建立情緒調節所需的神經網絡。 93

- 引導式視覺心像與正念練習能有效協助個案發展調節技巧。

- 諮商師要滿足兒童在發展與情緒上的需求。無論兒童是用直接表達或隱喻的方式揭露創傷，諮商師都要陪伴他們走過創傷經驗，協助他們釋放創傷、重組生活。

- 諮商師必須探討關係／社會腦，密切注意教育系統可以提供的機會，維持健康最佳發展，減少不當行為，充分發揮學習潛能。

- 我們積極開發奠基於實徵研究和最佳實務的創傷知情與創傷反應諮商實務。但我們也須留意，最容易測量到結果的諮商取向，不必然等於最有效的諮商取向。

　　神經生物學的發現日新月異，諮商師也應與時俱進。諮商界需要創意，找出創新的方法運用知識、測量諮商進展、提高神經可塑性與修復能力，讓個案看見希望。

 **本章作者簡介**

Mary Vicario，有照專業臨床諮商督導（LPCC-S），也是工作資歷超過三十年的兒童與家庭創傷專家。她曾任學校諮商師，並學習國內外最新的創傷與大腦化學研究，將之應用於不同年齡、能力水準的諮商處遇對象。她榮獲強韌家庭安全社區（Strong Families Safe Communities）獎助金，致力於發展以神經社會學為基礎的感覺動作和表達性介入策略，為發展障礙者和創傷倖存者建構人生全期的整合式照顧。

Carol Hudgins-Mitchell，教育碩士、社工師、臨床催眠師與創傷專家，專長為創傷、依附、兒童治療、助人工作者的自我照顧、司法晤談等。她的訓練重點在協助諮商師將創傷的神經生物學應用在兒童服務、領養照顧機構與親職教育上。

4
Chapter

諮商歷程：
建立治療同盟

Sondra Smith-Adcock and Jenn Pereira

心情好的孩子，行為表現也會很好。

——Haim Ginotte（海姆・吉諾特）

引言

　　兒童期是一個急匆匆又慢悠悠的時期，也是一段充滿歡笑、困惑、痛苦、悲傷和挫敗的時光。經過這些起起伏伏之後，兒童和關心他的家人、老師、朋友與諮商師日漸親近。本章將探討兒童期與青春期的各個發展面向，協助諮商專業工作者與個案建立良好關係，為他們營造自由與受保護的成長空間，滋養逐漸在與他人和環境互動中成形的自我。為此，我們希望讀者仔細檢視個人的世界觀，包括對兒童與青少年的偏見、看法、教養態度，並省思過往生命經驗。接著，我們會概述幾個基本治療技巧，協助建立良好關係，順利度過發展危機。本章如同複習精微諮商技巧訓練，不但可以對基本技巧溫故知新，這樣的安排亦可帶領讀者更為瞭解這群特別的諮商對象。

═══ ·**讀完本章之後，你應該能夠** · ═══

· 說明為何諮商師須省思自身對兒童與青少年的態度，並培養能與多元年輕族群建立關係的能力。

· 說明瞭解發展階段和議題對成功處遇兒童與青少年的重要性。

· 說明瞭解個案周遭系統的重要性，以及若只關注問題，恐會阻礙治療同盟。

· 說明符合兒童與青少年發展、規範與世界觀的特殊處遇技巧。

· 提出諮商師可以主動介入、促進兒童與青少年個案創造力與連結的具體建議。

兒童與青少年的文化

　　兒童期和青春期不只在發展上有別於成人，也是具有獨特價值觀、規範與習慣的生命階段。稍停片刻想想，你最後一次用兒童的眼光看世界，是什麼時候呢？最後一次用青少年的眼光看世界，又是什麼時候呢？請設身處地想一下。回首過去，你應該還記得，總有一段時光和現在成人的你，有那麼一點不一樣。例如，第一次自己會綁鞋帶、會騎腳踏車、不用成人陪同自己去看電影、可以比平時晚回家、和某人分手等。那個時候的你，是怎麼看周遭的大人呢？你當時與成人的互動經驗如何？覺得受到重視嗎？現在，也請你看看日常生活的人際互動——親子、師生、諮商師與個案，觀察年輕族群以及年輕人和成人之間的相處動力。你是否注意到文化背景造就的差異？試從學校或臨床場域諮商師的角度思考這些問題。

對兒童的態度調查

反思你對兒童的信念、對兒童發展的瞭解、諮商的歷程與目的，及挑戰自身對於兒童與青少年的信念之意願。透過引導活動 4.1 檢視自己和同學的態度。

引導活動 4.1

閱讀下列問題，想想你會如何回應。和同學一起討論或寫下你的回答。

- 你認為兒童／青少年天生具有克服困難與挑戰環境的能力嗎？
- 你認為兒童／青少年自己知道要從治療歷程與諮商師身上得到什麼嗎？
- 你相信只要給予兒童足夠的空間，引導他們進入諮商歷程，他們就可以自行成長改變嗎？
- 你相信兒童／青少年需要諮商師特別的指引，才能解決他們的問題嗎？

討論過後，反思一下：

- 摘述你對於處遇兒童／青少年的信念，你如何看待身為諮商師的角色？
- 有哪些信念並不像你之前所想的那樣，會不利於你的兒童／青少年處遇工作？
- 你想過這些信念是從何而來的嗎？
- 對兒童的態度，有哪些源於你的性格、原生家庭或文化背景？
- 你須採取哪些步驟調整觀念，才能加深你對兒童／青少年的瞭解並建立關係？
- 訪談一或多位同學的童年時光。他們的經驗跟你有何相似或不同之處？

諮商師會影響兒童，兒童也會影響諮商師（Jordan, 2012; Tucker, Smith-Adcock, & Trepal, 2011）。諮商師會影響兒童，似乎很容易理解，但兒童又怎麼教會我們一些事情呢？我們的反應可以加深與個案的連結，反之也可能從中作梗。無論有沒有意識到，許多諮商師把個案的反應全攬在自己身上。諮商師的反應依兒童、情境與個人經驗而有所變化差異。有些是正向反應（好感），有些是負向反應（反感）。這些反應反映出我們的偏見和心理需求。諮商兒童與青少年時，覺察這些反應尤其重要。我們常告訴學生：「沒有人比 5 歲小孩更知道什麼叫糟糕的一天了。」當你覺得無助、動彈不得，「記住，那是你的感覺，不是孩子的感覺」。面對兒童時，請時時檢驗自己的不安全感、負面思考、不切實際的期待，並檢視這些如何影響你和孩子的互動。

根據個案及其家庭的種族／族裔、性別、性取向、能力背景等，他們對兒童與青少年應當如何言行，或許和你的信念非常相近，也可能大異其趣。諮商師必須覺察個人的文化、背景和經驗，如何影響他們對兒童發展的觀念。例如，歐美裔的諮商師對於集體主義文化的青少年（如亞裔、拉美裔、非裔）堅持上離家近的大學，以符合家人的期待，卻不申請離家雖遠但更好的大學，不免心生氣餒受挫。中產階級的白人歐美裔諮商師往往認為個案應以個人為優先，而不是考量家族或社區，卻忘了世界上大多數人並非抱持個人主義思維。諮商師必須仔細檢視根植於自身文化的信念，想想這些信念或許和個案有所不同。綜合多元文化和發展的觀點，我們更能如其所是地看待個案，而非由諮商師認定個案該如何如何。如此一來，我們也比較能從其他角度解釋個案的行為表現，深刻瞭解他們的內在經驗。

進入兒童的世界

深信「誰找到就是誰的」（finders-keepers）、「機會均等」（even-steven）等規則、萬物皆有靈的奇幻思維、自我中心思考，以及種種令成人費解的行為，如：在公眾場合自顧自地放聲高歌、一邊說話一邊挖鼻孔、對人體生理功能懷

有不切實際的幻想、不會看場合大剌剌地表現情緒，都是兒童期的文化特色。成人的世界和兒童非常不一樣，因而經常導致成人和年輕人之間的挫折、誤解，或稱為文化衝突。身為成人，我們一心一意只想把年輕人引導和塑造成有利於在成人世界適當發揮功能的個體。成人常說：「不要挖鼻孔！」「世界本來就不公平！」「說對不起！」這些命令是很重要沒錯，然而，世界觀的基本差異，也讓成人無意間忘了尊重兒童的文化，使得健康關係建立起來困難重重。

102

　　長大成人後，兒時記憶變成遙遠的過去。你是不是已經忘了童年和青春期的感受？大部分人多多少少都忘了，導致成人經常無意地不尊重兒童與青少年。我們打斷孩子的思緒與談話，但卻在孩子插嘴的時候斥責他們。我們以自己的感覺為他們做決定，如：「你餓了嗎？不是才剛吃過？」「你確定你不用去？」「這裡很冷，趕快穿上毛衣。」最後，成人常在孩子面前和外人討論他們的行為、想法與感覺，無視兒童的隱私或個人資訊被洩漏出去的感受。老師對家長說：「他最近的表現好多了，現在一天只要講三次乖乖坐好就行了（輕輕搖頭）。」爸媽就坐在孩子旁邊談論孩子的功課，卻把孩子晾在一邊，自顧自地說：「唉，如果她有按時交作業，我們就不用煩惱這些事了。」

　　身為成人之所以會有這些行為，可能源於根深柢固的文化信念：認為兒童需要時刻盯梢與管教輔導，才能順利渡過生命關卡；兒童需要成人的幫助（Axline, 1969; Landreth, 2012）。沒錯，兒童是需要成人的引導及保護，但這樣的態度卻容易讓成人忽視及低估兒童負責任與自動自發的能力。一位有能力的諮商師，不但應該具備引導兒童的諮商技巧，也要發自內心信任兒童的智慧。

　　案例描述 4.1 分享的是作者擔任學校諮商師的親身經驗。

案例描述 4.1

　　以下的案例描述，是本章作者在小學服務的真實故事。

　　一如往常，我會在走廊、教室、餐廳和孩子們說話。這些對話緊扣孩子的日常生活，從重大的生命事件，到開開無傷大雅的玩笑，或談談他們對轉學生的想法，或最近流行的超級英雄話題等等。同樣地，在閒話家常的過程中，我

103 總會彎下腰或蹲下身與兒童同高，這樣我們說話時才能相互對看。和兒童說話當時，若有另一位成人想打斷我們的談話，我的反應通常是微微欠身，跟對方說：「嗨，某某老師，我知道你有話想跟我說，但我現在正和小朋友說話，我可以晚點再過去找你嗎？」接著為對話中斷向孩子道歉。見到這一幕的成人經常大吃一驚，有時仍堅持我應該立刻和他們說話（暗示我和學生的談話沒那麼重要）。你可以想像孩子深深不以為然。有一次，某位老師覺得我沒有正視她的需要，竟然就要拉我起身。但當時她想找我談的，並不是什麼緊急事件，而是尋常話題。身為成人，我們常叫小孩不要插嘴。我們教訓孩子插嘴很沒有禮貌，斥喝他們：「你沒看到我正在跟大人講話嗎？到旁邊去等。」但是，跟孩子說話的時候，我們大人卻沒有給予同樣的尊重。我們不為中途插話而道歉：「不好意思打斷你們。不過，我有急事要找你，可以給我一點時間嗎？」當了大人之後，我們變得不會等待，到後來，更把我們的重要性置於兒童之上，作了不良示範。

本章作者強調特定年齡族群的認知、情緒、生理發展及其對諮商的啟示。引導活動 4.2 是一個結構性活動，提醒諮商師、家長和教師回想兒童眼中的世界模樣。

引導活動 4.2

反思活動──與兒童同一高度

你曾想過身體變小或年紀變小會是什麼感覺嗎？或者變得要依賴他人的照顧呢？這個活動要來探討我們其實跟兒童並不對等，我們先從彼此占據的身體空間開始。進行活動前，請先挑選一位伙伴，互相對話各三分鐘。對話的時候，要分別站著或坐著（當你的伙伴坐著時，你要站著，然後再對換）。對話結束後，討論下面的問題：身為坐著的一方，你的感覺如何？對話期間，雙方的動力如何？誰在主導對話？這個活動如何讓你更瞭解身為兒童的感受？

必須一直抬頭看站著的一方，是否讓你的身體覺得不舒服？坐著的一方在對話中通常處於被動的位置，站著的一方則能主導對話進行。透過活動與討論，我們可以想像身體上的優勢會如何影響成人與兒童個案關係建立的歷程。諮商師開始與兒童建立關係、踏上治療旅程前，應該採用兒童覺得舒適及自在的方式。先調整你與兒童的高度，表明這是互惠公平的關係，在各方各面都尊重兒童。

進入青少年的世界

青少年也有其獨特的規則、價值觀、信念和規範（Martin, 2003; Roaten, 2011）。他們的世界觀通常混合了童年期與青春期的文化，令他人困惑，連青少年自己也覺得不解，因為他們有時既像個孩子般仍依賴著成人，但有時又顯得成熟有見地。諮商師和青少年工作時，須尊重他們獨特的世界觀、意見與知覺看法（Fitzpatrick & Irannejad, 2008; Roaten, 2011）。青春期的主要任務之一，是學習適應新的情境，迎向新的期待與挑戰，同時又要應付同儕壓力、自我懷疑、調和同儕團體與家庭系統的利益衝突（Skudrzyk et al., 2009）。來自各方不同的要求使得青少年焦頭爛額，在拿捏關係分寸和個人的選擇之間疲於奔命。為求順利達成這些要求，他們可能會「在建立自主性與同時要和家庭保持親密感間失去平衡」（Skudrzyk et al., 2009, p. 251）。

青春期要面臨的另一個關鍵任務是發展認同，意即諮商師不能把青少年當做成人般對待（Roaten, 2011），反倒必須找出能使其認知與情緒任務得以順利達成的處遇策略。尊重青少年的經驗，對於建立良好關係與促進成長至關重要。要讓青少年在諮商中體驗到安全感與歸屬感（Eyrich-Garg, 2008; Roaten, 2011），諮商師必須營造堅實的治療同盟和同理關係，與青少年產生連結（Fitzpatrick, & Irannejad, 2008; Martin, Garsky, & Davis, 2000; Roaten, 2011）。 此

外，研究顯示，經驗取向的方法在和青少年建立關係上，非常有價值。因為
「經驗對於大腦執行功能與社會認知的發展，重要性自不待言」（Blakemore &
Choudhury, 2006; Roaten, 2011, p. 299）。亦即，要為青少年提供安全且創意的空
間，協助他們發展自我調節與適應社會的能力。

　　身為諮商師，我們深知要與青少年個案形成堅固的治療同盟，是一件多麼
富有挑戰性的工作。許多新手諮商師以為青少年會自動信任、尊重他們，對他
們吐露內心深層的憂慮與恐懼。當這種好事沒有從天而降，往往令新手諮商師
大傷腦筋，覺得這不過是要青少年信任諮商師，說出深藏已久的憂慮與恐懼罷
了。想像你自己是青少年，對一個你不認識的人（不管是學校輔導老師、心理
師或家族治療師）吐露心聲的可能性有多大呢？案例描述 4.2 介紹的就是諮商
師如何與一位排斥他人的青少年建立友好關係。

案例描述 4.2

　　與青少年建立堅固的工作同盟關係，需要付出極大的心力和時間。有位青
少年因自殘與疑似使用藥物，被轉介給諮商師。諮商師花了幾個星期的時間，
非常用心地傾聽個案的想法與生命故事。就算他只簡單地回話，諮商師也報以
微笑和點頭稱許，對他說：「我知道你還沒有準備好要談那件事。」同時講幾
個笑話給他聽。就算青少年只是穿了一件他最喜歡的 T 恤來到諮商室，也可建
立連結關係。只有在青少年感到足夠的安全感時，他們才願意敞開心胸道出受
傷的過去，在此之前，需要有耐心、無條件的尊重、幽默、誠實與真心地喜歡
個案。提供這些諮商的核心條件，為青少年創造出願意分享的環境，不必偽裝
在酷酷的外表下。面對成人個案，這也是必要的作法。要與青少年建立治療同
盟，不但須運用一般的諮商技巧，也要瞭解青少年特有的想法、需求、擔心與
渴望。

引導活動 4.3

反思活動──從青少年的眼中看世界

　　我們常聽到青少年抱怨「沒人懂我」或「沒人瞭解我」。想要建立認同、想要他人的重視和接納，是青少年至高無上的生命指標。諮商師的角色是瞭解、重視與找出青少年的價值意義，同時也協助他們找到能成功傳達與交流意義的方式。

　　進行下面的介入方式。用拼貼畫探索認同議題，是一個不錯的方法。創作一幅代表你生命中意義和影響深遠事件的拼貼畫。花一個星期的時間，用手機或相機拍下任何對你有意義的相片，無論是挫折、喜悅、歡樂、受傷、有興趣的事物等等皆可。接下來，把這些素材製作成紙本或電子化的拼貼畫，和同儕相互分享，包括重要的相關背景資訊。可以舉辦小型的說明會，談談彼此的拼貼畫。這個小團體活動也能幫助大家練習催化和傾聽技巧，或者推廣成整個班級活動，思考個人的經驗如何與青少年個案的經驗相互輝映連結。討論這個活動如何運用於各個不同年齡層的個案或特定的主述問題。這個活動若用在治療場合，能引起青少年的興趣與投入，不會像傳統蒐集個人資料般的枯燥無聊。諮商師和個案也可以用視覺影像記錄主述問題及個案的優點、興趣、掙扎與支持系統。

進入兒童與青少年的世界：「怎麼做才有效？」

　　多數的兒童諮商理論取向都強調治療同盟的重要性，重申諮商成效取決於諮商師是否有能力與兒童的經驗產生共鳴，建立友好關係（Landreth, 2012; Halstead, Pehrsson, & Mullen, 2011）。事實上，諸多研究也指出無論諮商師使用的技巧為何，治療同盟始終是促進改變的作用機制（Shirk & Karver, 2011）。諮商師必須尊重兒童的經驗、知覺與現實（Pereira & Smith-Adcock, 2013; Ray,

2011），一窺兒童的內在世界，協助他們達成持久的改變。

此外，隨著近年來實證支持實務的興起（Carey & Dimmitt, 2008），越來越多諮商師採用短期與指導式的取向，忽略了治療同盟這個基本要素。兒童與青少年諮商的效果在於平衡兼顧的取向，一方面以諮商關係為首要之務，同時也重視建立在科學實證基礎的介入方式。本章最後列出兒童與青少年諮商的實證支持實務資訊（編注：此部分請參見第 29 頁的編注說明），其他詳細資源請見美國心理學會（American Psychological Association, APA）分會之一的兒童與青少年臨床心理學會（Society of Clinical Child and Adolescent Psychology, SCCAP）的官網 https://effectivechildtherapy.org/therapies/。

行文至此，我們一再強調要如其所是地接納兒童與青少年的「本來面目」（as they are）。處遇多元文化的兒童與青少年時，諮商師須尊重與回應他們的獨特性和優勢。許多諮商師的典範思維開始出現轉移：從指導與建議取向，轉換到相信兒童與青少年具有自我引導和做決定的能力（Landreth, 2012; Pereira & Smith-Adcock, 2013）。典範思維轉移或許不易，因為多數諮商師所受的準備訓練，仍以成人諮商為主（Van Velsor, 2004）。我們非常同意 Van Velsor（2004）的論文結語：「諮商師有責任以兒童熟悉的『語言』與之溝通和互動。然而，最重要的是，諮商師須重視兒童的特質，把每一位前來諮商的兒童都當作獨一無二的個體看待。」（p. 317）

關注兒童，而非只看到問題

兒童與青少年之所以受到諮商專業人員的關注，乃因他們的症狀在成人眼中常是帶來麻煩的問題。這意味著兒童與青少年的治療處遇，不能僅以問題為導向，同時也要注意當事人對問題的看法。例如，當老師帶著一位兒童前來見學校諮商師，主述問題可能被說成是：「雷恩常在下課時間推撞其他同學。」若諮商師聚焦在問題上，他會把重點放在協助兒童同理其他孩子，而結果是好是壞，得從雷恩的視角來判定究竟發生何事。一般說來，兒童常遭受下列誘導式或評價式

問題的連番轟炸：「你到底在想什麼？」或「你為什麼要這麼做？」除非諮商師給兒童機會表達他個人對問題的看法，否則這些失誤可能會誤導、甚至成為有害的介入方式。當我們花時間跟孩子談，或思考行為發生當下的脈絡，真心去瞭解到底發生了什麼事，我們通常會發現新的觀點冒出。例如雷恩可能很寂寞，或他其實受到霸凌，忍無可忍才說出「離我遠一點」，進而推撞其他同學。

Garry Landreth（2012）曾說：「當你只看見問題，你將錯過與兒童同在。」無論身處何種治療場域，諮商師經常把焦點放在兒童的問題行為或適應不良行為上（Halstead et al., 2011）。雖然這是工作要求使然，但當我們這麼做時，我們卻只看到兒童的問題，而不是他們的優點和能力。即使忽視兒童的經驗並非諮商師本意，但還是冒了無視兒童觀點、誤診主述問題的風險，低估孩子有能力在治療上擔任主動參與的角色。看到問題或許是治療的基石，有助於緩解症狀、設立治療目標、評量改變程度。但身為諮商師，我們亦須小心謹慎，不能只看表面的行為，或僅聽他人的片面之詞。若因而錯過與兒童同在，無法符合他們的需求，結果將是得不償失。

把兒童的觀點傳達給他人

兒童與青少年諮商師的角色，可被解讀為**譯者**（translator）。這個比喻讓我們重新思考與兒童的治療關係。諮商師獨當大任，解譯兒童與成人的世界觀並傳遞訊息給雙方知道，促進彼此的瞭解與建立關係。諮商師與兒童和成人雙方的人際互動，不僅要滿足個案需求，於此同時，也要拉主要照顧者一把。

例如，我最近與一位 15 歲的青少女晤談，她正蒙受失戀之苦。女孩希望爸媽能理解和認可她的情緒，但爸媽的回應並不如她的預期，導致他們的關係出現裂痕。個案的爸媽在不經意間告訴女兒，心碎不是什麼大不了的事，她的情緒反應不過是大驚小怪。當爸媽說：「妳會挺過去的；妳才 15 歲，這段關係沒那麼嚴重。」聽在女兒耳裡卻是：「妳的感覺不重要；妳應該克服它。」雖然爸媽是想要鼓勵她，但他們的建議沒有好好地傳達，女兒並不領情。諮商師

108

的工作是認可青少女的失落感和受傷的心，同時也要幫助父母親瞭解，女兒的戀愛經驗正是教導她學習自重自愛的絕佳機會，因此爸媽應該要尊重她的情緒，一同找出方法攜手度過困境。

　　處遇有口語和肢體攻擊傾向的兒童時，我們常聽照顧者訴說挫敗的心情，他們如何費盡心力在孩子身上。透過與家長的對話，我們希望能讓他們從新的角度看待孩子的行為。我們通常會協助照顧者瞭解，所有行為都是孩子想要讓需要獲得滿足而想出的方法。當兒童採取生氣或攻擊的態勢，其實內心隱含的是恐懼或焦慮。恐懼可能跟孩子覺得與照顧者分離有關，擔心自己在家中的角色或地位被取代，也可能是壓力事件引發的反應，或缺乏安全感或自主性所致。讓照顧者明白諮商師如何看待兒童，重新框架兒童的行為，協助照顧者應對挫折感，增進同理心與理解能力。本章稍後將介紹有用的**找出正面意圖**技巧。

　　另一個幫助家長和教師的方法是，指派任務請他們留意「第一次」（firsts）（Landreth, 2012）。諮商師會留神注意個案的任何小改變（如：自信心提高、設定新的目標）。同樣地，我們也會要求主要照顧者留意改變的信號。我們請爸媽和照顧者每天都要找出改變的徵兆，而且這麼做也不會打破與兒童的保密約定。照顧者聚精會神地觀察與留心「第一次」，就算是驚鴻一瞥也無妨。例如，父母親可以注意孩子第一次用情緒字詞回答，而不是發脾氣的時刻，或青少年第一次聆聽爸媽的意見並分享個人看法的時刻。老師注意並增強兒童第一次運用在諮商中學到的新因應技巧（如：採用重新聚焦策略，回神留意上課內容）。照顧者和諮商師通力合作，一起記錄和增強兒童的進展。

運用治療反應

　　諮商形形色色的兒童與青少年，成功與否端視諮商師是否有能力運用合於個案發展水準的人際技巧。諮商師必須採用能讓兒童容易理解的方式，傳達出同理心、真誠關懷、尊重、反映式傾聽技巧、問問題與挑戰、洞察、設立界線、設定限制（或給予選擇）等（Ray, 2011）。

辨識感覺

　　兒童與青少年通常缺乏清楚表達內在世界的口語能力（Landreth, 2012）。但年幼的孩子一樣會經歷到各種情緒，也很努力地想傳達溝通。因此，諮商的挑戰就是充分瞭解兒童的知覺世界，並以其在認知和情緒上能理解的方式回饋訊息給他們。作為諮商師，我們要善用聲調的抑揚頓挫、肢體語言、臉部表情、口語表達等，對兒童做出反應。想要與詞彙和情緒表達受限的兒童或青少年溝通情緒，我們必須用他們能懂的方式溝通。

　　接下來的活動要教諮商師如何把文謅謅的情緒用詞，轉換成適用於回應兒童個案的語句。本活動修改自 Jodi Mullen 博士和團隊的研究成果（Mullen & Rickli, 2013）。

引導活動 4.4

　　本活動的目的，是要讓讀者瞭解如何積極傾聽兒童的話語，展現同理的瞭解與洞察。找好組員後，請把下列情緒用詞轉譯成適合兒童的反映句。範例如下：你該如何讓兒童瞭解**興奮**（excited）這個情緒？和兒童一起工作時，用語言或非語言來反映、理解情緒皆可。例如，興奮可以是：「哇！」「哇嗚！」或「喔耶！」（高舉雙手），以及「哇！你真的很興奮呢！」等反映句。使用適合兒童發展階段的語言和動作，認可與瞭解兒童表達出來的情緒，也藉機教導情緒用詞。用兒童能夠理解的方式表達感覺，搭配情緒標籤，不但有助於兒童吸收情緒詞彙，也教給他們表達感覺的另類方式。情緒用詞範例如下頁所示：

1. 挫折	10. 差勁	19. 不滿
2. 熱心	11. 煩躁	20. 震撼
3. 勇敢	12. 倔強	21. 尷尬
4. 下定決心	13. 記恨	22. 能幹
5. 合群	14. 孤單	23. 滿足
6. 大膽	15. 無助	24. 無聊
7. 不安	16. 憂慮	25. 疑心
8. 膽小	17. 感恩	
9. 脆弱	18. 不懷好意	

110

　　成人，甚至諮商師，常不自覺地說教或發表人生建言。諮商師應同理、而非以反映為**幌子（guise）**包裝建議。因此，在下面的引導活動中，我們邀請讀者把常見的建議句修改為正確的同理心反應句。運用同理心反應，讓兒童發現自己的內在優勢和復原力。引導活動 4.5 為將建議句改為同理心反應句的練習範例。

引導活動 4.5

　　在活動開始之前，思考一些成人常對兒童或青少年耳提面命、帶有評價或建議意涵的話。例如，你是不是常聽到成人告誡小孩說：「人生本來就不公平。」這句話究竟要告訴兒童或青少年什麼呢？孩子通常是做了什麼或表現了什麼情緒，使得成人說出類似這樣的話？成人常自認本意良善，說這些話是希望年輕人早日領悟。

　　以下是幾句成人常對兒童諄諄教誨的「老生常談」。在每一句旁邊，我們另外寫下較能反映兒童經驗的回應：

1. 別擔心＝你很擔心接下來會怎麼樣。
2. 一切會好轉的＝你害怕事情不會變好。
3. 沒什麼大不了的＝你很看重這件事，對接下來的發展很不安。
4. 人有失手，馬有失蹄＝你很失望，難過沒有把事情做好。
5. 沒關係啦（還好啦）＝你不敢想像事情會不會變得更糟；你很生氣。
6. 這是為你好＝你很生氣別人竟然代你做了決定！你想要自己做決定！
7. 人生本來就不公平，你必須接受這個事實＝嗯，人生是如此的不公平，你對此非常的不滿！

問問題

　　Virginia Axline（1967）在《追尋自我的楷模》（*Dibs: In Search of Self*）一書中寫道：「在治療當中問問題或許有它的好處，前提是被問的人能正確回答問題。但從來沒有人能做到這一點。」（p. 120）和 Axline 一樣，許多諮商師思索該如何在諮商中問問題，甚至認為問問題會妨礙關係建立與諮商歷程（Landreth, 2012）。問問題容易讓治療歷程從兒童的議題偏離到諮商師自以為重要的方向，錯把重點放在兒童的想法，忽略了他們的情緒（Sweeney & Homeyer, 1999）。不過，若是刻意問些問題，它也能成為相當有用的技巧（例如：想瞭解個案對某情況的想法）。我們要提醒諮商師注意，小心問問題。問題問得不好，會讓個案誤以為他非得回答不可，升高防衛心理。若是問題有意義、有啟發性，相信兒童也會願意敞開心胸回答。請思考以下學校諮商師和學生間的對話橋段：

對話橋段一：

諮商師：喬伊，是誰把瑪姬推下鞦韆的？

喬伊：我不知道。

諮商師：她說是你讓她受傷的，她很難過。你覺得你應該要怎麼做？

喬伊：不知道。說「對不起」嗎？

對話橋段二：

諮商師：喬伊，瑪姬受傷了，發生了什麼事？瑪姬是怎麼受傷的？

喬伊：我想盪鞦韆，但她就是不肯下來。

諮商師：所以你跟瑪姬都想盪鞦韆？

喬伊：對。應該輪到我了，所以我才那麼生氣。

這兩段對話有何不同？哪個問句會讓喬伊更為防衛？為什麼？

對年幼的孩子來說，誘發反應的創意問問題方式，包括用玩偶回答未完成語句（如：_____是我最快樂的時候；媽媽是_____；我最大的問題是_____）（Knell & Beck, 2000），或投射性問題，如：「如果可以許三個願望，你會許什麼願望？」（Webb, 1996）。運用表達性媒材和投射性技術，較能讓兒童安心，降低防衛反應（Knell & Beck, 2000）。用玩偶代替兒童或諮商師說話，幾乎所有的小朋友都覺得這樣很好玩、自在，更願意揭露內心世界。

同樣地，處遇青少年時，應避免陷入我問你答的境地。青少年常帶著戒心來諮商，渴望得到同理的瞭解。請思考以下諮商師和青少年間的對話橋段：

對話橋段一：

曼蒂：我告訴過你我不喝酒的！我才不在乎我媽說了什麼。

諮商師：既然這樣，為什麼妳媽媽會在妳的車子裡發現啤酒空罐呢？

曼蒂：那不是我的。

對話橋段二：

曼蒂：我告訴過你我不喝酒的！我才不在乎我媽說了什麼。

諮商師：讓妳有澄清的機會是很重要的。關於這件事妳有什麼想說的嗎？

設限

　　處遇兒童與青少年時，培養他們做決定的能力固然重要，但也不能忘記設立適當的限制。一開始就列出該遵守的規則，不但令人反感，也阻礙關係的建立。我們同意 Garry Landreth（2012）的觀點，有必要設限時再設限。設定必要的限制，目的是給予個案探索的空間、測試治療的限度、開啟討論選擇與生活型態的對話（Landreth, 2012）。Landreth（2012）在《遊戲治療：建立關係的藝術》（*The Art of the Relationship*）一書中概述設限技巧，名為 ACT 模式，適用於各個治療場域與各年齡層個案。諮商師、教師和家長都可使用這一簡單的模式，設立健康的界線。ACT 模式亦可用來教導兒童與青少年如何向他人說明限制。步驟如下：

1. **認可情緒（acknowledge the feeling）**。讓兒童或青少年知道你看見他們的需求。說法範例如下：「我知道你現在真的想跑快一點。」「我看到你很生氣，很想摔東西。」對年紀較大的兒童或青少年，上面的範例要修正一下，改為：「你真的很想要有自己的空間。」情感反映也很重要：「你覺得很挫折，你真的很想咒罵她。」

2. **說明限制（communicate the limit; state the limit）**。一般來說，設限是為了現實及安全考量。說法範例如下：「記得嗎？不可以在這裡奔跑。這是為了保障你的安全。」或「我不是讓人打的。」對年紀較大的兒童，說法可改為：「你現在必須和我一起待在這裡。」或「記得嗎？罵人是不可以的哦。」

3. **明確指出可被接受的替代行為（target alternative）**。設限後，要提出替代選項。說法範例如下：「你可以在彈簧床上彈跳。」或「我們可以一起散

113

散步。」對那些威脅要動手的兒童，替代選項可為：「你可以打這個懶骨頭沙發。」對年紀較大的兒童，須詳細說明替代選項，如：「在這裡，你可以選擇要說話或不說話。」或「你可以坐在那邊休息一下，也可以把頭靠在那裡。」使用替代選項，表示諮商師願意給個案空間，讓個案對自己的生活握有掌控權。它示範如何做決定和擔負做決定的後果，也讓諮商師有機會協助個案瞭解做選擇會如何產生深遠的影響。當我們提供個案選項，等於是給他們機會展現能力、建立自信心和負起責任（Bailey, 2000; Pereira & Smith-Adcock, 2011）。

114　　設限可說是最難以精熟的技巧之一。設限時引發的不快與顧慮，恐危及諮商關係（Smith-Adcock, Pereira, & Shin, 2015）。限制應該以現實與安全為原則。因此，我們通常只設立特別的限制，如：不可以丟會破掉的東西、不可以故意破壞媒材、不可以毀損他人的名譽、不可以露出或碰觸隱私部位、不管是諮商師或個案，都不可以攻擊對方等。這些限制都是為了保護諮商師和個案，基於現實與安全而設立，或是為了要讓個案認識自己，學習如何因應當下的環境。例如，在安全的諮商環境中，用不傷害他人的方式宣洩怒氣（如：打枕頭）就是適當的情緒表達。諮商師不該讓兒童與青少年認為他們必須壓抑負面情緒，只是因為怕冒犯了諮商師。

　　對年紀較小的兒童，我們的說法是：「你可以放心在這裡說話。」對青少年則說：「這是一個安全的地方，你可以自由表達任何想法和感受。」對許多諮商師而言，尤其是規定特別多的學校，上面的話格外難以啟齒。諮商師有時也會覺得讓個案講髒話不是很恰當。然而，許多前來諮商的兒童，對所謂的不當語言（inappropriate language），各有各的想法。不幸的是，某些人認定的「不好」的字眼，對有些兒童來說，其實就是隱私部位的名稱，而有人警告他們不可以提及隱私部位發生了什麼事。髒話也可能是家長或照顧者認為不適宜的字詞、他們在學校聽到的咒罵詞，或在家暴爭吵中聽到的字眼。有時候，髒話是兒童為了形容和反擊那些欺負他的人。我們堅持諮商師不該處於指導兒童該如何說話的立場，否則就是冒著漠視兒童基本情緒需求的風險。挑戰一下自己對

某些議題和字眼的容忍程度,確保當你和兒童設限時,是為了兒童著想,而不是為了你自己的偏好或舒服與否。

　　案例描述 4.3 是作者和一位小男孩間的有趣對話。小男孩對諮商師所說的「在這裡,你想說什麼都可以!」這句話,有特殊的見解和發言。

案例描述 4.3

115

　　我與一位 4 歲小男孩的諮商,照例以「在這裡,你想說什麼都可以!」這句話作為標準開場白的結尾。我和小男孩之間的對話如下:

個案(充滿懷疑的語氣):什麼?我可以說任何我想說的?髒話(F-words)
　　也可以嗎?

諮商師:嗯,聽到大人說你可以想說什麼就說什麼,好像是件奇怪的事。

個案:我真的很想罵髒話。你確定我可以說?

諮商師:你好像還在懷疑,猜想自己是不是會惹上麻煩。這裡是一個特別
　　的地方,由你決定想說什麼就說什麼。

個案:太好了!哇嗚!放屁(fart)!

　　從這段對話可發現,諮商師和兒童對何謂「髒話」的看法,顯然相當不一樣。雖然這個例子很有趣,但其實是要讓諮商師明白,我們必須以開放的心胸看待個案的知覺世界,給予兒童自由表達想法與情緒的機會。對於青少年,尤應給予特別的尊重。青少年常覺得他們無法自在地表達自己的想法,好像也沒有人真心想聽他們說話。

找出正面意圖

　　當諮商師以找出正面意圖的態度回應兒童的行為,即是創造了一個幫助兒

童瞭解自己、同時也瞭解別人如何看待他的互動氛圍（Pereira & Smith-Adcock, 2011）。我們常常把個案的行為歸因於負面意圖。例如，當兒童涉入霸凌行動或冒犯長輩，就說那是適應不良、有問題的行為，賦予「這孩子在用蠻力強迫他人就範」的負面意圖。找出正面意圖即重新框架兒童的行為，把他的意圖解讀為沒有安全感和害怕被拒絕，但卻表現出一副不在乎的模樣。把個案的行為視為他有想被接納的需求，諮商師較能以支持鼓勵的方式回應。例如，諮商師可以對兒童說，他防衛或無禮的態度，其實是擔心諮商師不是真心關懷他或想幫他。若能把兒童的行為重新框架為他想滿足需求或尋求幫助，我們比較能以悲憫和支持的行動回應個案，而非一味地惱怒和責備（Pereira & Smith-Adcock, 2011）。

116　　　　照顧者（如：雙親、教師、養父母等）也可以使用找出正面意圖的技巧，建設性地回應孩子的行為（Bailey, 2000）。思考下面這位兒童在家的表現。上了一天的課之後，他帶著疲憊和滿腹牢騷回家。一見到媽媽，就咕噥地抱怨回家功課好多。他的媽媽也火大地向學校諮商師抱怨回家功課把家庭氣氛弄得很糟。諮商師找出正面意圖，幫爸媽把問題解決了。諮商師不說孩子在用回家功課跟父母角力，而是告訴媽媽，孩子其實是想表達什麼。諮商師和媽媽一起梳理一天的生活，討論孩子的正面意圖。結果發現離家一整天後，孩子或許很想跟爸媽撒嬌，希望和爸媽有更多相處的時間和屬於自己的休息時間。

　　　　若要確保兒童的改變能持久，最好的方法就是與教師、家長和其他重要他人密切合作。這麼一來，我們必須肯定照顧者的擔憂、挫折和恐懼，確認他們的想法，同時也協助他們學習以堅定但正向的方式回應孩子。為此，諮商師可提供家長或教師反映式傾聽、合理且正向的設限，以及找出行為正面意圖的資訊。

結語

　　處遇多樣化形形色色的兒童與青少年，是令諮商師望而生畏的一項任務。主要是因為在踏入這個領域之前，許多諮商師並未接受特定的訓練。諮商師首先須改變觀念和態度，也要吸收學習兒童發展的知識，以及他們如何處理與知覺周遭世界。這些都是諮商成功的要素，也是建立治療同盟的基礎。諮商師也應檢視自己對兒童與青少年諮商的核心信念，致力於個人與專業發展，確保符合個案的需求。惟有展現愛與尊重，才能讓個案深刻體驗到自己是個有能力的人，也信任他人能幫助他們。

諮商的基本原則

- 兒童與青少年是一群具有獨特文化、規範、價值觀與知覺看法的團體。
- 為使兒童與青少年諮商發揮效果，我們必須瞭解他們的現實、知覺與世界觀有別於成人。
- 建立治療同盟時，須滿足兒童在認知、發展、情緒與生理上的需求。
- 只看到問題，容易導致忽視兒童對問題的看法，或只聽信照顧者的一面之詞，結果卻低估兒童有主動參與治療的能力。
- 諮商師可善用治療反應，依兒童的發展水準建立關係。
- 教導照顧者（如：老師、家長）一些諮商技巧，有助於維持長期的治療效果。

117

本章作者簡介

Sondra Smith-Adcock（見主編者簡介）。

Jenn Pereira，佛羅里達大學諮商教育學位學程研究生，並在亞利桑那州立大學擔任臨床助理教授。她是有照的心理健康諮商師、遊戲治療師督導、臨床創傷學專家。她的研究與工作興趣對象是兒童和青少年，在學校與臨床場域工作達十四年之久，舉辦過數場遊戲與沙盤治療工作坊。

Section 2

Chapter

心理動力理論

Catherine Tucker and Elaine Wittman

我總是向外尋求力量與自信,但它們其實在我的內心,而且一直都在。

——**Anna Freud**(安娜・佛洛伊德)

引言

雖然心理動力理論(psychodynamic theories)受歡迎的程度不若從前,因為較迅速、比較不那麼艱澀難懂的理論,如認知行為治療(CBT)和短期治療乘勢而起,然而,新的大腦科學研究讓許多治療師和學者得以重新檢視這個稍微老派的治療理論。《紐約時報雜誌》(*New York Times Magazine*)年度健康專題(June 28, 2015)刊出一篇文章——〈談談你的母親:大腦掃描科技救得了佛洛伊德學派的心理分析理論嗎?〉(Tell It About Your Mother: Can Brain Scanning Save Freudian Psychoanalysis?)封面照片是一位滿頭白髮、坐在 MRI 儀器前面,好整以暇準備做筆記的心理分析師(譯注:見 https://www.nytimes.com/2015/06/28/magazine/tell-it-about-your-mother.html)。佛洛伊德學派的心理分析師都在議論紛紛,如何結合大腦處理訊息的新發現與佛洛伊德在 1900年代初期提出的理論。成功的話,新的科學發現和古老的理論或許可以攜手合作,為心理分析治療帶來一番新氣象和新作法。本章將解釋心理動力理論的來龍去脈和理念,以及如何運用在兒童與青少年治療工作上。另外,也會補充新的科學發現來佐證這些早期理論學者的觀點。

關於兒童與青少年諮商理論的章節，是為了豐富你的理論知識，而不是要取代其他理論課程。本書對理論的解說重點在於將原本用於成人的理論，稍加修改為可用於兒童與青少年諮商的方向。運用本書介紹的任何理論之前，請再回頭複習你之前讀過的教科書，並接受適當的督導。

124

社會歷史脈絡背景

早期精神病學家所處的 1880 年到 1910 年代，世界正從鄉村社會快速變遷成城市經濟。新蓋的機器製造工廠對勞工需求孔急。城市快速發展，從鄉村移入大量的勞工，想在新工廠謀得一口飯吃。在歐洲，共和政體、社會主義、共產主義勞工右翼團體紛紛推翻君主統治。社會動盪不安，甚至引發暴動與革命（Kidner, Bucur, Mathieson, McKee, & Weeks, 2013）。

在美國，勞工、女性、前奴隸身分的權益問題都受到質疑。美國正掙扎著要從內戰的衰頹和恐怖中站起來，艱苦地重建城市、振興家園（Hakim, 1999）。因為戰爭，大學師生人數急遽減少。戰後這幾年，大家都在勉強撐著穩住，科學進展緩如牛步。女性、兒童、少數族裔／種族的權益仍遠遠落後於白人男性，這段期間並沒有得到太大提升（Heywood, 2001）。

精神病學家與神經科學家摩拳擦掌，準備好好利用科學方法治療罹患心理疾病的成人。Sigmund Freud（佛洛伊德）原本是神經專科醫生，他花了五個月的時間到巴黎著名的 Salpetriere 精神醫院，師從 Jean-Martin Charcot 與 Pierre Janet（Berrios & Porter, 1995）（注意：本書所述及的社會歷史脈絡背景，僅限於北美和歐洲。這並非指世界上其他地方沒有發生重大事件，而是因為本書僅說明誕生於西方的心理動力取向）。

當其時，Freud 提出挖掘病人的潛意識素材，可治癒成年病患症狀的理念。「部分精神失常」（partial insanity）（Appingnanesi, 2008, p. 65），意指精神失常是可以治療的，這無疑是那個年代最偉大的心理健康革新觀念。19 世紀晚期以前，精神失常一般被視為無藥可救、令人萬念俱灰的疾病（Grob, 1994）。

　　20 世紀初，心理疾病的概念，從須終生背負、讓人無計可施的罪孽，轉而被視為大腦與神經系統方面的疾病，應給予細心周延的照護（Berrios & Porter, 1995）。當代最重要的革新之一，莫過於能用理論指引心理疾病治療。雖然早期的諮商理論不是先用在兒童身上，而是以治療成人為主，不過，兒童與青少年治療仍受惠於這些理論。但究竟應該加入哪些要素，方能使心理疾病的治療更上層樓、更能發揮效果，至今仍是辯論不休的議題。

　　當成人在這段期間奮力爭取人權時，絕大多數兒童仍受父母擺布支配。5 到 6 歲的兒童經常得跟在成人旁邊，到工廠和農場工作，工資少得可憐（Heywood, 2001; Hindman, 2002）。直到 1938 年，美國才制定聯邦兒童勞動法令；直到 1825 年，兒童疏忽才首度被視為違法；直到 1930 年，司法制度才強制要求州政府負責整合協調兒童的照護事宜（Myers, 2004）。直到 20 世紀中後期，兒童心理健康照護的責任，大部分仍由家庭、學校甚至育幼院肩負（Heywood, 2001）。

　　本章將探討這些在 20 世紀早期蓬勃發展的心理動力理論，和這些取向的當代觀點，以及如何將之運用在兒童與青少年諮商上。

・讀完本章之後，你應該能夠・

- ・說明所有心理動力理論共同的基本原則。
- ・解釋 19 世紀末 20 世紀初的社會文化脈絡背景，如何影響 Freud、Jung 和 Adler 的理念。
- ・對照和比較本章主要的理論。
- ・針對每個理論，至少說明一種獨特的介入技術。

理論學者

　　心理動力理論巨擘對人性觀、問題觀、治療觀的看法各執一詞。例如，

Freud 常被視為悲觀主義者，他認為人性已被早年經驗和環境所定型
（Wallerstein, 1995）。另一方面，Carl Jung（榮格）和 Alfred Adler（阿德勒）則
認為就算成年，人仍具有可塑性，人性深受社會連結關係影響（Adler, 1964;
Jung, 1964）。心理動力理論的共同點是，人的問題或多或少和潛意識或前意識
心靈有關（Murdock, 2013）。

126　　　　Freud 和依附理論學者，如 John Bowlby（約翰・鮑比）、Mary Ainsworth
（瑪麗・安斯渥）等所建立的理論，主要基於對人類大腦的神經生物學的瞭解
（Karen, 1998）。依附與心理動力理論學者皆同意，早期經驗對人類行為的影響
貫穿一生。但依附理論研究的是對兒童的不當照顧所引發的創傷，會如何導致
日後的情緒與行為問題，而心理動力理論學者則要找出精神官能症與精神病患
者的性心理發展問題。兩個學派咸認個體的行為動機不在意識層面，必須深入
挖掘探討，才能發現困擾的源頭，加以修通（Wallerstein, 1995）。說到深入治
療這些隱藏記憶與衝動的方法，先驅學者們可是爭論得互不相讓、各有擅場
（Murdock, 2013）。

Freud、Anna Freud 與 Melanie Klein

　　Freud 只有用一次療程的時間看過一位兒童病患 ── 小漢斯（Little
Hans），並將治療過程於 1909 年發表為《小漢斯：畏懼症案例的分析》
（*Analysis of Phobia in a Five-Year-Old Boy*）一書。但他的女兒 Anna Freud（安娜・
佛洛伊德）的治療工作，幾乎都用在分析兒童病患上。20 世紀早期的心理分
析師多半是以接受父母親諮詢的方式間接觀察兒童的行為（Merydith, 1999）。
直到 1920 年代晚期，仍然只有少數的兒童分析技術文獻發表（Landreth,
1991）。Anna Freud 極力推廣父親對人類發展的觀點，致力於瞭解兒童的自我
如何發展為能控制非理性的驅力（Freud, 1965）。Anna Freud 率先將心理分析的
技術運用在治療兒童上，如使用玩具和藝術媒材協助兒童自由聯想和表達夢境
（Freud, 1965）。她重視兒童和治療師的關係，認為若缺乏溫暖與接納的關係，
治療兒童是不可能成功的（Landreth, 1991）。

同樣是 20 世紀初，Melanie Klein（梅蘭妮・克萊恩）發展出客體關係理論（object relations theory）（Klein, 1955）。Klein 雖是佛洛伊德學派的分析師，但她的理論認為兒童有能力形成自我。Klein 指出，兒童會內化照顧者的認知模板（cognitive templates）。長久下來，這些模板逐漸變成兒童與他人關係的藍圖，兒童也從這些模板中發展自我概念（Klein, 1955）。這個理念終於在 21 世紀得到支持。記憶儲存與提取研究顯示，早期的依附關係形塑了往後的社交人際互動模式。同樣地，早年的創傷也是日後人際問題的始作俑者（Perry, 2002）。

和 Anna Freud 不同，Klein 並不怎麼強調兒童和治療師的關係。Klein 對兒童使用遊戲技術，是為了幫助兒童表達潛意識的需求與願望。如此一來，治療師才能詮釋這些內容，讓個案得到宣泄（Klein, 1955）。Klein 和 Freud 都認為，瞭解與詮釋潛意識素材，特別是創傷記憶，是治療個案的必要作法。遊戲是治療兒童的獨特方式，成人則是以自由聯想、夢境分析，甚至催眠等技術來揭開潛意識內容。

心理動力理論對兒童的治療，近來有重大突破，包括運用兒童導向遊戲（child-directed play），協助兒童表達內在衝突（Esman, 1983）。兒童遊戲時，治療師會詮釋遊戲的意義。不過，詮釋的目的不是為了「宣泄」或釋放情緒，而是要幫助兒童瞭解內在衝突，最終讓兒童自己去找到衝突的最佳解決方法（Esman, 1983）。這種遊戲治療方式如案例描述 5.1 所示。

案例描述 5.1

喬治，9 歲，家境優渥，是家中的獨子。他因為「不尊重長輩」而被帶來接受諮商。媽媽說，喬治常在家裡搞破壞，卻老是找理由說他不是故意的。他也常跟爸媽和其他大人頂嘴吵架。

第一次的遊戲治療，喬治選了一組軍事物件。他將士兵分成兩隊，震天價響地激戰整整 15 分鐘。治療師安靜地看了幾分鐘，心中盤算幾種可能性。她猜想這可能是一種伊底帕斯情結衝突的展現，但要斷言為時尚早。治療師說：「哇，這些士兵真的看彼此不順眼呢。」這番話讓喬治知道治療師有在注意看

他玩，試圖瞭解他的遊戲場面。雖然治療師覺得這個遊戲場面可能反映出喬治對只忙於工作、卻忽略他的雙親的不滿，但她也知道不要急於做出詮釋。詮釋的時機很重要——太早詮釋會被個案無視或回嗆：「妳根本不懂！」太晚詮釋則會錯失改變的良機。

聽到治療師的話，喬治的反應是：「對呀，他們超討厭對方的。綠巨人隊只會叫藍鯨魚隊聽話。」這些回答讓治療師更明白喬治為什麼生氣，也大概知道該怎麼回應喬治的下一個遊戲場面。

Carl Jung

Carl G. Jung（卡爾・榮格）創立深度心理學（depth psychology），或稱分析心理學（analytical psychology），這是他與 Freud 分道揚鑣之後建立的精神理論（Jung, 1964）。Freud 認為個體的驅力是心性創傷，並壓抑了來自童年衝突的干擾，但 Jung 認為人格源於一個普同的、幾乎可說是靈性或心靈的能量（Jung, 1964）。Freud 和 Jung 一致認同意識和潛意識的存在，但 Jung 把集體潛意識納入原型裡。Jung 主張原型承自人類過往的集體記憶。這些主題或能量模型烙印在我們的心靈、直覺和情緒裡，透過夢境和幻想體現出來（Jung, 1964）。

Jung 對兒童的看法是，兒童不是白紙，而是集體潛意識和家族世世代代歷史的產物。Jung 認為，從出生伊始，兒童就已經能夠從人類共有的經驗，如：夢、原型故事等其他潛意識內容中汲取靈感。Jung 並沒有特別去治療兒童，但他認為兒童的問題和雙親、家庭的「陰影」有關，甚至和儲存在集體潛意識的素材有關。榮格學派主要的目標是透過整合自我與陰影來達成個體化。Jung 認為個體化是終生持續不斷進行的歷程，而非僅止於兒童期。Jung 對兒童抱持樂觀的看法，認為兒童具有邁向成長與完整的潛力（Jung, 1983）。榮格學派常用的技術為曼陀羅創作。在引導活動 5.1 中，試著和同儕或自己獨立完成曼陀羅創作。

引導活動 5.1

曼陀羅創作是相當自由彈性的活動。從書本和網路上可以找到各種各樣的曼陀羅著色圖樣。曼陀羅發源於佛教與印度教的冥想，是宇宙的象徵。曼陀羅通常為圓形，代表完整與統合。圓圈內通常是一個正方形，正方形的四個角代表宇宙的各個力量或心靈的不同面向，如：陽與陰、主動與被動、內在與外在心理歷程。中心點代表自我。畫曼陀羅之前，先花幾分鐘的時間深呼吸和放鬆，調暗燈光，放點輕音樂，減少任何會讓你分心的刺激。準備一張紙（任何尺寸、顏色皆可），一些彩色鉛筆、麥克筆、顏料或粉蠟筆。在這張紙上畫一個大大的圓，再在圓內畫出正方形，標出中心位置（不一定是個點，也可以是另一個小圖樣）。創作曼陀羅時，試著將內心當下的狀態具象化，呈現在紙上。別擔心畫得好不好看，我們注重的是歷程，不是結果。如同 Jung 在 1916 年到 1920 年的每日創作不懈，你完成之後的作品，也反映出你當下的內在狀態。它是有秩序、調和的畫，抑或顯得凌亂、支離破碎呢？看起來一邊亮、一邊暗嗎？它引發出你哪些情緒？如果這樣的創作練習讓你感覺還不錯，請你每天持續進行，看看你的內在歷程會如何變化。你可以閱讀 2009 年出版的《紅書》（*The Red Book*），欣賞 Jung 的作品集大成。

Adler 與個體心理學

129

Adler（阿德勒）對人性與問題形成的看法，是他直接治療兒童的心得（Adler, 1964）。Adler 的許多主張，和 Freud 與 Jung 背道而馳，不過，他也同意心理動力學派的觀點，認為解決問題的素材，多半還是在前意識或潛意識的心靈裡。Adler 認為人無法脫離社會生存。人所做的選擇，在在反映出個體對自身所處情境的感受（Adler, 1979）。家庭星座、出生序、早期回憶等，都和個體的自我感或生命型態有關，而生命型態反過來又會影響個體的行為。Adler

強調要鼓勵個案去關心他人的福祉，參與社區活動（Adler, 1964）。

　　Adler 常和個案的家庭一同會談，這在當時是劃時代的創新治療方式（Adler, 1979）。他的家族治療模式著重在鼓勵和教育個案，好讓他們達成基本的人生目標：愛、共同體與工作（Bitter, 2008）。Adler 和同事 Rudolph Driekurs 發展出許多適用於兒童的技術，如：和學校當局建立合作關係，實地提供諮商與諮詢（Murdock, 2013）。阿德勒學派的諮商模式仍深深影響當代的學校諮商，開發許多預防與學業成就方案（Brigman, Villares, & Webb, 2011）。近年來，Terry Kottman（1995）等人也發展了多項阿德勒學派獨到的遊戲治療技術。

引導活動 5.2

　　阿德勒學派常對兒童使用的技術之一是「典型的一天」（Typical Day）（Bitter, 2008）。面對成人或青少年時，治療師會詢問他們：「請描述你典型的一天。」鼓勵個案詳細說明從早上起床到晚上就寢前典型的一天。若是對兒童，治療師可以用娃娃屋開啟對話。使用娃娃屋和小玩偶時，諮商師的問句改為：「請用這間娃娃屋和玩偶，表演出典型的一天。」對年紀更小的幼童，若有娃娃學校和娃娃車物件更好。請找一位同學、朋友或兒童來練習這個技術，用遊戲或晤談的方式皆可，請他們對你說說典型的一天。你可以問：「這一天當中，你最喜歡的部分是？最不喜歡的部分是？」或「就你剛剛的描述，你最想改變這一天當中的哪個部分？」練習結束後做個反思。從練習對象的回答中，你蒐集到哪些資訊？你認為這項評估技術對諮商有幫助嗎？請說明為什麼。

依附理論

　　二次世界大戰後，精神病學家 John Bowlby 非常關注倫敦與日俱增的少年犯罪問題。他開始治療少年犯，旋即發現幾乎所有的少年犯在戰爭期間，都曾

經歷喪親或與雙親分離（Bowlby, 1982）。這項發現，加上 Bowlby 自己也有疏離、冷漠的父母親，激發了 Bowlby 的好奇心，想探討嬰兒對照顧者的情感依附和依附過程如何影響往後的生活（Karen, 1998）。和 Melaine Klein 不同，Bowlby 認為兒童的不良行為跟潛意識素材和幻想無關，而是跟照顧者與其他重要他人實際在一起的經驗有關（Karen, 1998）。經過一段時間的研究後，Bowlby 提出依附理論，主張多數成年人的行為源於早年和照顧者相處的經驗。如果兒童經驗到的是一致、溫暖的照顧，他們通常會發展出安全的依附型態。相反地，若兒童經驗到的是不一致、嚴厲、嚇人或令人焦慮的照顧，極有可能形成不安全的依附型態。

Mary Ainsworth（瑪麗・安斯渥）的研究顯示，不安全的依附可細分為：焦慮／逃避（anxious/avoidant）、矛盾／抗拒（ambivalent/resistant）與混亂（disorganized）等三大類型（Ainsworth, Blehar, Waters, & Wall, 1978; Main & Solomon, 1990）。混亂型在 1980 年代晚期再度得到 Mary Main（瑪麗・緬因）的研究證實，是最為嚴重且問題最多的不安全依附類型，日後也常被診斷為反應性依附障礙症（reactive attachment disorder）。

受到 Mary Ainsworth、Harry Harlow（哈利・哈洛）等研究者的啟發，依附理論如今更受到許多科學研究支持。運用高科技如：功能性核磁共振造影（fMRI）和測量體內可體松（cortisol，或譯皮質醇，又稱壓力荷爾蒙）的濃度變化，都與上述先進研究者的發現不謀而合（Schore, 2001）。依附理論的重點是辨識健康與不健康的依附型態，找出不安全或不健康依附型態的原因，以及可以保護兒童免於形成不安全依附型態的因子。然而，直到近年來，治療師和科學家才開始研究如何協助不安全依附的兒童與成人改變親子關係行為，如此一來不安全依附型態才不至於複製到下一代（Slade, 2007）。

應用與技術

夢境分析

Jung 曾報告自己在孩提時期做的一個栩栩如生的夢，並用他的夢和幻想為分析素材，化解問題（Jung, 1983, 2008）。Jung 並沒有直接探詢兒童的夢，但他會去檢視成人對兒童時期夢的記憶，探討這些揮之不去的夢境，究竟如何影響他們的生活。根據 Jung 的看法，兒童時期的夢源於人格的深處，其重要性非比尋常。夢甚至可以預示未來（Jaffe, 1989）。

Jung 認為夢直接來自集體潛意識，是以象徵的形式向意識傳達訊息（Jaffe, 1989）。集體潛意識承自人類所有的歷史與本質，反映在各種跨越文化的神話故事與童話故事上。夢告訴自我潛意識已經知道的事，Jung 和他的學生、研究同仁用傳說的隱喻去詮釋成人所記得的夢。不過，夢的訊息不一定需要詮釋（Jung, 2008）。Maria Von Franz 指出，藉由檢視這些象徵性的訊息，自我就能夠記住且運用這些訊息來影響日常生活。但即便多麼仔細地探究夢，卻仍然如 Von Franz（1994）所言：「夢的意義永遠取之不盡、用之不竭。」

和兒童與青少年工作時，諮商師可以請他們用繪畫的方式具象化夢境，或具體說明夢的主要事件，也可以用角色扮演、玩偶或小物件來表現夢。諮商師可請青少年記錄夢，並帶到療程中來討論。

榮格學派沙遊

榮格學派沙遊不僅奠基於 Jung 本人豐富的著作與教學，還有科幻小說家 H. G. Wells（1975）的啟發。Wells 觀察兒子，提出兒童的遊戲或許有其目的的理論假設，和傳統視兒童的遊戲毫無價值、沒什麼意義可言的看法截然不同。Wells 的理念，再加上 Jung 的學說，深深影響了當代幾位對兒童心理健康有興趣的學者，如 Dora Kalff 與 Margaret Lowenfeld。

　　Lowenfeld 是一位兒童精神病學家和小兒科醫師，她讓個案在沙上擺放小物件，作為評估工具，名之為「世界技術」（world technique）（Lowenfeld, 1935）。這項評估技術在今日仍廣為榮格學派沙遊治療師所用。欲使用這項技術的諮商師必須接受訓練與督導。

　　Kalff 整合榮格心理學與東方哲學，發展出名為「沙遊」（sandplay）的技術，也就是在沙盤上放置小物件（Kalff, 1980）。隨著故事發展，集體潛意識的原型漸漸浮現出來（Kalff, 1980; Turner, 2005）。在沉默的**聖域**（**temenos**）——一個「自由且受保護的空間」——形成的過程中，諮商師（或見證者）為個案保留了一個空間，好讓健康的自我得以誕生（De Domenico, 1988, personal communication, 2008; Turner, 2005）。個別獨立的沙盤會被依序記錄下來，再適時以語言詮釋（Turner, 2005; Amatruda & Helm, 2007）。

132

阿德勒學派遊戲治療

　　遊戲治療是一套廣泛的理論與實務，涵蓋許多取向（Schaefer & O'Connor, 1983）。多數遊戲治療取向的共同理念是，遊戲是兒童天生的表達語言，遊戲讓兒童在諮商中更為自在地表達難以言說的困境（Schaefer & O'Connor, 1983）。結合遊戲治療的理念與阿德勒學派或個體心理學的理論，即為阿德勒學派遊戲治療。

　　Adler 堅信諮商或教育的首要之務，是建立相互尊重與瞭解的關係（Murdock, 2013）。和兒童在一起時，阿德勒學派的諮商師會盡力讓兒童覺得被瞭解和被接納（Kottman, 1995）。例如在療程之初，就能運用反映式傾聽和留意兒童敘說的故事細節。

　　治療關係建立後，阿德勒學派的治療師會對兒童展開全面性的評估，包括家庭星座、兒童的生活型態和兒童的不當行為動機（Kelly, 1999）。不當行為的動機，或氣餒挫折的原因，是瞭解兒童為何表現不當行為的關鍵。Adler 認為人類的行為有其目的，不管破壞行為看似如何，都是兒童為了滿足基本需求而使出的手段。兒童的行為反映出他們當時能想到的、最能達成目的的方法

（Adler, 1964）。根據 Adler 的說法，不當行為背後的目的通常可分為四類：尋求注意、爭奪權力、尋求報復、自暴自棄（Kottman, 1995）。

　　和家庭進行完一般性的評估過後，治療師會觀察兒童的遊戲，確認兒童的不當行為是為了達到何種目的。瞭解之後，治療師會採用直接介入的技術或引導兒童進行想像遊戲，協助兒童以其他更好的方法來達成他的目的（Kottman, 1995）。

　　阿德勒學派遊戲治療師採用多種技術，包括：結構化遊戲、想像遊戲、角色扮演、創意寫作、視覺藝術、家庭與手足會談、家庭作業等，鼓勵兒童以正向的方式達成目的（Kottman, 1995）。青少年或許較喜歡藝術媒材或更為指導性的活動，兒童則是透過開心地玩玩具，或透過假扮遊戲表達他們的需求與想法。阿德勒學派遊戲治療技術範例，請見案例描述 5.2。

案例描述 5.2

　　琳姿，12 歲，出生於中產階級的農村家庭。她在家裡的三個孩子中排行老二，跟離婚後的媽媽住在一起。琳姿被轉介給學校諮商師，因為她最近常在班上搗蛋。據導師說，琳姿對老師出言不遜、不遵守班規，也不交作業。就算被加派功課或留校察看，她也一副毫不在乎的模樣。導師也說琳姿就像「女王蜂」一樣，率領一群六年級的女生到處欺負低年級的學弟妹或不起眼的女生。

　　頭兩次與琳姿的療程，加上電訪母親，學校諮商師蒐集到關於琳姿和家人的資訊。琳姿似乎想藉由不當行為獲取權力。媽媽說她的行為是在外公去年診斷罹癌後變糟的。雖然外公的病情漸趨好轉，但面對一向權威的外公生病，琳姿似乎覺得不知如何因應。

　　諮商師使用的策略之一，是讓琳姿以建設性的方式滿足她的權力需求。首先，從讓琳姿掌控療程開始。諮商師會讓琳姿選擇每次療程要做什麼、要玩什麼活動、要制定哪些規則等，都由琳姿決定。幾次療程後，諮商師慢慢地跟琳姿共享權力、共同做決定。例如，輪流發言、分享東西等。同時，諮商師也會邀請琳姿的母親加入，聽聽她如何協助琳姿在家裡獲得更多自主權的想法。例

如：從兩項家事中選擇一項來做、決定晚餐想吃什麼等等。諮商師也請老師讓琳姿擔任班級幹部。

這些技術修正自 Terry Kottman（1995）的實務工作，是要讓琳姿覺得受到重用，培養她的能力，同時也協助她建立社會支持系統。阿德勒的理論把人視為一個整體，人與社會系統密不可分，不可能置身於家庭或同儕系統之外。因此，把家人和教師納入治療，是諮商成功的關鍵。

依附取向

不像本書前面述及的理論，依附取向的技術繁多，難以一一舉例詳述。最常被提及的三種依附取向 —— 親子互動治療（parent-child interaction therapy, PCIT）、依附關係重建治療（dyadic developmental psychotherapy, DDP）、治療性遊戲（Theraplay）（注：Theraplay 是 Theraplay Institute 的註冊商標），都是一套豐富、完整的問題評估與處遇系統療法。有興趣的讀者可以上網搜尋，瞭解有哪些接受訓練的課程或管道，亦可參考本章最後的補充資訊（編注：請參見第 29 頁的編注說明）。

以下簡介上述三種依附取向。這三種取向都是用來協助有依附困擾問題的兒童（或青少年及成人）、處遇的對象為兒童及其照顧者、多少會運用一些遊戲。除了這些相似性外，這三種取向可謂同中存異。

親子互動治療主要分成兩個階段，子方導向互動與親方導向互動（McNeil & Hembree-Kigin, 2010）。治療第一階段，由孩子帶領互動，任他選擇遊戲素材與遊戲方向。在這一階段，治療師教導父母親如何回應孩子的互動，增強親子關係。治療第二階段，由父母帶領互動。父母親要學習一些技巧，提升孩子服從指令的意願（McNeil & Hembree-Kigin, 2010）。親子互動的治療對象通常是 3 到 6 歲的兒童與其照顧者。療程一般為 12 次，必要時得延長（PCIT.org）。

依附關係重建治療通常是用來協助受創兒童，強化他們和照顧者之間的安全依附。依附關係重建治療鼓勵親方展現接納的態度，以加深親子對彼此的瞭

解。再加上運用 Hughes（2014）所謂的「情感─反思」對話（"affective-reflective" dialogue）。在對話中，父母親和治療師反映孩子的內在經驗，探索他的生命故事，包含受創經驗故事。有時候，治療師會在兒童說故事的過程中協助補充詞彙。相互說故事和反映，讓兒童在安全的場所經驗受創過程，內化安全感，緩和焦慮。

另一方面，Theraplay 的對話較少，但目標同樣是改善親子關係，減少兒童的不適應症狀。Theraplay 始於 1960 年代的芝加哥啟蒙計畫（Chicago Head Start program）。當時的計畫內容是要協助幼兒在面臨生活壓力情境時，學習因應與自我安撫技巧（Booth & Jernberg, 2010）。

經過五十年的演變，Theraplay 的作法包括以觀察評估為主的馬謝克互動法（Marshack interaction method, MIM）、治療指引、多不勝數的治療性活動與遊戲，以及班級團體介入方案（Booth & Jernberg, 2010）。多數的個案是 12 歲以下的兒童及其照顧者。雖然該取向可以治療各種問題，包括自閉症譜系障礙（ASD），但比較常用來協助領／寄養孩子融入新家庭。

家庭治療性遊戲（Family Theraplay）的處遇對象是有困擾問題的孩子及其照顧者。用馬謝克互動法評估完家庭的功能後，治療師以結構、撫育、挑戰、參與等四個面向設計治療計畫。每個療程包含一系列簡短、好玩、適合兒童發展階段的活動。在輕鬆愉快的氣氛下，由治療師引導遊戲進行。照顧者也要參與大部分的活動，並在回家後和孩子一起玩（Booth & Jernberg, 2010）。經過數次療程後，或當照顧者看到問題改善後，再次以馬謝克互動法評估並修正目標、繼續進行遊戲，直到目標達成為止。這個過程依兒童的問題嚴重程度和家庭投入參與程度循環多次。不過，多數家庭都能在 12 次的療程中獲得重大改善（Booth & Jernberg, 2010）。

成效研究

諮商的成效研究（包括心理動力治療）寥寥無幾，就算是常見的成人情感

性疾患也是如此。許多治療師會寫個案的故事，但大規模、變項控制良好的研究屈指可數，特別是那些自稱為佛洛伊德學派、榮格學派和阿德勒學派者，難有明確的研究指出這些取向對兒童與青少年諮商的成效（Forman-Hoffman et al., 2013）。

兒童諮商的實證研究多數來自認知或認知行為取向。比起某些複雜的介入方式，認知或認知行為取向較能做成手冊、按表實施和進行研究（Forman-Hoffman et al., 2013; Ramchandani, & Jones, 2004）。另外，依附取向如：依附關係重建治療（Becker-Weidman, 2006）、親子互動治療（Lanier et al., 2011; Nieter, Thornberry, & Brestan-Knight, 2013）、Theraplay（Wettig, Coleman, & Geider, 2011）對兒童與青少年的治療效果研究證據，也較其他心理動力取向為多。

確有研究指出心理動力取向在治療成人上是有效的。回顧隨機對照實驗（randomized controlled trials）文獻，Leichsenring 與 Klein（2014）發現，這些取向的確能協助各種罹患情感性疾患，如：憂鬱症、焦慮症、複雜性悲傷的成人。不過，仍有必要進一步釐清心理動力取向對兒童與青少年諮商的效果。

不管是哪種取向、採取什麼臨床介入方式，我們都鼓勵諮商師追蹤用在個案上的效果。即使只用某一特定的介入技巧，一樣可以進行實證分析。諮商師可用簡單的圖表繪製技巧，比較不同個案的處遇效果。例如，任一諮商療程都可使用量尺問句技術，大致瞭解個案對症狀的看法。接下來，根據個案對量尺問句的回答，製成簡單的圖表，如此一來諮商師就可以觀察個案隨療程進展的改變。

136

在學校與臨床上的應用

儘管本書說明的取向可以用在兒童與青少年身上，但考慮時間和空間的限制、服務對象的需求，有些取向較受個別諮商師青睞。例如，阿德勒學派的個體心理學取向強調心理教育與鼓勵，長期在學校諮商師間大受歡迎（Meany-Walen, Bratton, & Kottman, 2014）。越來越多的實徵證據顯示，根據上述原理設

計的方案，能有效提升學生的學業成就表現（Brigman et al., 2011），不啻為忙
於實務工作的學校諮商師的一大福音。

　　例如，學校諮商師想找出不當行為背後的原因，以設計介入方式，並鼓勵
學生表現更多親社會行為。對那些為獲取注意而在班上搗亂的兒童，可以指派
給他們一對一的實習老師或學長姊，或讓他們擔任低年級的小老師，以此得到
適當的關懷注意。對那些想獲取權力的兒童，可以給他們一些班級任務，如：
收作業、引導其他學生排隊領營養午餐等，以滿足他們的權力需求。

　　另一方面，社區心理健康中心的諮商師，以及服務對象為創傷議題個案的
諮商師，最好還是採取長期、處遇層面廣泛的療法。雖然心理動力理論常被用
來治療創傷相關的問題，當今的成效研究還是集中在新興的依附取向治療。新
佛洛伊德學派或新榮格學派的成效研究雖然有限，但近一世紀來也累積了不少
軼事證據或案例討論（Leichsenring & Klein, 2014）。

　　所有的心理動力理論皆受惠於近期的大腦研究。這些研究指出，早期經驗
是形塑成人行為的重要關鍵、對 PTSD 須進行深度的心理治療，以及實徵證據
顯示創傷倖存者苦於無法說出自己的故事（van der Kolk, 2014）。這些發現為心
理動力取向治療注入一劑強心針。於此同時，這些發現也改變了心理動力治療
法的詞彙與技術。

137

諮商的基本原則

- 所有的心理動力理論都有共同點，即人類的問題都與潛意識或前意識有
  關。
- 20 世紀期間，成人的人權雖有極大進步，但兒童仍受父母或監護人擺布
  支配。
- Anna Freud 與 Melanie Klein 是直接治療兒童的先驅。兩人都看到運用遊戲
  與玩具的優點，但她們對諮商師與兒童間治療同盟的重要性看法分歧。
- 阿德勒學派兒童諮商強調社會歸屬感、行為和不良行為目標，以及親職教

育策略。直至今日，阿德勒取向兒童諮商仍在學校場域受到重用。

· 依附理論著重在辨識健康與不健康的依附型態、不安全或不健康依附的成因，以及讓兒童免於發展出嚴重不安全依附的保護因子。近年來，許多學者開始研究如何協助不安全依附的兒童和成人（如：Theraplay 取向）。先進的神經科學研究也支持依附理論。

· 近期某些心理動力取向的成效斐然，如：依附關係重建治療、親子互動治療。

本章作者簡介

Catherine Tucker（見主編者簡介）。

Elaine Wittman，教育碩士，是北卡羅萊納州的有照專業諮商師／督導、遊戲治療師／督導、遊戲治療繼續教育訓練教師，帶領國內外數場兒童與家庭創意歷程工作坊。除了私人執業外，她也訓練和督導臨床工作者學習遊戲治療、沙盤治療、自我照顧。

6
Chapter

人本取向

Catherine Tucker and Sondra Smith-Adcock

我們的人格，是在經驗、關係、想法和情感中成長與發展出來的。我們是所有部分的總和，由此塑造了我們的人生。

——**Virginia Axline**（維吉尼亞・愛思蓮）

引言

兒童與青少年的人本取向（humanistic approaches）諮商強調整體的生命經驗。很難想像人生有哪個時期，能像兒童期那樣充滿生命力，或像青春期那麼認真地檢視人類的存在意義。人生這段時期對我們的發展、現在、未來和存在至關重要。本章要來探討 Carl Rogers（卡爾・羅傑斯）（1961）的實務工作。為了追求成長與實現，他認為兒童有兩個基本需求，而**正向關懷**（**positive regard**）與**自我價值**（**self-worth**）是最基本的生命線。因此，人本取向的諮商師必須提供兒童或青少年安全成長的空間，這個空間給兒童一個能做他自己的經驗。根據人本取向諮商師的看法，欣賞與賦能個體是改變的必要條件。

・讀完本章之後，你應該能夠・

- ・說明人本理論的基本概念，並將之舉一反三到兒童與青少年身上。
- ・瞭解本章所介紹各種人本取向的差異。

- ・說明若要應用到兒童與青少年身上，人本理論應做哪些修正。
- ・詳細說明至少三種適用於兒童與青少年的人本取向介入策略。

社會歷史脈絡背景

　　第二次世界大戰即將結束之時，人本取向逐漸吸引大眾的目光。西歐與美國正走出死亡、疾病、飢餓的恐怖陰影，迎向光明希望的 20 世紀後半段。美國已從 1930 年代的經濟大蕭條復甦，高就業、低利率、好房價、旺股市等，使得中產階級日益壯大，多數民眾的幸福感年年升高（Brinkley, 2009）。

　　當時的西歐也正進行戰後復興，準備挽救凋敝已久的經濟。歐洲人對戰爭的感受遠比美國深刻，許多基礎民生建設必須從瓦礫中重建。東歐被隔離在蘇聯的共產政權鐵幕之下，許多家庭被迫分隔兩地。美蘇冷戰的結果，國際間瀰漫著一股不信任的氛圍，間諜活動暗潮洶湧，對核子戰爭爆發的恐懼延續了五十年之久（Brinkley, 2009）。

　　戰後，由於國家政策對心理健康的支持，美國的精神病學和心理學前景一片看好。1946 年通過的「國民心理健康法」（National Mental Health Act），確立由聯邦經費資助心理健康研究、培訓心理健康專業人員、成立治療中心等等（Grob, 1994）。退伍軍人的服務需求日殷，加上第一批有效的抗精神病藥物問世，以及越來越多的研究顯示心理治療的效果，希望心理健康專業人員能開設門診服務的需求孔急。在這之前，多數的心理健康服務僅能以住院醫療的方式實施（Grob, 1994）。

　　第二次世界大戰前和戰時的精神病學與心理學，主要分成兩大勢力：Freud（佛洛伊德）及其追隨者的心理動力理論，與 B. F. Skinner（史金納）的激進行為主義（Grob, 1994）。雖然這些理論盛行多年，但心理健康專業人員和求助者開始另覓可以處遇一般人碰到問題的方法。這些方法須有別於喜歡評價與耗時分析的心理動力取向，或要比行為主義更重視想法與感覺。1964 年，James Bugental 的著作揭示人本心理學的五個基本原則，帶動心理學的「第三勢力」。本章介紹的理論奠基於下列五個基本原則：

1. 人，之所以為人，不等於其他部分的總和。不能將人化繁為簡成零件。

2. 人，不管是在人類世界或浩瀚宇宙，都有其獨特的存在脈絡。

3. 人，具有覺察和覺知的能力。也就是說，人具備自覺的能力，如：覺察人際關係中的自我。

4. 人，具有選擇的能力，也為選擇負起責任。

5. 人，是有意向的；朝向目標前進；未來掌握在自己手上；追求意義、價值和創造性。

理論學者

人本主義的取向和處遇的問題不勝枚舉。雖然本書介紹的人本主義理論學者都同意 Bugental 所提的上述五個基本原則，但他們對於該如何治療個案的理念不一。這些諮商理論今日仍然深獲肯定，也推廣到全世界各地。

Carl Rogers 與 Virginia Axline

Carl Rogers（卡爾・羅傑斯）不但著作等身，而且還是諮商大師。他是人本取向諮商的先鋒，創立個人中心諮商學派。Virginia Axline（維吉尼亞・愛思蓮）是和 Rogers 同期的佼佼者。她修正個人中心取向，成為適用於兒童的遊戲治療。根據 Rogers（1961, 1980）所言，治療要造成改變，三個核心條件缺一不可——治療師對個案的無條件正向關懷、同理的瞭解，以及治療師的真誠一致（congruence）。Rogers 所說的真誠一致，是指不帶評價地接納自己、覺察自己。換句話說，真誠一致就是**做你自己**（**being you**）、滿意自己。

Rogers（1980）認為人之所以會苦惱，原因出在不一致。真實我（real self）與理想我（ideal self）之間的落差，引發焦慮、憂鬱等心理困擾。Rogers 相信不一致的主要原因是來自於周遭人對我們的評價（Rogers, 1961）。評價意味著只有在**如果**（**if**）的條件下，才能被愛或被接納。例如，**如果**你的收入高、**如果**你長得好看、**如果**你聽話、**如果**你討人喜歡等，這樣你才能得到別人的喜愛

與接納。成人對兒童的評價則有：功課好、守規矩。被在意的他人評價，而不是無條件的正向關懷，使得真我和假我越來越不一致。從下面的案例可看到不一致的人可能會遭遇的經驗與困境。

案例描述 6.1

　　莎拉，17 歲，就讀高中一年級，是黑人和白人的混血兒。她和母親與繼父同住。繼父和弟弟都是白人，一家人住在大城市郊外的中產階級社區。莎拉的功課很好，喜歡參加藝文活動。她的生父是非裔美人，但雙親在她 4 歲時離婚了。莎拉的媽媽於一年後再婚，莎拉每個週末都會去跟父親見面。

　　莎拉的母親帶她去諮商，因為實在受不了莎拉的「喜怒無常」。媽媽說她知道莎拉的行為可能是青春期的正常發展現象，但她也說：「我受夠莎拉什麼事都要跟我吵。不能再這樣下去了，我們必須改變。」莎拉也說她和媽媽不和，但堅稱自己沒病。

　　貝絲是服膺個人中心學派的諮商師，她先請莎拉說說她對媽媽和家庭生活的感受，試著瞭解莎拉的世界觀。接著她請莎拉談談跟家人和朋友在一起的感覺。莎拉說在家的時候，覺得自己「很無能，好像做什麼都不對」，和朋友在一起的時候，覺得自己「聰明又負責」。貝絲馬上聽出上述這些話的矛盾。接下來幾週，貝絲和莎拉一起探討莎拉的真實我和理想我，釐清莎拉的媽媽對她的評價。聯合會談時，貝絲協助莎拉告訴媽媽她的感受。聽到這些話，莎拉的媽媽雖然不怎麼開心，但也承認她的確給莎拉很多壓力。在貝絲的協助下，母女兩人共同完成幾個修復關係的活動。經過四次聯合會談後，莎拉和媽媽都覺得達成原先設定的諮商目標了。

　　成為一個如其所是的自己，是為了邁向人類發展的終極目標——成為一個功能完全發揮的人（Rogers, 1961）。完全發揮功能不是一個已達成的狀態，而是持續不斷進行的動態成長歷程（Rogers, 1961）。一個功能完全發揮的人，過

著 Rogers 所謂的「美好的人生」（the good life），也就是持續對經驗開放、活在當下每一刻、在任何情況下都信任自己能做正確的事、有充分的自由去選擇行動和話語、富有創造性、真誠可靠、利己利他，並且過著豐富、完整的生活（Rogers, 1961）。

為協助成人或青少年的真實我和理想我更趨於一致，Rogers 建議在諮商時可採用較為主動積極的作法（Rogers, 1980）。大量運用基本的積極傾聽技巧，適時地探問個案對自我和世界的看法。Rogers 相信自己可以協助個案大步邁向「美好的人生」。想瞭解 Carl Rogers 如何運用三個關係條件、有技巧地提問並挑戰個案，請觀看 YouTube 上他諮商「Gloria」的影片。這是心理治療影片系列當中的一段，不朽的經典。雖然 Gloria 是成人，但從這段影片中可以看到 Carl Rogers 示範諮商的三個核心條件。

引導活動 6.1

觀看 Carl Rogers 諮商 Gloria 的影片（https://www.youtube.com/watch?v=I-pMJ9bJ810）。請先寫下 Rogers 的三個諮商核心條件：（1）同理心；（2）真誠一致；（3）無條件正向關注。觀看影片時，試著記下 Rogers 示範這些核心條件的片段。注意他說了什麼、他的非語言行為，以及他對 Gloria 的回應會帶出什麼效果？你覺得 Gloria 會有哪些感受？你覺得她會出現哪些改變？

看完這段影片後，請想想諮商師該如何對兒童與青少年展現接納的態度。你完全接納兒童的經驗嗎？你會讓兒童做他自己，還是想改變他們？在學校和醫院裡，會有哪些阻力讓你無法對兒童表現出無條件的正向關懷呢？你對人性的看法是什麼？你的工作場域（如：學校、醫院、診所、機構等），可以讓你盡情地「個人中心」嗎？

Rogers 的理念經過修正後，已經可以應用在團體治療、諮詢、教學情境等

（Murdock, 2013）。Virginia Axline 是 Rogers 在芝加哥大學的同事。她修改 Rogers 的理論，將之應用在兒童上，稱為非指導性遊戲治療（nondirective play therapy）（Axline, 1969）。非指導性遊戲治療主張兒童天生就會往成長的方向前進，有能力做決定與為改變負責任。Louise Guerny 博士、Gary Landreth 博士、Rise Van Fleet 博士等人承續 Axline 的工作。Axline 的遊戲治療模式現在常被稱為兒童中心遊戲治療（child-centered play therapy, CCPT）。應用對象有：個別諮商、小團體、親子和家庭遊戲治療。近年來，遊戲治療師的訓練重鎮——北德州大學的遊戲治療中心，用的就是 Axline 的治療取向（Crenshaw & Stewart, 2015）。詳見本書第 11 章。

Perls 與 Violet Oaklander

完形治療是由 Fritz 與 Laura Perls（皮爾斯）夫婦共同發展出來的。Fritz 和 Laura 都是在第二次世界大戰爆發之前，從德國逃出來的猶太人。Perls 雖是精神科醫師，但在離開歐洲前，就已經在思考他的完形理論。直到他和 Laura 在戰後搬到紐約，理論才趨於完備（Bernd, 2010）。和人本理論學者一樣，Perls 主張只要在對的環境下，人就有能力自行解決問題。對他而言，對的環境是指：有能力和意願「接觸」（contact）自己的感覺和情緒、活在當下、「此時此刻」（in the moment），以及真實可靠（Perls, 1969）。

Perls 所謂的接觸，意指不要去切斷痛苦或尷尬的情緒和想法。相反地，要用五感去充分體驗內外在世界。Perls 相信，接觸就是檢視與瞭解自己的動機與行為（Wheeler & Axelsson, 2014）。Perls 也談到未竟事務（unfinished business），或稱未解決的衝突（unresolved conflicts），是許多問題的根源（Perls, 1969）。接觸和檢視未竟事務，才能完全地覺察環境，才會知道該如何做選擇、該何時採取行動，而不是只用慣性或過往經驗回應環境（Perls, 1969）。完形治療師會與個案建立溫暖、尊重的關係。關係建立好之後，則運用各種「實驗」（experiments）協助個案與內外在世界接觸、完成未竟事務，並越來越懂得自我調整（Wheeler & Axelsson, 2014）。最有名的「實驗」莫過於空椅法（empty chair），也就是請個案坐在椅子上，和自己或另一個有衝突的對象對話。這番對話能增加個案對內在隱藏情緒的覺察，解決未竟事務（Wheeler & Axelsson, 2014）。不過，完形治療可不是只會用空椅法而已。完形治療的訓練機構遍布全球，在實務界人氣不墜。

　　完形治療強調此時此刻和感覺經驗，和表達性治療取向如：遊戲（Oaklander, 1978）殊途同歸。Violet Oaklander（薇亞樂・歐克蘭德）是完形治療師、作家和督導，寫了數本如何將完形治療運用在兒童與青少年諮商的書（Oaklander, 1978, 2006）。她的實務工作結合各式各樣的藝術媒材、舞蹈和動作、遊戲、沙盤、天然物等，進入孩子的內在世界。在她 2006 年的《隱藏的寶藏：進入兒童內在世界的地圖》（暫譯）（*Hidden Treasure: A Map to the Child's Inner Self*）一書序言中，她寫道：

> 　　前來接受治療的兒童失去了他本來的樣子，但他應該像初生嬰兒一樣，有權利充分與快樂地運用他的感官、他的身體、他的才智，表達他的情緒。我的工作就是幫助他們重新找回失落的自我。(p. 18)

　　Oaklander 為兒童設計多種創造性、自發性的感覺活動，協助兒童移除與內在和外在世界完全接觸的障礙。她帶領個案去嗅聞、品嚐、觸摸、活動、遊玩、說故事，宣泄情緒的痛苦與枷鎖（Oaklander, 2006）。她採用各種創意、有趣的媒材，如黏土（或培樂多黏土 [Play-Doh]）、美勞材料、軟性玩具（拳擊手套或軟性球棒），吸引兒童投入參與。本章最後的參考文獻（編注：請參見第 29 頁的編注說明）列出她的兩本著作，書中詳細解說這些遊戲的進行方式。另外，本章將於「在諮商上的應用」一節介紹 Oaklander 的兩個遊戲治療技巧。

　　有興趣瞭解兒童中心遊戲治療、Garry Landreth 與 Violet Oaklander 實務工作的讀者，可上 YouTube 觀看相關影片。

引導活動 6.2

1. 觀看 Garry Landreth 在 https://www.youtube.com/watch?v＝JIMWOOIR_9g 的治療片段（Routledge 出版）。

2. 觀看遊戲治療學會（Association for Play Therapy）上傳在 YouTube 的影片 https://www.youtube.com/watch?v＝SOYhs593-kE。

3. 觀看 Violet Oaklander 的治療影片 https://www.youtube.com/watch?v＝tpATTNleCAQ。

Irvin Yalom 與 Clark Moustakas

雖然存在心理治療常著眼於抽象的生命哲學議題，如：生命的意義、死亡的必然性、選擇的自由，以及負起責任後引發的焦慮等，但存在主義也適用於年輕個案，尤其是青少年。存在主義的理論學者和治療師不勝枚舉，如：以第二次世界大戰集中營倖存經驗撰寫《活出意義來》（*Man's Search for Meaning*）（譯注：又名《向生命說 Yes！》）一書的 Victor Frankl（維克多・佛蘭克）（1959），推薦各位讀者一定要找機會讀這本經典名著。Frankl 也清楚闡明他的治療取向，稱為**意義治療法**（**logotherapy**），也就是找出個人的生命意義。和其他存在主義治療師一樣，Frankl 主張諮商的核心要素為透過創造來發現自我；充分地體驗自我、他人與環境，以及意識到自己的力量（Frankl, 2006）。治療的基本目標正與我們的兒童與青少年諮商工作方向不謀而合。接下來，我們要介紹兩位筆耕不輟、繼承 Frankl 理念的當代存在主義治療大師——Irvin Yalom（歐文・亞隆）與 Clark Moustakas（克拉克・穆斯塔卡斯）。

Irvin D. Yalom 已經出版數本存在主義諮商的書。不像其他多數心理治療作家，他採用半虛構半寫實的形式，讓讀者明白人類的**四個既定事實**（**four givens**）：孤獨、無意義、死亡、自由（Yalom, 1980）。Yalom 認為，人在遭逢一到多個**人生既定事實**時，常會感到焦慮、迷惘或陷入沮喪。人生任何時刻都

有可能萌生這些憂慮的感覺，但青少年中到後期特別顯著。此時期的年輕人常質疑自我認同和活著的理由何在。雖然青春期常出現存在的危機，但這些憂慮其實不分年齡階段。如祖父母或寵物過世的兒童，即有可能面臨死亡現實這個存在經驗。不過，有些兒童在發展階段早期就不幸遭遇創傷性失落，迫使他們必須提早處理存在的恐懼。引導活動 6.3 要帶領讀者思考兒童期和青春期的存在經驗。

引導活動 6.3

你對童年期和青春期的存在經驗有何看法？請用死亡、意義、孤獨、自由等四個存在焦慮來思考自己的存在經驗。盡量以小團體的方式進行這個活動。你認為存在取向適用於你的個案嗎？理由為何？你認為兒童與青少年的存在經驗和成人有何差異？

存在的主題就是生命的主題。自由與責任、生命與死亡、歸屬與孤獨等，都是普世皆然的經驗（Yalom, 1980）。被同儕霸凌的兒童必須決定他的行動；父母離異的兒童體驗到深刻的失落感；即將升上國中的小六生，面臨強烈的孤獨感。不能因為他們是兒童，就以為生命的本質與他們無關。若想進一步瞭解兒童的存在故事，我們建議觀賞電影。電影是瞭解年輕人正遭遇何種存在現實的好方法。引導活動 6.4 列出幾部有關兒童與青少年如何因應存在議題的電影。請你選擇一兩部觀賞，再進行簡短的反思活動。

149

引導活動 6.4

IFC Productions, & Linklater, R. (2014). *Boyhood.* United States: IFC Films.（年少時代）
描述梅森從童年到上大學的故事。

Cinereach, & Zeitlin, B. (2012). *Beasts of the Southern Wild.* United States: FoxSearchLight.（南方野獸樂園）
6 歲的荷西波比用愛與勇氣面對生病又壞脾氣的父親，以及她在河岸生活的故事。

Red Crown Productions, & McGehee, S., & Siegel, D. (2013). *What Maise Knew.* United States: Millennium.（梅西的世界）
7 歲的梅西陷在父母離婚的困境中。

Momentum Pictures, & Lasse Hallstrom (1985). *My Life as a Dog.* United States: Skouras Pictures.（狗臉的歲月）
小男孩英瑪本來與媽媽和感情不太好的哥哥同住。但生病的媽媽無力再照顧他們，只好把他們分別送到親戚家寄養。

A&M Films, Channel Productions, & Hughes, J. (1999). *The Breakfast Club.* United States: Universal Pictures.（早餐俱樂部）
五個分屬不同青少年團體的高中生，因為留校察看而相互交流生命經驗的故事。

Paramount Pictures, Wildwood Productions, & Redford, R. (1980). *Ordinary People.* United States: Paramount.（凡夫俗子）
哥哥意外過世後，高中生康雷必須同時處理自身的悲傷和緊張的家庭關係。

150　　　就像多數存在主義治療師一樣，Yalom 在諮商中刻意避免使用技術。在他 2002 年的著作《生命的禮物》（*The Gift of Therapy*）一書中，Yalom 闡述他對治療關係的理念，以及治療關係能帶領個案走向更有意義的生命。他主張：「要與病人建立真誠的關係，就本質而言，必須要放棄我們對魔力、神祕、權威這三大力量的執著。」（p. 124）在治療關係中，存在主義治療師要真誠、與個案同在當下，並同理個案的想法與情緒。Yalom 常用團體治療的方式協助個案達

成目標，他認為幾個人聚在一起彼此交流對生命和意義的想法，比起只有和治療師兩個人對話更有效果。他也會請個案回想夢境，期能找出主述問題背後更為深層的議題（Yalom, 2002）。Yalom 這種極為抽象又高度認知的治療方式，對那些已能抽象思考的青少年或認知功能正常的個案，能發揮相當不錯的治療效果。

Clark Moustakas（1923-2012）是 1960 到 1990 年代人本心理學的代表人物。Moustakas 是兒童中心遊戲治療（CCPT）的創始者 Virginia Axline 的學生（Moustakas, 1997）。Moustakas 長年的執業生涯多半待在美林—帕爾默兒童與家庭發展研究所（Merrill-Palmer Institute for Child and Family Development）（http://mpsi.wayne.edu/about/history.php），其後成為密西根專業心理學院（Michigan School for Professional Psychology）的共同創立者（http://mispp.edu/about/founders）。他的人本與存在心理學取向，加上他的兒童諮商實務經驗，驅動他創立「關係遊戲治療」（relationship play therapy）（Moustakas, 1997）。關係遊戲治療和 Axline 的實務工作相仿，再加入存在主義的精神。採用遊戲治療形式的治療師強調的價值觀是：「相信兒童有引導自身生命的潛能，接納兒童的沉默與口語表達，尊重兒童。」（1997, p. 21）Moustakas 和 Yalom 一樣，堅信治療師須與個案同在（presence）。兒童與治療師的深刻關係，能協助兒童表達情緒，改變想法、感覺和情緒。他認為治療師不應該干擾兒童的表達自由，除非是為了安全的緣故而設下限制。「診斷、因果推論、操弄與控制、治療師的先入為主與指導，都是在破壞關係治療固有的原則、價值觀與意義。」（1997, p. 14）如同 Axline 的非指導性遊戲治療，Moustakas 的關係治療相當重視營造包容、安全、關懷的氣氛；反映式傾聽；視情況設限，以達成諮商目標。不過，與 Axline 不同的是，Moustakas 會指出行動背後的情緒（哇，你一定氣壞了！），並把對話聚焦在所有人都會碰到的存在需求，如：愛與歸屬感（Moustakas, 1997）。

151

在諮商上的應用

人本取向的兒童與青少年諮商，既是一套哲學信念，也是應用實務。人本取向諮商師秉持的信念有：（1）兒童天性本善、潛能無限；（2）隨著年齡成長，兒童可以做適當的選擇和自我管理；（3）兒童有洞察的能力；（4）兒童的復原力驚人；（5）兒童值得被愛、被接納；（6）兒童在關係中得到成長茁壯（Landreth, 2012）。例如，Yalom（1980）就主張人本取向的諮商師應該致力於瞭解和體會他人的經驗。Scalzo（2010）也指出，諮商讓兒童與諮商師之間有進行存在性對話的機會。個案與諮商師的互動，要能夠促進他們對個人經驗、覺察、選擇和責任的探索。Scalzo 認為，諮商的目標不在於形而上的哲學詮釋，而是仔細檢視個人的生命、自我和世界觀。人本取向諮商師的角色，是要讓個案覺得被看見、被聽見、被如其所是的重視。諮商的焦點不在諮商師身上。諮商師不會問：「我可以為這孩子做什麼？」或「我如何幫助這個孩子？」沒錯，我們對這個人及其狀況的評估不是關注的重點。相反地，諮商師會自問：「這個人怎麼看他自己？他對自己的處境有什麼想法？」

人本取向的兒童與青少年諮商，運用各種技術協助兒童與青少年覺察個人經驗，建立諮商關係。和傾聽與回應有關的技術為「反映式傾聽」（reflective listening）或「情感反映」（reflecting feelings），這是人本取向諮商之所以有效的重要關鍵。「反映式傾聽」常受到誤解（Arnold, 2014）。反映式傾聽不是鸚鵡學舌式地把個案說的話重複一遍，也不是只會說：「你的感覺是什麼？」它是更為深刻與複雜的人際互動；是一種確認諮商師是否理解個案經驗的方式，Rogers 稱之為**嘗試理解**（**testing understandings**），或指諮商師與個案兩人共同協商彼此的意義與經驗（Rogers, 1986）。案例描述 6.2 為兒童與青少年諮商的對話範例。

案例描述 6.2

反映式傾聽

　　下面的範例採用 Rogers 的反映式傾聽（或稱同理的傾聽）。第一個範例是諮商師與 6 歲小男孩的對話，第二個範例則是與 14 歲青少女的對話。在每個範例中，可看到諮商師不會去評價或指導個案。諮商師聚焦在個案的經驗，信任個案有能力解決問題。主動、反映式、同理的傾聽，是人本取向諮商師的核心技巧。不管哪種取向，好好地傾聽與反映兒童的經驗都是諮商的必備技巧。

範例 1：唐納文，小學一年級生，正在跟學校諮商師抱怨他在玩的時候被別的小男生推打了。

唐：他先打我的！

諮：你想讓我知道是他先動手打人的。

唐：（哭了）不公平，為什麼都是我被罵！

諮：你現在很生氣，因為你覺得今天大家都在怪你，你覺得不公平。

唐：對。我跟他說離我遠一點，可是他不聽，他就是不聽。我叫他走開，可是他卻反過來推我，我才推回去的。

諮：他推你，你也推回去。你想讓我知道你會推他，是因為他先推你。不過別人卻不聽你把話講完。

唐：對。

諮：唐納文，你想用說的來解決問題，可是他不聽。他不聽你的話，還推你，這讓你很生氣。所以你現在才氣哭了。

唐：我知道我惹出麻煩了，可是他卻沒有被處罰。為什麼是我被罵？我有叫他不要再這樣了！

諮：聽起來你知道你又惹出麻煩了，你也不想這樣。你想過用別的方法，但是他不聽，最後你們還是吵起來了，這一點讓你很難過。

唐：（抽噎）對。

諮：既然他也有打人，你覺得他也應該受到懲罰，這樣才公平。

唐：對，這樣才公平，因為我們兩個都有動手，我們不應該打架。

諮：雖然你現在很難過，但你也知道問題出在哪裡，你只是想要公平而已。

範例 2：莎拉，14 歲，跟父母親的相處出了問題，他們最近在鬧離婚。莎拉會和諮商師晤談，是因為她最近一直悶悶不樂。

莎：我不想跟她說話。我快被她搞瘋了。你不能勉強我跟她說話。

諮：妳不想跟媽媽說話。跟她說話只會讓妳更洩氣。

莎：她都不聽我說，她只說她想說的。

諮：妳真的希望媽媽能懂妳的感受。她不聽妳說話，這點讓妳很受傷。

莎：為什麼他們要這樣對我？他們在毀掉我的生活；我甚至連家都要沒了！

諮：整個情況已經快壓垮妳了。事情變化得太多太快，而妳無力阻止。這實在太嚇人了。

莎：所有的一切都變了，我根本不知道接下來會發生什麼事。爸爸和媽媽一天到晚只會生氣。

諮：一想到未來的生活不知會變成怎樣，妳就覺得很害怕。妳不知道如何去應付這些變化。妳希望媽媽能夠理解妳有多害怕和不安，可是她聽不進去。

莎：對⋯⋯

諮：聽起來如果爸爸媽媽能夠跟妳解釋一下狀況，告訴妳他們離婚之後接下來的日子會如何，妳會比較好過一點，才不會讓妳覺得壓力大到快受不了。

個人中心與相關的諮商取向在學校和臨床場域十分普及。事實上，Rogers 早就提倡要把個人中心取向從一對一的個別諮商，擴展到教育場合（Rogers, 1989）。除了推動教育場域中兒童中心取向的重要地位，Rogers 更是人本主義

和社會改革的擁護者。Rogers 認為教育是培養「完全發揮功能的人、民主社會的領袖」的措施（Cornelius-White, 2007）。目前，人本取向普遍用在學校的情況有：提升社交技巧（Villares, Lemberger, Brigman, & Webb, 2011）、改善師生關係（Cornelius-White, 2007; Ray, 2007）、化解校園暴力與預防霸凌（Carney, Jacob, & Hazler, 2011; Stanley, Small, Owen, & Burke, 2012），以及諮商專業倡議（Lemberger & Hutchison, 2014）。有興趣的讀者可參閱 Scholl、McGowan 與 Hansen（2012）文中對當代人本諮商取向的文獻回顧。

　　人本取向亦可用來增進親子關係。例如親子關係治療（child-parent relationship therapy, CPRT; Landreth & Bratton, 2006）教導父母學習兒童中心的技巧，具有減輕親職壓力和改善兒童行為的效果（Ray, 2008）。進行親子關係治療時，諮商師運用兒童中心遊戲治療的基本關係技巧，幫助家長和孩子建立融洽關係。這些治療取向的重點不在於問題解決或矯正兒童的行為，而是要透過體驗，同時賦能家長和孩子。從引導活動 6.5 的「模仿領袖」活動，試著體驗這種互動的感覺吧！

154

引導活動 6.5

模仿領袖

　　親子關係治療的目標是教導父母人本、兒童中心學派的基本關係技巧，讓父母親成為改變的治療動力。這樣的互動過程可以增進親子間的信任、安全感、溫暖，以及童心（Landreth and Bratton, 2006）。此一親子互動取向的作法是讓家長和孩子共同參與結構式、非指導性的遊戲療程。

　　還記得模仿領袖（follow the leader）這個遊戲嗎？（譯注：一種兒童遊戲，參加者一個接著一個跟在領導人後面，模仿他的一舉一動。）當領袖的感覺如何？那是一種被賦予權力的感覺。讓兒童擔任領袖，給了諮商師或父母親接近孩子、從孩子身上學習的機會，讓孩子知道他們的能力所在，也讓孩子知道他們可以自己做決定。

挑選一位兒童或青少年（或任何人）來玩這個遊戲。別想得太複雜，畢竟你也是新手。採用 Landreth 與 Bratton（2006）的親子遊戲治療十週模式，給這個人一小袋玩具（裡頭有黏土、蠟筆、幾個小物件等），或者，就單純地玩模仿領袖遊戲。讓他領導、你模仿數分鐘（至少 10 分鐘）。不要問任何問題或給任何建議（要小心，你的任何行為都可能會被對方出其不意地挪用）。試著同理對方，仔細觀察他的動作／玩法，回應孩子的話語／感覺。

領導／或模仿的感覺如何？模仿的時候，你覺得他們（兒童或成人）會有什麼感覺？你從他們身上學到什麼？你從自己身上又學到什麼？你喜歡模仿，還是喜歡領導呢？

　　人本取向的諮商師也會使用各種表達性技術與方法。由於他們看重情緒與自我表達，所以在進行兒童與青少年諮商時，會運用遊戲（如：Landreth, 2012）和藝術、音樂、舞蹈、戲劇等創造性藝術（如：Malchiodi, 2008）。創造性治療取向為數眾多，無法在此鉅細靡遺的介紹。不過，我們強烈推薦 Malchiodi（2008）的《創造性治療：創傷兒童的實務工作手冊》（*Creative Interventions With Traumatized Children*）、Vernon 與 Barry（2013）的《兒童與青少年創造性藝術介入策略》（暫譯）（*Counseling Outside the Lines: Creative Arts Interventions for Children and Adolescents—Individual, Small Goup, and Classroom Applications*）、Green 與 Drewe（2013）的《兒童與青少年的表達性藝術治療與遊戲治療》（暫譯）（*Integrating Expressive Arts and Play Therapy with Children and Adolescents*）。本章稍後也將介紹兩個人本取向的創造性藝術技巧。儘管創造性藝術治療取向是建立關係與治療兒童的有效方式，使用時仍應考量個體、社會和文化的差異（Malchiodi, 2008）。雖然創造性藝術治療取向已廣泛應用在兒童諮商，但實證支持實務的研究與驗證效果仍有待累積（Ray, 2006）。

　　Rogers（1970）和 Yalom（1970）都強力主張團體治療能有效促進健康的人際互動關係。Yalom 與 Leszcz（2005）在《團體心理治療的理論與實務》（*The*

Theory and Practice of Group Psychotherapy）一書中指出，團體的治療因子（therapeutic factors）分別是：

灌注希望（installation of hope）	相信事情會變好
普同感（universality）	與他人經驗相似的共同感
傳遞資訊（imparting information）	獲得有用的資訊、修正錯誤的想法
利他（altruism）	幫助他人、增進他人的福祉
早年家庭經驗的重現與矯正（corrective recapitulation of primary family group）	團體如同家庭一樣，需要去解決衝突
發展社交技巧（development of socializing）	練習基本社交技巧
行為模仿（imitative behavior）	團體成員和領導者相互學習
人際學習（interpersonal learning）	健康的人際關係經驗
團體凝聚力（group cohesiveness）	溝通交流的親密感
宣洩（catharsis）	情緒表達與認知改變
存在因子（existential factors）	存在的焦慮（如：死亡、孤獨）

團體工作，正如我們今日耳熟能詳的，是根據上述人本取向的理念來建立團體動力。團體工作是學校和心理健康機構常用的輔導型態，學齡期的兒童與青少年更是受用（Prout & Brown, 2007）。人本取向的團體工作亦適用於各類族群和情境，如：創傷（Shen, 2010）、學習障礙（Danino and Shechtman, 2012）、高風險青少女（Smith-Adcock, Webster, Leonard, & Walker, 2008; Zinck & Littrell, 2001）、建立非裔小學男生的自信心（Baggerly & Parker, 2005），以及改善學步兒的親子關係（Proulx, 2002）。雖然許多人本取向的諮商團體以口語討論為主要進行方式，但也有許多人本取向團體會用遊戲、藝術或其他創造性活動達成諮商目標（Baggerly & Parker, 2005）。這些創造性和表達性的治療方式讓人本取向團體更為靈活彈性、因人制宜，可以處理的議題幾乎沒有限制。

156

存在—人本諮商技術

以下介紹人本諮商的三個技術，但這些範例並不足以代表全部的人本諮商過程。簡單地說，人本諮商技術是要讓兒童充分表達情緒、與諮商師產生連結，最終能跟周遭環境及世界產生連結。儘管某些處遇方法仍為結構式的，且由諮商師主導，諮商歷程依然以兒童（而不是諮商師）為焦點。以下介紹的技術既可用在學校和臨床場域，亦可廣泛應用在不同年齡族群。

▌畫出真實與理想的生活

這個技術適用於 5 歲以上的兒童到成年人。透過這個技術，可以具體呈現 Carl Rogers 所謂的個人實際生活與理想生活之間的落差。作法如下：給個案一張大開數的白色或米色圖畫紙，以及彩色鉛筆、粉蠟筆、麥克筆、炭筆等繪畫工具。請個案畫出他的「真實生活」。畫完之後，再請個案在紙的另一面畫出「你希望的生活」。另外，可以用具體的方式描繪一到多個生活面向，或用象徵符號展現個案的想法。

完成這兩面的畫後（所需療程次數，依個案完成的速度而定），諮商師可與個案一起討論的問題有：「這兩張畫之間，最大的不同點在哪裡？」「要怎麼做，可以讓真實生活更接近理想生活一些？」「是什麼阻擋了你朝向理想生活前進？」把討論的焦點集中在個案可以改變、控制的面向，去賦能個案。接下來的諮商方向亦可以往這些理想的生活型態前進為目標。

▌美麗的玫瑰花叢

Violet Oaklander 的著作《開啟孩子的心窗：適用於兒童及青少年之完形學派心理治療》（*Windows to Our Children, 1978*），以及 Ray、Perkins 與 Oden（2004）的論文，均詳細說明這個適用於國小學童的完形取向技術。玫瑰花叢技術可用

於 5 到 6 歲的兒童，也適用於青少年與成人。玫瑰花叢活動以引導式心像的方　157
式進行（範例如下），接著再請兒童將玫瑰花叢的心像畫出來。這一簡單的投
射技巧成為表徵兒童內在世界的隱喻，如 Oaklander（1997）所言，「兒童可以
觀察自己、檢視自己，並在準備好之後，重新擁有自己的本性。」（p.11）

　　首先進行漸進式肌肉放鬆訓練，清空任何會干擾想像的念頭，讓兒童專注
在這個心像。接下來實施玫瑰花叢的引導式心像（Ray et al., 2004）。當兒童準
備就緒，諮商師的指導語如下：

　　「現在，請你閉上眼睛，想像自己是一株玫瑰花叢。」

　　接下來的引導語可協助兒童更容易想像自己是玫瑰花叢。例如，請兒童繼
續閉上眼睛，諮商師接著說：

　　「你是一株什麼樣的玫瑰花叢呢？你很小嗎？還是很大呢？你開出很
　　多朵花嗎？你的枝幹看起來像什麼樣子呢？你有刺嗎？你的根長得如何
　　呢？看看你的四周……你在庭院裡，還是公園裡？你長在花盆裡，還是地
　　面上呢？只有你一株嗎？有人照顧你嗎？現在的天氣如何？」（Ray et al.,
　　2004, p. 279）

　　進行引導式心像之前，諮商師須準備一些藝術媒材。Ray 等（2004）建議
的媒材有：一張白紙、多色彩筆（蠟筆、麥克筆、顏料等）。玫瑰花叢心像之
後的活動，反映兒童或青少年的內在世界。「玫瑰花叢」暗喻兒童的生活，但
諮商師只需問兒童有關玫瑰花叢的問題，並請兒童用第一人稱現在式回答，即
「身為一株玫瑰花叢，我是……」。根據 Ray 等（2004），諮商師也可以說：

　　「請跟我描述一下你這株玫瑰花叢。告訴我你的葉子、枝幹和花朵的
　　樣子。你住在哪裡？誰照顧你？這株玫瑰花叢有什麼感覺？」

諮商師亦可引導兒童說故事。例如，諮商師可以請兒童說說接下來會發生什麼事，或請兒童說明畫中的某一部分會對其他部分說什麼話。

「如果這個籬笆會說話，它會對玫瑰說什麼？」

從兒童的玫瑰花叢繪畫衍生的故事，常是兒童日常生活的翻版。同樣地，透過其他類似的創造性取向技術，諮商師必須準備好承接兒童表露的強烈情緒。Oaklander（1978）建議要依兒童的準備度來提問，檢視從兒童的敘述中浮現的生活狀況，例如詢問兒童玫瑰花叢和他的真實生活情境是否相符或類似。

沙盤

Homeyer 與 Sweeney（2011）發展出一套人本取向的沙盤治療模式。在他們的著作《沙盤治療實務手冊》（*Sandtray Therapy: A Practical Manual*, 2nd ed.）中，闡述了如何在諮商中運用沙盤這一種既簡單又富表達性的取向。沙盤是一個多用途的媒材，適用於各年齡層的個案（Homeyer & Sweeney, 2011; Shen & Armstrong, 2008）。沙盤約為 20 吋長×30 吋寬×3 吋深（約 51×76×7.6 公分）的長方形托盤容器。把沙子裝進沙盤後，再放上一些迷你物件，建立屬於個案自己的場景或世界。迷你物件是刻意蒐集來代表各種主題的（如：人物、大自然、交通運輸、靈性、幻想等）。Homeyer 與 Sweeney 建議蒐集 300 個迷你物件。迷你物件要有大小不同的尺寸（如：有大鱷魚也有小鱷魚）。就像其他人本諮商取向的表達性技術一樣，沙盤關注沙上世界的隱喻，它幫助個案創造安全感和情緒距離。根據 Homeyer 與 Sweeney 所言，鼓勵個案創造沙盤的方式很多，有較指導性的（如：建造一個學校的場景）或非指導性的（如：在這裡建造一個場景或世界）。個案創作沙盤期間，治療師在旁見證個案的歷程。透過這個創造歷程，兒童投射出自我的面向和生活經驗到物件上，建造出一個投射的、隱喻的世界。不過，治療師仍應將過程處理的重點放在沙盤的隱喻，而非直接加諸在兒童身上。

處理沙盤的過程通常包括：（1）為沙盤世界命名（如：「如果可以幫它取個名字，你會取什麼？」）；（2）描述沙盤場景或說個故事（如：「告訴我，這個沙盤世界發生了什麼事？」）；（3）描述沙盤世界的某一區塊（如：「請說說這一部分的世界發生了什麼事。」）；或（4）賦予場景動作或讓其中某一物件說話（如：「這隻小熊在跟大熊說什麼？」「在這個世界中，哪一個物件最有力量？」）。停留在隱喻中可以讓情緒得到表達並獲得安全感（如：「在這個世界裡，哪個地方最安全？」而不是「你覺得哪裡最安全？」），除非是個案自己把沙上世界和他的日常世界做了連結（Homeyer & Sweeney, 2011）。

成效研究

人本諮商取向應用在兒童與青少年的成效研究，受到取向本身、實務工作者、實施場域等因素的限制，相較於其他取向，顯得乏善可陳（Ray, 2006）。由於恪守人本取向的精神，許多人本取向的實務工作者和研究者不喜歡將兒童分門別類，或用隨機抽選的方式將兒童排除在候選治療名單之外。以今日嚴格的實證支持實務標準來看，人本諮商不是公認有研究作為後盾的治療取向（Cain, 2001）。不過，仍有些研究證實人本取向諮商的成效（Elliot, 2002; Shechtman & Pastor, 2005），也有其他研究顯示人本取向青少年諮商的正面成效，如：遊戲治療（Bratton, Ray, Rhine, & Jones, 2005）、藝術治療（Eaton, Doherty, & Widrick, 2007），以及個人中心教育方案（Cornelius-White, 2007）。

許多統合分析研究（meta-analytic study）肯定人本取向運用在兒童上的成效。近期有關兒童心理治療成效的統合分析研究報告指出（Shirk & Karver, 2003, 2011），諮商關係是兒童發生正向改變的重要因子。在一項比較不同療法對憂鬱、焦慮、行為規範障礙症兒童的統合分析研究中，Miller、Wampold 與 Varhely（2008）發現，各療法之間的效果差異微乎其微。就算有差異，也可能是由於研究者私心偏袒該療法的緣故，而不是療法真有優劣之分。這是什麼意思呢？意思就是，諮商師對其所使用的諮商技術堅信不疑，才是影響諮商成效

159

的因素。

　　遊戲治療（Bratton et al., 2005）與兒童中心遊戲治療（Ray, Armstrong, Balkin, & Jayne, 2015）的成效統合分析研究，詳細記載兒童中心遊戲治療在學校和臨床場域的成效。Bratton、Ray、Rhine 與 Jones（2005）指出，參與遊戲治療的兒童，相較於沒有參與的兒童成效卓著。人本、非指導取向尤為箇中翹楚。從 Ray 等（2015）的統合分析結論可發現，數十年來學校裡的兒童中心遊戲治療成效有目共睹。這些學者的看法與 Bratton 等（2005）不謀而合，也就是說，兒童中心遊戲治療的效果比不採取任何治療還要好。此外，已有初步證據顯示兒童中心遊戲治療能有效改善各種兒童期的問題，如：注意力不足過動症（ADHD；如：Schottelkorb & Ray, 2009）、攻擊（如：Schumann, 2010）、師生關係（如：Ray, 2007），以及學業成就（如：Blanco & Ray, 2011）。

　　學校場域中的個人中心教育方案效果也受到檢驗。在一項統合分析研究中，Cornelius-White（2007）調查師生關係，發現以個人為中心或以學習者為中心的老師，較能達到教學的情意與行為目標改變。教師的個人中心信念能提升學生的參與度、學校滿意度和學習動機（Ray, 2007; Schottelkorb & Ray, 2009）。這些發現和近期的個人中心教師諮詢（person-centered teacher consultation, PCTC）模式的效果研究一致（Ray, 2007）。個人中心教師諮詢可以提高教師的同理心、正向關懷與真誠一致，紓解教師壓力。Schottlekorb 與 Ray（2009）發現，個人中心教師諮詢結合兒童中心遊戲治療，能減輕 ADHD 的症狀。這些結果令人振奮，但有待進一步的研究證實個人中心教師諮詢是否為有效的學校諮商介入策略，尤其是與其他兒童中心取向一起使用時。國外讀者不妨參考運用已在美國和歐洲各級學校廣泛採用的人本諮商取向（Cooper et al., 2010; Hölldampf, Behr, & Crawford, 2010）

160

諮商的基本原則

- 人本取向重視整體的生命經驗。

- 人本取向於第二次世界大戰後興起。由於國家政策重視心理健康和專業人員養成訓練、建立治療中心，使得美國的精神病學和心理學蓬勃發展。
- 人本心理學的五個基本原則是：

  1. 人，之所以為人，不等於其他部分的總和；

  2. 人，不管是在人類世界或浩瀚宇宙，都有其獨特的存在脈絡；

  3. 人，具有覺察和覺知的能力；

  4. 人，具有選擇的能力，也為選擇負起責任；

  5. 人，是有意向的；會去追求意義、價值和創造性。

- Virginia Axline 運用遊戲的方式，將 Carl Rogers 的人本諮商取向應用於兒童。
- Violet Oaklander 將完形學派應用在兒童與青少年諮商（Oaklander, 1978, 2006）。她的實務工作結合各式各樣的藝術媒材、舞蹈和動作、遊戲、沙盤、天然物等，進入孩子的內在世界。
- Irving Yalom 和 Clark Moustakas 的存在諮商取向都強調探討生命的意義。不管是兒童或成人，生命意義都是重要的人生課題。
- Moustakas 的關係治療看重行動背後的情緒，聚焦在所有人都會碰到的存在需求，如愛與歸屬感。 <!-- 161 -->
- 人本取向的遊戲治療和創造性藝術，重視情緒經驗和自我表達。
- 依據 Yalom 存在治療因子進行的團體諮商，非常適用於兒童與青少年。對青少年的幫助尤為顯著。
- 雖然研究不若指導式諮商般令人信服，但人本—存在兒童與青少年諮商成效研究均指出治療同盟、以兒童／學生為中心、個別諮商、親職教育和學校輔導的重要性。

本章作者簡介

Catherine Tucker（見主編者簡介）。

Sondra Smith-Adcock（見主編者簡介）。

Chapter 7

認知—行為取向

Tina Smith-Bonahue and Kaitlyn Tiplady

世間事無好壞，全看你怎麼想。

——**Shakespeare, Hamlet, Act 2, Scene 2**

（莎士比亞，《哈姆雷特》，第二幕第二場）

引言

　　早在 1960 與 1970 年代的認知行為主義興起之前，即有哲學家、學者、科學家認為我們對周遭世界的感受，受到**想法**的影響遠大於實際發生的事件。心理學家如：Beck（貝克）、Ellis（艾理斯）、Meichenbaum（麥欣保）等，均不再強調精神疾病和過往經驗、基因與診斷名稱，轉而把重點放在個體的認知、情緒與行為上。顧名思義，究其本質，認知行為治療（cognitive behavioral therapies, CBT）可謂將行為與認知取向融為一體，在這樣的基礎上，認知行為治療取向和技術如雨後春筍般出現。儘管認知行為治療的數量、取向和範例令人目不暇給，但它們都有一些共通的基本假設：

1. 個體是對環境和事件的認知表徵（如：知覺）做出反應，而非環境和事件本身。
2. 認知會影響學習。
3. 想法、行為和情緒具有因果關聯。

4. 計畫與評估諮商介入方式時，須將認知（包括基模、訊息處理與認知結構）納入考量。

5. 透過可觀察、可測量的行為處遇方法來瞭解和主動辨識想法和情緒。

6. 為協助個體辨識與糾正認知扭曲、技巧不足和不良行為模式，CBT 的諮商師須擔負的角色有：諮詢者、教育者、診斷者。

（Kendall, 1992）

本章先簡介認知行為主義，再介紹幾位著名的理論學者和諮商取向。接下來，本章將概述各種不同的認知行為取向如何改善兒童的問題，探討特殊的策略與技術，並佐以案例說明。

══════ ‧ 讀完本章之後，你應該能夠 ‧ ══════

‧ 清楚說明認知行為治療的基本原理。

‧ 解釋認知行為治療如何處理各種兒童期的問題與精神病理。

‧ 說明可以增加兒童與青少年認知行為治療效果的特殊技術。

‧ 概述可以增強兒童因應與適應能力的認知行為治療實徵成效研究。

社會歷史脈絡背景

本節首先說明認知行為治療興起的來龍去脈，接著再簡短回顧行為主義學家，如 Skinner（史金納）與 Watson（華生）的理論，以及其後崛起的認知學派治療師的卓越貢獻。最後則闡述將上述兩種取向合而為一的認知行為治療。

認知行為治療的行為面向，奠基於 1900 年代早期，經過認知行為治療的改良後延續到今日。美國的工業化影響了 1900 年代早期幾位重要的行為主義學家。工廠林立、生產線模式變成主流，以及兩次世界大戰，大大增加軍方對改善士兵挑選與訓練方式的需求。

在認知行為治療的認知面向部分，第一次世界大戰期間，歐洲的存在主義
風潮轉向，以及 1960 與 1970 年代美國境內興起的自助心靈成長運動，引發民
眾對心理歷程的興趣，想進一步瞭解其對日常生活的影響。此外，兩次世界大
戰、韓戰與越戰後，美國退伍軍人管理局及其他心理健康服務機構都想找出更
快看到效果的方法，協助從戰場返回的軍人重建生活。

時至今日，認知行為治療取向依然廣受各年齡層個案（包括兒童）的喜
愛。認知行為治療強調認知、知覺與信念。同時，認知行為治療又以行動為導
向，目標是協助個案學會如何去解決問題。認知行為治療實為心理教育方法，
非常重視根據事實資料來做決定，強調看得見的行為改變。認知行為治療常被
視為短期、焦點解決的治療。由於認知行為治療較本書介紹的其他取向更為看
重細微、可見的行為改變，這個學派的理論學者不勝枚舉，從強調行為到認知
的都有。

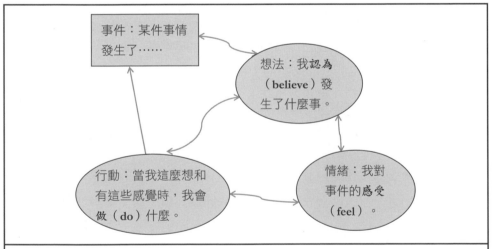

認知—行為關聯表：
1. 說明事件。發生了什麼事？
2. 事件發生當時，你的想法是？試著回憶你的想法，完成下列句子：
　　a. 事件發生當下，我的想法是……
　　b. 事件發生之後，我的想法是……
　　c. 現在，我的想法是……
3. 當你回想起那件事，你的感覺是？
4. 你採取了什麼行動？其他人看到你在做什麼？他們認為你的感覺是？

圖 7.1　認知—行為的關聯

利用引導活動 7.1，檢視日常生活中**想法—感覺—行為**三者的關聯。

引導活動 7.1

想法—感覺—行為的關聯

回想近期的不愉快經驗（如：成績不如預期、被超車等等），完成圖 7.1 的認知—行為關聯表，再找一位同學互相分享你們的「關聯」。我們的反應並非憑空出現，你的反應有可能讓情況變得更好或更糟。你對事件的反應如何導致這種結果？花點時間思考在你的人生不同階段，這些想法—感覺—行為三者的關聯是否有所差異。

理論學者

Watson 與古典制約

John B. Watson（約翰・華生）是行為主義之父，也是心理學理論領域最有影響力的人物之一。1913 年，Watson（1994）以其經典論文〈行為學家眼中的心理學〉（Psychology as The Behaviorist Views It）（譯注：摘要請見 http://psycnet.apa.org/doiLanding?doi＝10.1037%2Fh0074428），挑戰當時的心理學界。他自創**行為主義**（**behaviorism**）一詞，質疑當時的心理學界過度強調內在的、主觀的經驗（Schneider & Morris, 1987）。Watson 明確指出，身為行為主義學家，心理學應該是可測量的、可觀察的客觀科學。他的名言是，若給他一打兒童，提供特定的環境，他可以把任一兒童培育成任一特定專業（藝術家、律師、醫師、小偷等等）（Schneider & Morris, 1987）。由此可看出 Watson 的作法和他的理論一樣激進。Watson 否定認知在行為表現的重要性，他認為所有行

為都可透過環境因素來操控（Watson 1925）。

　　Watson 早年遍覽 Ivan Pavlov（巴夫洛夫）的著作。Pavlov 劃時代的動物實驗研究，深深影響 Watson 的古典制約理論建構（Schneider & Morris, 1987）。古典制約應用行為主義，將兩個刺激配對出現，使其產生連結。例如，偶然因為吃巧克力而肚子痛的兒童，再也不敢吃巧克力了，因為巧克力和噁心反胃的感覺產生連結。Watson 把行為理論應用在人類行為上，他的不朽個案研究——「小艾伯特」（Little Albert），首先發表在 1920 年的《實驗心理學期刊》（*Journal of Experimental Psychology*）。這個實驗如今看來並不合乎研究倫理，但卻能從中看到如何有意地操弄環境，以獲致想要的結果。研究的目的是，將原本沒有表現恐懼行為的兒童，誘發他的恐懼反應，以此證實古典制約能有效改變人類的行為（Watson, Rayner, Jones, & Webb, 2013）。Waston 先讓小艾伯特接觸各式各樣的刺激源，如各種物件或兔子、老鼠及狗等動物，並建立基準線。剛開始，小艾伯特並不怕任何動物（中性刺激）。在實驗階段，把一隻小老鼠放在小艾伯特面前，當他試圖靠近摸小老鼠時，就用巨大的噪音（非制約刺激）嚇他，嚇得小艾伯特哇哇大哭，露出害怕的反應（非制約反應）。經過數次試驗後，小艾伯特不再跟小老鼠玩，只要小老鼠一接近，就露出害怕的反應（制約反應）。實驗完成後，從小艾伯特的身上也看到刺激類化的現象。相似的刺激，如小兔子和小狗，也會讓小艾伯特害怕（Watson et al., 2013）。Watson 的小艾伯特實驗證實行為主義的核心原理——在適當的操控下，環境可以用來引起特定的行為反應。

Skinner 與操作制約

　　和 Watson 一樣，B. F. Skinner（史金納）並不相信人類具有自由意志，也不認為認知對人類的行為有很大的影響（Skinner, 1953）。Skinner 充分闡述 Watson 的行為主義原理，並將其應用到實務上（Schneider & Morris, 1987）。Skinner 不僅創立操作制約與行為分析，也被稱為激進行為主義之父（Modgil & Modgil, 1987）。Skinner 的操作制約理論主張，只要操控增強物出現的時程，即

可塑造行為（Skinner, 1953）。

Skinner 強調用酬賞與懲罰作為增強物，以增加或減少特定行為的出現。Skinner（1953）認為所謂的增強物，就是只要它一出現，目標行為出現的頻率也隨之增加。增強物可以是正增強物（引入另一個變項，如：食物、水、自由活動時間等）或負增強物（移除嫌惡刺激，如：強光或高頻音）（Skinner, 1953）。相反地，懲罰是施加嫌惡刺激（如：掌摑、勞動），或移除個體喜歡的東西（如：食物、電玩等），由此減少行為出現的可能性。注意，懲罰常是自然發生的。例如，小朋友在水池邊跑跳而滑倒，結果摔進水池裡，身體的疼痛是立即性的懲罰，但兒童也可能被制約成在水池邊要用走的。

Skinner 和 Watson 一樣，並沒有直接治療兒童，但他的研究已然對實務工作發揮強大的影響力（Murdock, 2013）。由於操作制約理論的效果和易於應用在諸多情境，故深受教育學者喜愛。

Ellis 與理情行為治療

Albert Ellis（艾理斯）是和 Skinner 與 Rogers 齊名的當代心理學家，但他的治療方法卻和這兩人有天淵之別。當其時，心理分析仍是治療模式的主流。但Ellis 對這樣的治療過程進展太慢嘖有煩言，所以他開始採用問題解決的取向，用理性和系統性的方式挑戰個案的信念（The Albert Ellis Institute, 2014）。

理情行為治療（rational emotive behavior therapy, REBT）就此應運而生。治療師採取催化行動的立場，積極促成個案改變（Ellis, 1995）。理情行為治療是認知行為治療的雛形，結合行為主義的教導模式以及認知理論學者偏愛的挑戰非理性思考。

由於理情行為治療淺顯易懂，相當契合兒童與青少年的需求（Vernon, 2009a）。Ann Vernon（2002, 2009b）發表多篇論文，說明如何將理情行為治療的基本原理略微修正，使之適用於處遇兒童與青少年。例如加入創造性與表達性的活動，讓兒童與青少年更容易理解理情行為治療。

理情行為治療的基本假設是，個體具有生命目標和目的。當個體企圖達到

一個目標時,卻遭遇「觸發事件」(activating event),也就是在追求目標的過程中碰到阻礙(Ellis, 1994, p. 12)。阻礙出現時,個體可用積極或消極的方式回應,導致最終的「後果」(consequence)(Ellis, 1994, p. 12)。這一後果可能引起適應的感受,如失望;或不適應的感受,如焦慮和憂鬱(Ellis, 1994, p. 12)。理情行為治療認為對觸發事件的「信念」(beliefs),才是真正塑造個人經驗結果的關鍵(Ellis, 1994, p. 12)。具備對觸發事件的理性信念,方可避免掉不適應的後果。理性信念意指個體偏好某些結果,但這些信念同時也承認事無絕對(Ellis, 1994)。例如,認定兒童絕對、必須聽話的父母親,比認為兒童應該要聽話,但有時也可以反抗、爭取獨立的父母親,相較起來焦慮多了。信念的絕對程度對觸發事件的結果具有決定性的影響。為挑戰非理性信念,個案與治療師必須加以「駁斥」(dispute)(Ellis, 1994, p. 13)。Ellis 認為駁斥是主要的認知歷程,透過駁斥,個案轉而形成「新而有效的哲學觀、情緒與行為」(Ellis, 1994, p. 14)。根據 Ellis(1994)研究,新而有效的哲學觀符合邏輯、合情合理,可以減輕個案的情緒不穩與神經質症狀。

172

█Beck 與認知治療

Aaron Beck(貝克)是公認的認知治療之父,也是心理治療界最有影響力的人物之一(Beck, 2011)。和 Albert Ellis 一樣,Beck 原是心理分析師,對治療進展緩慢感到失望(Beck, 1993)。幸而這樣的失望,也讓他發展出一套辨明與消除非理性想法的新式治療法。

認知治療要改變個體的資訊處理過程,挑戰其對自我、世界或未來的負面認知(Beck, 1993)。認知治療對認知的假定有三:第一個假定是,個人的想法與信念會影響行為(Beck, 1993)。第二個假定是,不當行為是非理性想法運作的結果(Beck, 1993)。最後,認知治療師主張行為是可以修正的,只要個體願意挑戰他的認知是否有效適當,正視錯誤想法存在的事實(Beck, 1993)。

根據 Beck(1993)所言,多數人都能透過邏輯和理性戰勝負面思考。但患有精神疾病的個體傾向負面思考,從他們對現實的認識,反映出這些不當認知

確實存在。透過發掘這些負面思考模式的內容，認知治療師得以判定個案是否正受焦慮、憂鬱或其他心理疾病之苦（Beck, 1993）。辨明負面思考模式後，治療成功指日可待。基本上，認知治療的目標是減少症狀，教導個案直接挑戰不當思考的合理性（Beck, 1993）。

　　許多實務工作者修正 Beck 的理念，使之適用於兒童與青少年個案。Judith Beck 發展出一系列的訓練教材供諮商師運用。認知治療可處遇各種兒童與青少年常見的問題，如：焦慮、創傷、憂鬱和自閉症（Beck Institute, 2015）。

173　　運用引導活動 7.2，比較認知治療、行為治療，以及認知行為治療的相關概念。哪個學派的理念最能引起你的共鳴？

引導活動 7.2

1. 繪製文氏圖（Venn diagram）（譯注：又名維恩圖，是英國數學家 John Venn 用來說明集合之間關係的圖。利用兩個以上的圓或橢圓表示不同的集合或類別，再將兩個圓互相交集。相交的部分即為兩個集合中的共同元素，不相交的部分則是兩者之間無共同元素），找出 Skinner 與 Watson 兩人理念的異同處。把你畫的圖和同學相互比較，並討論各自服膺 Skinner 與 Watson 理論的諮商師，治療取向會有哪些差異。

2. 用 Beck 和 Ellis 的理論，重複上述活動。

3. 找幾位同學組成小組，以特定恐懼症為例，討論行為治療和認知行為治療的諮商取向有何異同。例如，有個孩子非常怕狗，行為治療的諮商師會如何解釋這個行為？認知行為治療師又會怎麼看呢？

結合認知與行為的認知行為治療

　　從 Watson 在 1900 年代早期的論述，到 1990 年代期間，激進行為主義者和認知與心理分析兩派陣營的爭論僵持不下、難分軒輊（Murdock, 2013）。行為主義一派，如 Watson、Skinner 與 Wolpe 等，都主張行為是由學習而來的，透過系統性的學習環境與經驗，可以改變行為。另一方面，Alfred Adler、Aaron Beck 與 Albert Ellis 等，則主張想法與感覺都是不可或缺的要素，兩者不可偏廢（Murdock, 2013）。

　　此外，1970 和 1980 年代活躍於實務界的 Donald Meichenbaum（麥欣保）（1993），則致力於找出上述兩方的共同點。他以 Albert Bandura（亞伯特・班度拉）的社會學習理論（Bandura, 1969）為治療第一步，率先在諮商中結合認知與行為。1980 年代後期，許多諮商師兼納認知治療與行為治療，形成各式各樣的取向。

　　結合認知與行為的治療形式多不勝數。現實治療（reality therapy）、理情行為治療（REBT）、認知行為治療（CBT）、以創傷為焦點的認知行為治療（trauma-focused CBT）、多元模式治療（multimodal）、接納與承諾治療（acceptance and commitment therapy, ACT），以及辯證行為治療（dialectical behavioral therapy, DBT）等，皆可謂萬法不離其宗（Trull, 2001）。如前所述，不同的認知行為治療取向，對想法、感覺和行為之間的關係看法不一。不過，認知行為治療的流程相當按部就班。不同認知行為治療取向的治療師（如：理情行為治療），用不同的詞彙描述各個治療階段。然而，所有的認知行為治療師通常依循下列階段進行治療：（1）設定目標；（2）發展治療同盟；（3）辨識認知扭曲；（4）駁斥與修正認知扭曲；（5）發展技巧；（6）練習與類化新技巧。詳細的階段說明與應用，請見引導活動 7.3。

引導活動 7.3

認知行為治療的處遇階段

　　設定目標。認知行為治療是目標導向的治療。在諮商關係建立初期，即設定好特定的行為目標。為確認諮商目標，諮商師會與兒童的家長、老師或其他重要他人會面。為釐清相關問題，諮商師也會採用會談和盡可能自然、結構性的觀察、表單和評估技術。診斷資訊（如：患有注意力不足過動症 [ADHD]）也是瞭解兒童適合採取哪個取向的重要訊息。不過，不管病史或診斷名稱都無法左右諮商目標。只有當前的行為、想法和感覺，才是諮商和評估的重點。全面瞭解問題後，諮商師和兒童的照顧者並肩合作，確定可計量的目標。

　　發展治療同盟。眾多諮商文獻肯定治療同盟的重要性（Karver, Handelsman, Fields, & Bickman, 2006）。*治療同盟*（**therapeutic alliance**）意指兒童和治療師之間關係的強度。由於認知行為治療要靠治療師與個案間的密切合作，所以堅定、尊重、信任的同盟特別重要。

　　辨識認知扭曲與缺陷。建立治療同盟、辨識出「問題」、找出兒童的喜好、優勢與興趣後，接下來認知行為治療的重點要放在協助兒童瞭解有哪些認知思考歷程干擾了問題解決。在這個階段的認知行為治療，諮商師要協助個案辨識他們的錯誤思考、幫他們找出錯誤思考與感覺和行為間的關聯。這個階段可說是循循善誘，極富「教育性」（Seligman & Reichenberg, 2014）。

　　治療兒童時，須以發展的角度來看「認知扭曲」。諮商師不僅要考量兒童的認知發展水準，也須另外解讀「認知扭曲」這個構念（Drewes, 2009）。兒童或許有非理性或不當、扭曲的信念，但就發展的角度看來，這卻是正常的。例如，父母離異的兒童常認為雙親離婚是他們的錯（Knell, 2009）。這種自我中心式的思維是正常的發展現象。但如果沒有適時介入的話，此一不正確的信念亦不利於良好的適應發展。另外，以認知行為治

療處遇幼兒時，也須注意他們的後設認知能力不足，難以反思他們的信念，抑或沒有好好地思考過他們的問題。Knell（1998）指出，學齡前兒童可能從未想過他們面臨的問題。因此，與其說是「扭曲」，倒不如說學齡前兒童欠缺理解或反思的心智技能。因此，治療師不是要駁斥他們的非理性信念，而是要協助他們培養能達成健康適應的知識與技巧。

處理認知扭曲或缺陷。辨識出認知扭曲或缺陷後，治療師準備開始協助兒童用新的方式理解世界。在這個階段，治療師通常會挑戰個案的非理性或錯誤信念。依治療師的認知行為治療取向，可運用的特殊技術有：引導式探問、競賽遊戲或活動、家庭作業等。

這個階段的重心是**催化問題解決**。治療師指導個案的程度，因人而異或依其使用的技術而變化。Knell（1998, 2009）提倡更為指導式的取向，主張示範（modeling）可以用來協助兒童發展更具適應性的策略。有數不清的方法可用，如：玩偶、娃娃、藝術、書寫治療等。在這個架構下，治療師確定好策略後，再透過示範教導個案技巧。

發展技巧。示範新的認知或技巧後，確定兒童完全瞭解並能實際運用是很重要的，可以先在安全的諮商室裡應用。這個階段的治療師應該都已經知道兒童較喜歡什麼媒材了（Knell, 2009）。

練習與類化新技巧。除非個案有把新技巧和認知應用到日常生活上，否則改變將只侷限在治療室裡。因此，認知行為治療師幾乎都會指派個案做家庭作業。父母或家人必須敦促兒童完成家庭作業。即便是青少年，也希望家長能監督他們。治療師、個案、家人間的密切合作，在這個階段的重要性不言而喻。

指派家庭作業，給了家庭一個協助兒童或青少年加強及練習新技巧的結構。在合作的精神下，個案及個案的家人應該一同參與設計及指派家庭作業。治療兒童時，每次晤談開始前，治療師可詢問家長和孩子上週的家庭作業是否成功完成。同樣地，每次晤談即將結束前，治療師、父母親和兒童三方共同計畫下一次的家庭作業。

活動：運用認知行為治療的階段

麥克斯，11 歲，喜歡踢足球、打電玩、和朋友聊天。不過，雖然他的人緣很好，但他討厭上學，學業成績有待加強。昨天，麥克斯用筆記本砸數學老師。就行為介入部分，你要教導他憤怒管理技巧、放鬆技巧，並提高他的學業自尊。但在教導他這些技巧之前，你必須先和他建立治療同盟。第一次晤談時，麥克斯拒絕跟你談話，看也不看你一眼。以麥克斯的興趣為出發點，你要如何跟他建立治療同盟呢？

運用案例描述 7.1，檢視如何在青少年個案上結合認知—行為關聯表和家庭作業。

案例描述 7.1

瑞奇

瑞奇，14 歲，九年級，因為霸凌問題而求助諮商師。瑞奇說他在學校沒什麼朋友，班上沒有一個同學願意跟他來往。他描述被班上多數同學無視、欺負的心情，還說他希望趕快畢業、離開學校，這樣就可以離同學遠遠的。

瑞奇非常健談，也很樂意跟諮商師談話。諮商師注意到瑞奇並沒有聊到同齡人通常會有的興趣，而且他似乎有點幼稚不成熟。當諮商師請瑞奇舉例同學「霸凌」他的情況，諮商師這才驚訝地發現瑞奇欠缺社交能力。為瞭解瑞奇對同儕行為的知覺與感受，諮商師和瑞奇一起完成認知—行為關聯表。從表中可以很清楚地看到瑞奇會把許多模稜兩可的說法，誤認為自己成了被揶揄的目標。此外，他也常把同學的玩笑話解釋成他們在取笑他。

諮商師和瑞奇合作，發展治療目標，包括協助瑞奇學習如何應付同學的嘲諷。治療過程初期，諮商師和瑞奇先找出同學常講的玩笑話，討論其中的含義。治療同盟建立後，諮商師溫和地挑戰瑞奇的「想當然耳」——以為同學說的話都是針對他。諮商師請瑞奇想想，同學的話語或許還有哪些別的意思。他

們也一起擬好一套「劇本」，讓瑞奇在他又覺得成為同學嘲笑的目標時可以使用。

於此同時，諮商師也看出瑞奇的自卑，認為自己是「異類」。瑞奇和諮商師約定，同意完成一系列的家庭作業活動。瑞奇要去問他的爸爸媽媽，找出自己的優點、興趣和目標。

適用於幼兒的認知行為治療

不計其數的研究支持認知行為治療用於成人和青少年的效果。但就應用於兒童甚至幼兒來說，實徵研究尚嫌不足。其中最令人疑慮之處，在於認知行為治療過度倚賴語言、後設認知與反思能力，遠超過兒童、特別是幼兒的認知水準。為使認知行為治療發揮效果，使其在幼兒身上亦實際可行，確有必要加以修正，減少艱澀難懂的複雜語句。由於幼兒不善於表達想法和情緒，也不擅長說理論事，因此，得用遊戲的技巧才能產生預期效用。

對兒童來說，許多拿到諮商來談的問題都太複雜和抽象了。運用隱喻（如：假扮遊戲）可以讓這些抽象的概念更為真實。任何認知行為治療的技術和模式，依主述問題、個案的發展水準、兒童或青少年的興趣，都可微調修正，協助他們瞭解這些抽象的問題。後文（參見第 186 頁）將簡短說明如何運用競賽遊戲、說故事、戲劇與玩偶遊戲，以及超級英雄遊戲等，教導兒童隱喻和練習認知行為的技巧。每個技巧雖與真實世界不盡雷同，仍有助於兒童瞭解錯綜複雜的理論概念，願意跨出一步試行新觀念，不用擔心得承受可怕的社交後果。

177

整合式認知行為遊戲治療

Drewes 結合傳統的遊戲治療與認知行為治療，再加添其他技術，發展出一套折衷的工作架構，稱為整合式遊戲治療（integrative play therapy）（Drewes, 2009）。確切地說，Drewes 希望實務工作者運用大量實徵研究支持的認知行為治療技術（Drewes, 2009）。如 Knell（1995）融合多項認知行為治療取向技術，調整為適用於兒童的認知行為遊戲治療（cognitive behavioral play therapy, CBPT）。Knell 提倡以遊戲為媒介達成認知行為治療的目標，因為認知行為遊戲治療不以口語為主，而是透過間接引導與示範達成認知改變。認知行為遊戲治療雖採行類化和家庭作業等認知行為治療的特色作法，不過也會調整修改，將父母親和重要照顧者納入治療計畫。

將認知行為遊戲治療和其他取向（如：兒童導向遊戲治療 [child-directed play therapy]）相比，認知行為遊戲治療顯得更為指導性和結構性。兩者的諮商目標皆以建立諮商關係開始，諮商療程的安排也以朝向目標前進。和其他遊戲治療不同的地方在於，認知行為遊戲治療認為遊戲具有教育意義。治療師判斷哪些技術最有助於教導新想法和新行為，據此挑選遊戲活動。認知行為遊戲治療和遊戲治療同樣主張遊戲是與兒童溝通交流、共鳴互為理解的主要方式（Foulkrod & Davenport, 2010）。不過，認知行為遊戲治療師會補充口語說明和指示，教導兒童因應技巧，協助兒童重新理解想法、感覺和行為的關聯（Drewes, 2009）。

認知行為遊戲治療師的角色多元有彈性。總的來說，治療師像教師一樣，清楚明確地教導兒童認知策略與因應技巧。認知行為遊戲治療師的指導程度，依兒童的年齡、發展水準、主述問題，以及治療師的偏好與風格而異。

認知行為遊戲治療和傳統的成人認知行為治療互有異同。認知行為遊戲治療不強求兒童說話，而以體驗學習為主。由於遊戲的性質，認知行為遊戲治療也傾向以較為間接的方式教導新技巧和思考歷程（Knell, 1995）。此外，也會降低家庭作業的比重（Pearson, Russ, & Spannagel, 2008）。引導活動 7.4 探討了家

庭作業在兒童與青少年諮商中的應用。

引導活動 7.4

家庭作業

Albert Ellis 曾講過一則經典笑話，說明家庭作業的角色與重要性：「您是如何登上紐約卡內基音樂廳的？練習、練習、再練習。」改變信念和行為不是件簡單的事，除了努力練習之外別無他法。認知行為治療是教育取向，也難怪認知行為治療師會指派家庭作業，協助個案學習與類化新技能。認知行為治療的家庭作業不是學校功課。在工作坊中，Ellis 形容家庭作業是一種廣義的創造性活動，為符合個案的治療特定需要而量身設計。

和幾位班上同學組成小組，考量下列個案的轉介問題與發展水準，討論該如何為他們設計別具一格的家庭作業：

· 有社交焦慮的 14 歲青少年
· 有怒氣控制問題的 9 歲兒童
· 社交技巧不足的 5 歲幼兒

以創傷為焦點的認知行為治療

以創傷為焦點的認知行為治療（Trauma-focused CBT, TF-CBT）是一個相當短期的治療（約 12 到 18 個療程），協助兒童、青少年、非施虐方的父／母親或照顧者降低創傷事件的情緒衝擊（Cohen, Mannarino, & Deblinger, 2006）。研究指出，以創傷為焦點的認知行為治療能有效減輕焦慮、睡眠困擾、憂鬱心情、煩躁、怒氣等症狀，以及創傷事件後所引發的各種問題（Child Welfare Information Gateway, 2012）。

欲對個案使用以創傷為焦點的認知行為治療法前，諮商師應先接受額外的訓練。南卡羅萊納醫科大學（The Medical University of South Carolina）提供免費的線上入門訓練，詳情請上 https://www.musc.edu/tfcbt。基本上，以創傷為焦點的認知行為治療的治療計畫範式，可用英文首字母縮寫為 PRACTICE。

P（Psychoeducation and parent training）：心理教育與親職訓練

R（Relaxation training）：放鬆訓練

A（Affective expression and regulation）：情感表達與情緒調節

C（Cognitive coping and processing）：認知因應與處理

T（Trauma narrative and processing）：創傷敘說與處理

I（In vivo experiencing）：現場體驗

C（Conjoint parent and child sessions）：親子聯合會談

E（Enhancing personal safety and growth）：提升個人安全感與成長

　　在這個基本的 PRACTICE 模式下，諮商師可依個案的發展與文化需求加以調整修正。例如，對一位 4 歲的兒童進行**創傷敘說與處理（T）**，即可修改成沙盤遊戲或手指繪圖的形式；對 17 歲的青少年，則以晤談為主，輔以書寫或角色扮演技術。

青少年辯證行為治療

　　Marsha Linehan（林涵）以自身經驗出發，創立辯證行為治療（dialectical behavior therapy, DBT），用以治療邊緣性人格違常疾患。辯證行為治療結構完善，涵蓋多種特別的因應技巧，專門設計用來處遇邊緣性人格違常和慢性自殺意念。1993 年，Linehan 治療成人個案的辯證行為治療書籍首度出版問世。自此之後，辯證行為治療經過不斷改良，應用於青少年等其他族群（Rathus & Miller, 2014）。將辯證行為治療加以修正，使之適用於青少年，稱為青少年辯

證行為治療（DBT-A）。

　　辯證行為治療結合認知行為治療改造非理性想法的基本理念，再加上正念訓練以及其他實用的特殊技巧，協助個案學習做到情緒調節（emotional regulation）、痛苦耐受（distress tolerance），以及人際效能（interpersonal effectiveness）（Rathus & Miller, 2014）。辯證行為治療的療程模式豐富多元，包括團體、家族和個別治療。亦可用電話教練（phone call coaching）的方式作為治療結束後的追蹤療程，鼓勵個案將新學到的行為和認知策略持續下去（Linehan, 1993）。

　　近期許多研究指出，辯證行為治療能有效處理青少年和成人邊緣性人格違常相似的各種問題，例如：Trupin、Stewart、Beach 與 Boesky（2002）用辯證行為治療處遇入獄服刑的青少女；James、Taylor、Winmill 與 Adofari（2008）的研究發現，辯證行為治療能有效協助有自傷行為的青少女。辯證行為治療似乎也能協助青少年因應困擾的情緒、減輕自殺意念與行動、提升人際關係技巧。不過，青少年辯證行為治療的效果能否擴及性別、種族等其他文化變項，有待更多研究進一步證實。想學習青少年辯證行為治療的諮商師，除了閱讀 Rathus 與 Miller（2014）的著作之外，應多參加正式訓練。Linehan 博士的網址為 https://dbt-lbc.org，該網站有線上及現場訓練的資訊。運用辯證行為治療改善青少年情緒調節技巧的範例，請見引導活動 7.5。

180

引導活動 7.5

青少年辯證行為治療的情緒調節技巧

　　為減少負向情緒的影響，可教導青少年以下面的技巧來因應。用首字母縮略詞來記的話，簡稱為 ABC PLEASE。

・A—累積正向情緒（Accumulate positive emotions）：將正向經驗銘記在心。

- B—培養精熟能力（Build mastery）：多做可以增加成就感的活動。
- C— 提前因應易引發情緒的場合（Cope ahead of time with emotional situations）：事先思考合宜的反應。
- 治療生理疾病（treat PhysicaL illness）：生病會降低對負向情緒的抵抗力。
- 均衡飲食（balance Eating）：吃有益於健康的食物。
- 避免使用轉換情緒的藥物（Avoid mood altering drugs）。
- 均衡睡眠（balance Sleep）：適量適當的睡眠。
- 運動（Exercise）：持續的有氧運動能有效對抗憂鬱。

兒童與青少年的認知行為治療創造性技術

競賽遊戲

在認知行為治療的脈絡下，競賽遊戲（games）可說是豐富的教學工具，對學齡兒童而言更是如此。在認知行為治療中運用競賽遊戲，有助於兒童發展及練習認知技巧。治療師可以用競賽遊戲的結構式任務，鼓勵兒童確實地評估情境，並在安全的狀態下瞭解他們的選擇可能會產生的後果。

許多競賽遊戲含有冒險與做決定的特色。想要在遊戲中獲勝，兒童必須全神貫注、計畫周詳。這麼一來，遊戲或許就像虛擬現實，給孩子機會練習新技巧與新的思考方式，免受現實生活發生後果之苦。Swanson 與 Casarjian（2001）就主張，遊戲可以協助兒童練習社交技巧，尤其是自我控制與規則管理。

許多類型的競賽遊戲皆能依治療師的需要稍做調整。琳琅滿目的治療性遊戲市面上一應俱全，涵蓋的主題包羅萬象，如：憤怒管理、社交技巧、自我控制、情緒調節等等。不過，諮商師亦可改良傳統的桌遊，以滿足個案的特定需

求,既省錢又有效率。此外,諮商師還可自創一些規則,協助個案發展技巧。例如,如果兒童很喜歡玩「糖果樂園」(Candy Land),治療師可以在這個遊戲中增加一條規則,要求每次落在黃色區塊的玩家,必須回答卡片上關於感覺的問題;落在藍色區塊的玩家,必須回答卡片上關於想法的問題。對幼兒或較主動的兒童,類似的變更都可用在這種移動式遊戲上,如:跳房子(hopscotch)或傳接(catch)遊戲。運用引導活動 7.6,腦力激盪還有哪些受歡迎的競賽遊戲可以用在兒童與青少年諮商中。

引導活動 7.6

可在諮商中運用的競賽遊戲

找一位伙伴,討論如何將下列桌遊套入認知行為治療,以及如何運用在兒童諮商上:疊疊樂(Jenga)、梯盤棋(Chutes and Ladders)、美國十字戲(Trouble)。其他還有什麼競賽遊戲是你會使用的?

▌說故事

故事可以引進新觀念,透過隱喻幫兒童與青少年用新的眼光看世界。Freidberg 與 Wilt(2010)指出,故事中的隱喻有助於兒童將複雜的心理世界轉為身歷其境的現實。治療師可依主述問題自編故事,或使用兒童熟知的故事。此外,故事和隱喻的抽象程度要依兒童的發展水準和問題性質而定。故事的隱喻可以協助兒童瞭解更為抽象的問題。例如,海盜躲避鯊魚和避開危險海岸的故事,就可以用來幫助兒童瞭解午餐時間的社交焦慮情境,以及與他人互動時的注意事項。治療師可以用故事協助兒童辨識與重新界定兒童眼中的危險世界。理解和重新界定問題後,治療師可轉而用更具體、真實的故事,教導兒童練習情境對話技巧。

戲劇與玩偶遊戲

研究者兼理論學者 Bandura（1969）與 Meichenbaum（1971）特別強調社會學習的力量——亦即，若能先讓兒童和青少年看見同儕或其他楷模的表現，他們就比較願意師法那些行為。行為越具體、越與兒童的現實相稱，兒童越有可能去仿效好的行為（Freidberg & Wilt, 2010）。戲劇性遊戲提供符合發展水準又有趣的情境，讓兒童經由社會模仿，應用新的想法和行為。

Knell（1995, 2009）說明如何運用玩偶、填充玩具或娃娃來示範社交情境的合宜反應。治療師在這些角色扮演中擔任主動參與者。依諮商階段，諮商師亦可肩負楷模一角，示範適切的反應。甚或反串對手，嘗試帶出和往常不同但更為適當的反應。

其他形式的戲劇性遊戲也有助於發展與培養兒童的社交技巧（Lillard et al., 2013）。不管是兒童個別諮商或團體諮商，治療師可以安排一齣小型劇，類比兒童在真實生活情境中須面臨的挑戰。

思考下面潔思敏的案例。她的諮商師用玩具來幫助她適應新轉入的學校和新老師。

案例描述 7.2

潔思敏

5 歲，就讀幼稚園。由於「在校適應不良」，被老師轉介給諮商師。

評估

教師會談：與潔思敏晤談前，諮商師想先瞭解老師口中的「在校適應不良」是什麼意思。諮商師先與老師會談，除了釐清潔思敏的轉介問題外，也想跟老師建立合作關係。會談後諮商師得知，老師認為潔思敏是個可愛的孩子，但非常害羞怕生，會與同學保持距離。老師還說潔思敏膽小畏縮，不參與班級活動。老師擔心潔思敏的被動怯懦，恐會影響她的學業表現。

　　家長會談：諮商師利用閱讀指導和午餐時間與潔思敏的媽媽會談。根據媽媽所言，潔思敏的發展正常，但因為是獨生女，所以直到上幼稚園前，潔思敏一直跟媽媽待在家裡。媽媽說從觀察她和朋友玩耍及踢足球，看得出潔思敏會跟一般同齡孩子互動。聽到老師說潔思敏很被動怯懦，她很驚訝。媽媽說潔思敏雖然靦腆害羞，但絕非退縮自閉。多數大人都認為她滿好親近的。

　　觀察心得：諮商師利用閱讀指導和午餐時間觀察潔思敏。上閱讀課時，潔思敏看似落單，也不看老師和其他小朋友。即使老師鼓勵小朋友找伴共讀，潔思敏也只是低頭看自己的書。諮商師也注意到老師的聲音宏亮、精力充沛。老師常告誡學生如果不遵守班規，就會被罰不准下課休息。

　　不過，在午餐時間，諮商師卻看到相當不同的行為。潔思敏坐在兩位女孩中間，三人說說笑笑，互相分享食物。

183

　　與潔思敏第一次晤談：第一次談話時，諮商師立刻留意到潔思敏似乎內向害羞，不敢看著諮商師或說話。為建立諮商關係與治療同盟，諮商師讓潔思敏挑選一項遊戲，兩個人一起玩。潔思敏選了糖果樂園。玩遊戲的時候，潔思敏開始放鬆，回答諮商師的問題，例如：喜歡吃的食物、喜歡的顏色、喜歡的活動等。諮商師的結論是，潔思敏的社交技巧大致正常，就天生氣質來說，可以歸類為「慢熟型」。

　　與潔思敏第二次晤談：為瞭解潔思敏對學校的看法，但又不想強迫她談自己的想法與感覺，諮商師帶來費雪牌（Fisher-Price）的玩具，有學校、小桌子、兒童人物、老師人物等。諮商師鼓勵潔思敏玩這些物件，觀察到潔思敏的偏好活動是把兒童人物帶出教室到戶外遊樂場玩。潔思敏避免跟成人人物靠近，而是跟兒童人物玩在一起。諮商師鼓勵潔思敏讓老師人物加入玩樂，例如說：「不知道老師現在會怎麼做呢？」慢慢地，潔思敏開始讓老師人物說話。潔思敏的老師人物音量高亢、隱含怒氣，其他的兒童人物則躲得遠遠的。

　　與潔思敏第三次晤談：這一週，諮商師帶來許多藝術媒材，邀請潔思敏畫一張「小朋友在學校」的圖。潔思敏很樂意，畫了兩個人。其中一個人物很大，應該是老師，另一個人物很小，應該是學生。諮商師問她這張圖裡兩個人物的感覺，潔思敏說其中一個較小的學生人物「很害怕」，而老師人物則是「很

兒」。

　　形成假設與設定目標：諮商師的假設是，潔思敏認為老師的大嗓門像是在對她生氣大吼。諮商師規劃一系列的活動，挑戰潔思敏的假定想像。同時，諮商師也和潔思敏的媽媽合作，指派一些家庭作業，讓潔思敏學會區別大嗓門不等於生氣。媽媽配合諮商師提出的策略，幫忙強化諮商師和潔思敏的關係，如：可以談談潔思敏的興趣和家庭生活。

　　初學新技巧時，兒童和青少年尤其需要更具體的劇本來幫他們鞏固學習。當他們越來越嫻熟，再把劇本的台詞設計成開放式語句，鼓勵他們即興演出完成故事。也可以請兒童扮演多重角色，如老師或父母，治療師另外扮演兒童本人。這樣的演出鼓勵兒童換位思考，同時也練習不同社交場合的應變能力。除此之外，諮商師也可購買認知行為治療學派的指導手冊。其中最負盛名的兩種介入方案，當屬引導活動 7.7 介紹的因應貓方案（Coping Cat，針對有焦慮症狀的兒童與青少年）與賓州大學青少年復原力方案（The Penn Resiliency Program，專為減輕青少年的憂鬱症狀）。

引導活動 7.7

治療內因性問題的手冊化方案

焦慮症

　　治療焦慮最廣為使用的範式，當屬「因應貓」了（Kendall & Hedtke, 2006）。因應貓（Coping Cat）是專為 6 到 17 歲兒童設計的十六次諮商療程方案，可處遇的問題包括：廣泛性焦慮、社交焦慮、分離焦慮等。這套手冊化的方案依據認知行為治療的原則編製，教導兒童認識焦慮、減輕焦慮，以及鞏固好的行為。簡單的詞彙、圖畫和易懂的範例說明，傳達具

體明確的概念。除了指導手冊之外,另有作業練習本(workbook),提供額外的練習、圖解和家庭作業。

Kendall 與 Hedtke(2006)說因應貓是一套「處遇手冊」(treatment manual),治療師可依臨床判斷和個案需求加以個別化調整(p. v)。因應貓的作者強調,應當配合兒童的發展水準和家庭的文化背景需求,予以彈性變化。實驗處理忠實度研究也提出該如何修正因應貓方案,以符合個案的特殊需求,同時又能保有方案的效力和完整性。確切地說,除了焦慮之外,研究亦支持該方案適用於與焦慮相關的共病症、社交技巧不足,與其他常見的問題,如:注意力不足過動症和憂鬱症(如:Beidas, Benjamin, Puelo, Edmunds, & Kendall, 2010)。

因應貓的設計可簡單歸納為 FEAR 這四個首字母縮略詞,方便兒童記住他們會害怕是由於「受到驚嚇」(Feeling frightened)和「預期會發生壞事」(Expecting bad things to happen)(Kendall & Hedtke, 2006, p.iii)。首字母縮略詞也提醒兒童「有幫助的想法和行動」(Attitudes and Actions that can help)能帶來的「結果與獎勵」(Results and Rewards)(Kendall & Hedtke, 2006, p.iii)。前八次的療程,諮商師會依兒童的發展程度,介紹認知行為治療的策略。例如,教導兒童因應策略、放鬆訓練、自我對話、角色扮演和心像練習活動、給予獎勵等(Kendall & Hedtke, 2006, p.ii)。接下來八次的療程,兒童要實際演練學到的技巧。家長要參與第四到第九次的療程,好讓兒童的改變能持續下去。療程接近尾聲時,要把兒童的學習錄成影片,摘要他們所學到的減輕焦慮的方法(Kendall & Hedtke, 2006)。

憂鬱症

賓州大學青少年復原力方案(The Penn Resiliency Program for Adolescents, PRP-A; Gillham, Brunwasser, & Freres, 2008)著重於處理

不良思考模式。該方案致力於減輕青少年的憂鬱症狀，內容包括兩大部分。介入的第一階段，青少年要學習瞭解想法、感覺和行為三者之間的關係，鼓勵青少年改變個人不良的思考型態，特別是會引發無望感和悲觀的信念。介入的第二階段，重點轉移到學習新技巧。個案要學習特別的問題解決策略和社交技巧。這個階段亦可教導父母親如何強化青少年的技巧學習，並將學習應用到日常生活中（Gillham, Hamilton, Freres, Patton, & Gallop, 2006）。

成效研究

　　認知行為取向是當今研究最為完整豐富的療法之一，已累積超過 325 篇的成效研究和超過 270 篇統合分析研究（Butler, Chapman, Foreman, Beck, 2006, p. 17; Hofmann, Asnaani, Vonk, Sawyer, & Fang, 2012）。諸多實徵研究肯定認知行為治療的效果，能處遇和預防各類型個案碰到的問題（Allen, 2011; Forman & Barakat, 2011），如：焦慮症（Cohen, Edmunds, Brodman, Benjamin & Kendall, 2013; Crawley et al., 2013）、憂鬱症（Gillham et al., 2012）、學業問題（Schmitz & Perels, 2011）、注意力不足過動症（Levine & Anshel, 2011），以及外顯行為問題（Powell et al., 2011）。

　　2006 年，一項認知行為取向的統合研究分析十六種心理疾病。結果發現認知行為治療對憂鬱症、廣泛性焦慮症、恐慌症、社交焦懼症、創傷後壓力疾患、兒童期憂慮與焦慮症等疾患的正向改變效果有目共睹（Butler, Chapman, Forman, Beck, 2006, p. 17）。另外，婚姻壓力、憤怒、兒童期身心症、慢性疼痛等的治療效果雖不若預期顯著，但仍可圈可點（Butler et al., 2006, p. 17）。另一項統合研究分析超過一百篇的論文，結果顯示對苦於焦慮症、身心症、心因性暴食症、憤怒控制問題及壓力過大的患者來說，認知行為治療確能產生正向的

改變（Hofmann et al., 2012）。

結語

　　認知行為治療近年來備受矚目，獲得實徵研究支持，能有效處遇眾多心理社會問題。不過，要將認知行為治療應用在兒童上，則須給予較多的口語指導，用淺顯易懂的方式重新說明複雜、抽象的概念。競賽遊戲的方式有助於兒童理解認知行為治療。

諮商的基本原則

- 認知行為治療結合行為理論與認知理論，發源於 1900 年代早期。
- 認知行為治療兼採行為主義與認知理論，涵蓋各式各樣的療法與技術。
- 認知行為取向原本用於治療成人，但經過修正以契合兒童與青少年的需求　186
後，適用於處理眾多問題狀況與文化背景。
- 認知行為治療的研究基礎龐大厚實、與時俱進。許多取向皆可應用在兒童與青少年身上，並獲得研究證實有效。
- 認知行為治療師應該慎重小心，千萬不可假設任何認知行為技術或介入方案一體適用或信效度無庸置疑。有些方案和技術僅適用於特定族群或問題，相關研究也未盡完善。

本章作者簡介

Tina Smith-Bonahue，佛羅里達大學特殊教育、學校心理學、幼兒研究、諮商教育學位學程副教授。她的研究與教學興趣是：教師信念對幼兒行為的影響、特殊挑戰行為的多元化介入策略、關係攻擊。

Kaitlyn Tiplady，維吉尼亞理工學院暨州立大學心理學與人類發展雙碩士，目前為佛羅里達大學博士生，專長是學校心理學與幼兒發展。她長期擔任兒童啟蒙方案教師，目前任教於佛羅里達大學學前融合教育學位學程。

Chapter

家庭與組織系統取向

Ellen Amatea and Dayna Watson

我深信，兒童的家庭就是兒童最好的藥方。

——Stern（史登）（2002, p. 10）

引言

　　許多心理健康專業人員對家庭是否能全面影響兒童的發展和適應一事爭論不休。服務兒童與青少年的諮商師，有的從病理的角度看兒童（如：兒童本身有問題），有的視兒童為冷漠、失功能教養，甚至是被家庭剝削下的受害者。相反地，家庭系統取向的諮商師認為家人是協助諮商師和其他家庭成員瞭解兒童或青少年的困擾，並為困擾找出解決之道的關鍵。在家庭系統取向裡，家庭成員的投入參與，是治療過程中不可或缺的要素。

　　自 1980 年代起，以家庭為單位解決兒童與青少年困擾的取向，益發受到各類心理健康專業人員的青睞。對家庭的重視，成為心理健康專業的一股風潮，促使心理健康專業人員重新思考應將社群團體納入臨床工作。不僅要看到家庭如何影響兒童，也須考量社區情境，如學校和社會機構對兒童與青少年的影響。

========= ·讀完本章之後，你應該能夠· =========

- · 說明系統理論如何解釋家庭成員對彼此的影響。
- · 說明系統理論如何解釋家庭成員和社會機構的相互影響。
- · 解釋與舉例說明家庭諮商運用於學校和臨床的特殊技巧。
- · 摘述評估家庭系統取向的成效研究。

　　本章首先說明家庭系統諮商的定義，討論該取向的重要理論原理。接著解說家庭系統取向諮商師在學校和臨床上使用的特殊技巧。最後一節則摘述評估家庭系統取向的成效研究。

家庭系統諮商的定義

　　家庭系統諮商（亦即家族治療）的定義是：「治療的重點在於改變家庭成員間的互動方式，改善家庭整體、次系統或個別家庭成員的功能。」（Gladding, 2011, p. 125）。有別於僅聚焦在協助父母親學習該怎麼有效管理孩子的諮商取向，家庭系統諮商取向的做法是：「（1）同時會見兒童與其他家庭成員；（2）重視父母親（和其他家庭成員）的需求，也同樣看重兒童的需求；（3）思考家庭的互動方式與思考模式（如：家庭歷程）如何觸發兒童的問題行為；（4）治療焦點不僅放在一開始被認定為有問題的兒童上，也會協助所有家庭成員解決問題。」（Northey, Wells, Silverman, & Bailey, 2002, p.91）除了緩解主述問題外，家庭系統諮商師的目標通常包含：教導親職技巧、解決家庭問題、調整負向的家庭互動方式、增進家庭的凝聚力、相互支持與親密感、重建家庭關係。近年來，許多諮商師也會協助家庭更有效地和學校或心理健康機構互動（Madsen, 2012）。

理論學者

　　雖然大家都知道家庭對兒童情緒健康的影響很大,但多數心理健康專業人員的訓練卻都不是放在以系統化的方式評估家庭和處遇家庭。家庭系統理論提供另類觀點來瞭解人類行為,進行評估與介入家庭。家庭系統理論的優點有:(1)提出更為綜合、不非難的觀點,來理解家庭碰到的困境;(2)提出瞭解家庭成員和系統(如:學校或社福機構)間複雜動力情形的方法;(3)提供改善兒童、家庭和系統的有用方法。本節將說明家庭系統諮商師評估以及與家庭工作的七個基本前提。以下擷取自數名傑出家庭系統理論學者的觀點(Bowen, 1978; Haley, 1976; Minuchin, 1974; White & Epston, 1990)。

1. 行為並非發自個體內在,而是從個體與他人的互動中所產生

　　隨著年歲增長,個體與他人互動的方式逐漸重複定型,發展出一套互動的模式,但也侷限了發展出其他替代互動方式的可能性。這些互動模式可說是一連串的相互邀請。個體的行動誘發他人的特定反應,這些反應又帶出相對的反應。因此,與其說個體之間互不相干、各自獨立、A 引發 B,倒不如說從系統的觀點來看,因果關係環環相扣(亦即,A 和 B 相互影響)。互動模式就是家庭系統理論的處遇重心。家庭創造和維持許多互動模式,如:用餐儀式、應付難過或管理憤怒情緒或衝突的方式、處理祕密和隱私的方式,以及因應外在系統(如:學校)的方式等。抱持系統觀的諮商師相信,只從兒童或青少年內在去找尋問題行為的單一或連鎖原因,不能說是真正瞭解兒童的行為。相反地,家庭系統取向的諮商師「把鏡頭拉遠」(zooms-out),看待任何問題行為的原因,都僅是涉入其中者的行動與反應循環模式當中的一部分。互動循環裡的任一事件,既是後來事件的因,也是先前事件的果,端看我們選擇在哪裡下「標點符號」,打斷並且改變這個循環。

2. **系統裡的成員互為依存，互為連結，因此任一成員的改變，也會牽動影響其他家庭成員**

　　家庭是交互影響的**系統**（system）。簡單來說，系統的定義是：「許多要素集合成一整體，不斷地相互影響，並朝著某些共同的目標前進。」（Minuchin, Nichols, & Lee, 2007, p.4）例如，孩子遭遇嚴重的困境，他的問題成了整個家庭的壓力源。從案例描述 8.1 可見一斑。

案例描述 8.1

看見問題行為的「連鎖效應」

　　提姆，9 歲，導師擔心他無法集中注意力學習，因此將他轉介諮商。心理師評估提姆患有注意力不足過動症（ADHD）。提姆的症狀頻仍不休，連帶家人都受到影響。提姆的爸媽知道他需要高度結構化的學習環境，因此由媽媽擔負起監督他完成家庭作業的任務。不過，媽媽本身也是粗枝大葉的個性。爸爸常怪媽媽「怠忽職守」，媽媽也覺得自己沒把提姆教好。爸爸又說媽媽太隨性了，應該要更細心嚴謹。提姆覺得爸媽根本不瞭解他也不支持他，好像他是個壞孩子。儘管這一家人都很努力，弄到後來卻個個怒火中燒、挫折連連，家中氣氛低迷，誤會很深。父母和孩子的信心直線下滑，嚴重的症狀一一浮現，連媽媽都出現憂鬱徵兆，提姆更加躁動不安。親子和夫妻之間的惡性循環加重父母親的罪惡感與挫敗感，反過來又讓孩子對家庭失去信心，攻擊行為越演越烈。因此，家庭治療師不會只看到行為影響了其中一個人，而是看到問題行為的「連鎖效應」──家人之間相互影響，沒有人可以置身事外。

3. **家庭信念系統深深影響家庭成員的行為與互動**

　　如果互動模式象徵行為序列，那麼家庭信念系統就是家庭共同抱持的假設及家庭的對外關係。這些外顯或隱性的信念，規範家庭成員該怎麼相互對待及因應外在世界。David Reiss 與研究同仁（1981）、Larry Constantine（1999）等

學者發展出一套模式，說明家庭自有其看待外在社會環境的看法：危險或安全、可預測或不可預測、可控制或不可控制等。這些信念在親子關係上特別顯著。關於家庭的內在動力——「我們是哪種家庭」——家家也有一組信念系統。例如，有些家庭強烈主張孩子應該要以學業成就為目標。研究家庭如何回應重大危機處理的 Walsh（2003）指出，擁有強烈目標感與個人控制感的家庭，更能夠去面對並從嚴重的危機中「彈升」。家庭系統諮商師會留意家庭成員訴說孩子的問題或家庭困境時，所隱含的家庭核心信念（和共識程度）。協助家庭形成共識或觀念一致，凝聚家庭向心力，才能帶出正向改變。

4. 健康的家庭建立在清楚的家庭組織與界線之上——家庭與各個次系統的成員和責任歸屬分明

　　Minuchin（1974）曾說家庭由配偶次系統、父母次系統、手足次系統等三個次系統組成。根據 Minuchin 的主張，家庭的組織應有適當、清楚的界線。例如，父母次系統是指親子之間具有明確的上下權力位階界線，但又不至於僵化到有礙親子建立溫暖又親密的關係。家庭成員之間的界線也須受到尊重。健康的家庭能清楚地賦予各個家庭成員責任歸屬，以及家人之間該如何相互滋養與維繫關係。Pauline Boss（2006）用**界線模糊（boundary ambiguity）**一詞形容家庭成員不確定誰才能算是家人、或怎樣才能融入家庭的情形。例如，父母離異後的家庭，孩子仍覺得爸爸是家庭的一分子，但媽媽則認為這已經是一個單親家庭了。又如再婚家庭裡，常有繼父不清楚究竟該當繼子女的父親或者朋友的情形。若是當父親，那麼親生父親又該處於何種位置呢？研究家庭的學者如 Boss（2006）證實，若家人不清楚家庭的界線，勢必累積成可觀的壓力。這些壓力特別容易造成兒童和青少年的問題。

5. 健康的家庭能透過互動，平衡各個成員情感連結與個體化的需求

　　為兼顧一體感與個人的自主性，家庭必須持續平衡各個成員的需求。家庭是否為家人的避風港，能夠有效地溝通與滿足彼此的需求？過於黏結的家庭——無論是整個家庭或細分的次系統——會讓孩子過度黏著家庭不放，無法

放心離家。相反地，家庭過於疏離的孩子社會化不足，難以信任他人。Minuchin（1974）用**糾結**（enmeshment）一詞形容家庭過度干涉、情感連結太緊密、欠缺個人自主性，另以**疏離**（disengagement）一詞形容家庭放任不管事、情感連結薄弱、家人漠不關心。例如，和孩子過於黏結的父母，非常擔心孩子在新學校被人排擠，堅決要求老師一定要糾正其他學生的行為；或是相反地，疏離的父母會告訴學校，孩子的功課問題不關他們的事，而不願意督促孩子的課業或鼓勵孩子。

6. 健康的家庭靈活有彈性，能夠順應內在與外在的要求而改變

家庭系統理論的關鍵原則為：健康的家庭是一個彈性的系統——為了回應來自家庭內部或外在世界的要求，可以改變規則、互動模式、信念與角色（Walsh, 2012）。例如，隨著孩子的成長發展，父母親願意調整家庭的互動模式。適合學步兒的監督方式，不見得適合青少年。面臨生病、意外或離異等家庭危機時，有些家庭會重新調整規則和例行事項，有些家庭卻卡住了，無法發揮功能。例如，離婚後的母親重返職場，一肩擔起照顧四個孩子的責任，就算輪晚班無法監督孩子放學後的生活，依然堅持不假他手。另外一位相同境遇的母親，則和孩子討論家庭面臨到的情況，分派適當的任務給年紀較大的孩子，負責看管其他孩子放學後的作息及煮晚餐。因此，壓力事件和變化不一定會讓家庭失去功能。家庭的彈性或復原力，左右該事件將導往正向、中性或負向的結果，或是否會惡化成問題行為。

197 7. 家庭對兒童問題的信念與因應方式，既影響與之互動的外部系統，也受到外部系統的影響

家庭理論學家 Brofenbrenner（1979）強調，家庭外部的專業人員，總帶著特定的信念和方式來與家庭互動，影響著家庭成員如何看待他們自己和他人。例如，如果諮商師認為母親「愛生氣且控制欲強」，諮商師或許會想保護孩子，而以一種冷淡和批判的態度面對母親。結果導致母親覺得被指責而心生不滿，咄咄逼人地與諮商師針鋒相對。家庭系統諮商的假設是，諮商師和機構的

人員在互動的過程中，對兒童或家庭的想法，會影響他們對家庭的反應，同樣地也會影響家庭對他們的反應（Madsen, 2012）。兒童行為的引發與持續，同時受到家庭內外的人際互動影響。因此，諮商師應該思考他個人的信念和看法如何受到該家庭的影響，以及家庭成員的信念如何影響著諮商師與該家庭工作的經驗與諮商歷程。如此一來，為瞭解兒童或青少年的困境及形成有效的介入策略，學校或臨床場域的諮商師必須檢視兒童問題的所有脈絡和面向，再開始與家庭工作，接著將家庭之外的重要關係，如老師、同儕等納入考量，接下來也要進一步檢視其他系統和文化的影響。案例描述 8.2 鮮活地呈現諮商師在評估兒童在校的問題行為時，也設想其他系統對家庭的影響。

案例描述 8.2

檢視家庭跟學校的互動

巴比是個活潑的 9 歲小男孩，就讀三年級，被老師轉介給學校諮商師。老師很擔心巴比的行為和學業表現。老師注意到巴比經常在教室裡走來走去，無法完成指定作業，在遊戲的場合似乎也交不到朋友。巴比也無法在教室的團體活動和合作學習時間做好自己份內的事。老師坦承她不瞭解巴比。巴比幾乎不看老師，也不與同學交流；受到委屈的時候就大發脾氣，大吼大叫，動手打老師和同學。不管在課堂或學校餐廳，巴比不斷發出吵鬧的聲音。老師說巴比「古怪不像話」，希望學校諮商師可以跟巴比談談，好瞭解這是怎麼回事。學校諮商師和巴比利用午餐時間晤談。剛開始，巴比看都不看諮商師，拒絕回答任何問題。諮商師請巴比畫學校。在諮商師的鼓勵下，巴比終於開始畫畫。巴比跟諮商師說，他覺得老師很討厭他，他知道他是班上的頭痛人物。巴比說他喜歡班上的同學，可是他不喜歡他們的遊戲方式和在閱讀時間讀的書。巴比又說他以前讀的學校比這裡好太多了。他希望媽媽可以再搬回以前住的地方。

校方邀請巴比的媽媽到校，一起來談談巴比的行為。他們也要評估巴比的程度，提供巴比必要的教育資源協助。巴比的媽媽看似沉默寡言、性格內斂。當校方提到巴比的行為時，媽媽開始替巴比辯護。她說巴比很聰明、有活力、

本性善良。當被問到她對巴比的在校行為有何想法，媽媽卻說那沒什麼大不了，她認為雖然他會發出一些噪音，不過，比起他真的生起氣來，那真的不算什麼。媽媽越說越激動。問她家裡還有哪些人、爸爸有一起照顧孩子嗎？媽媽卻顯得語帶保留。她說巴比的爸爸從來不管巴比，幾個月才見到一次人。不過她會全權負責，好好管教巴比。

問題

- 你認為巴比的媽媽為什麼在晤談時會有那些反應？
- 學校諮商師應運用什麼技巧來跟巴比和他媽媽建立關係？
- 跟這個家庭工作，還需要蒐集哪些資訊？

在諮商上的應用

兒童和青少年的家庭諮商常被嫌為「一團糟」，諮商過程充斥著混亂、哀嚎、打岔、挑剔、暴怒，以及太多要注意的事情等等，讓諮商師很想將兒童或青少年排除在外。但惟有把兒童或青少年帶入家庭會談中，才看得到兒童如何深受家庭影響，家庭也被兒童影響。為創造有助於全家人參與治療的情境，Chasin（1999）提出一個六步驟的家庭晤談與評估歷程。步驟一，諮商師和家庭成員相互自我介紹，引導家庭進入諮商（如：「你希望我怎麼稱呼你？」）；解釋家庭會談的目的；設立能讓人安心回答問題的規則（如：不強迫孩子回答問題）；決定會談時誰應維持紀律（如：孩子在治療中的言行由父母負責）、誰應負責管理諮商室和器材（如：由諮商師負責這個物理空間）。步驟二的目的是與家庭合作，締造諮商師─家庭系統（**counselor-family system**）。Chasin（1999）指出，在家庭諮商中，諮商師要加入（join）家庭，暫時成為家庭新系統的一分子，釐清規則、角色和所有家庭成員（包括諮商師）的責任。步驟三和步驟四則是探索和啟動家庭的目標，討論對未來的期望與擔憂。步驟五，探

199

討當前面臨的問題。步驟六，諮商師分享他對家庭的印象與感想，提出建議。

　　本節將逐一說明進行下列四個諮商歷程時可以運用的技巧：（1）決定工作對象，引導其進入諮商；（2）與家庭成員建立關係，設定目標；（3）從互動的脈絡和家庭關係結構的角度評估問題；（4）形成目標，協助家庭改變。

引導家庭成員進入會談

　　諮商問題行為兒童和青少年的家庭，通常是從父母親請求幫助開始。理想情況下，應當讓父母親參與治療。父母親可以用單獨會面、全家出席或部分成員在場的情況，告訴諮商師必要的資訊。大多數時候，諮商師會先和父母（或重要他人）晤談。有時候，第一次晤談只要給予支持與建議即可。這麼一來，兒童不一定要在場，免得他被當成家庭問題的始作俑者。如果家庭問題很複雜，可用先從和家長會面的機會，評估家長的投入程度和親職能力，全面而仔細地審視家庭史及過去做了哪些想解決問題的嘗試。這樣的會面也讓父母親有機會問諮商師問題，表達對求助諮商的擔憂。不過，先和家長會面也有例外情況。如果轉介單上已註明希望全家一起前來會談，或已蒐集足夠的背景資料，我們通常直接和整個家庭見面，略過只單獨和家長會面。如果孩子想先跟諮商師談談，或緊急情況下一時找不到家長，就先和孩子晤談。

　　第一次晤談要協助家庭瞭解諮商的目的和諮商歷程，包括檢視家庭的背景資料以及溝通基本規則。這個階段的重點是鼓勵兒童和其他家庭成員投入諮商。因此，諮商師必須用每位家庭成員都聽得懂的話來讓大家瞭解。諮商師先自我介紹，再請家庭成員自我介紹。接下來，諮商師要仔細審視家庭的背景資料，包含和家長或校方會談時得到的資訊。另外，用孩子聽得懂的話討論每位家庭成員（包括諮商師）對諮商的期待。

向兒童與青少年說明諮商的目的

　　前來諮商的成人多半已對諮商有些瞭解，但兒童或許還很困惑，想知道家人為什麼要跟一位陌生人談他們的問題。法律規定除非有但書，不可強迫兒童

接受諮商。例如，我們不會問兒童：「你知道你今天為什麼會來到這裡嗎？」因為兒童通常不知道你在問什麼。相反地，我們會從談父母的觀點開始，用有助於洞察與改變的方式談問題。例如：「你媽媽打電話給我，因為我可以幫助你的家庭更和樂融融。她也提到她太常大聲罵你，希望改掉這個壞毛病。你希望家人更開心一點嗎？」對年紀更小的孩子，我們會說這裡是一個很特別的地方，我們可以一起聊天、一起玩，一起討論該怎麼讓這個家變得更好。

建立基本規則

基本規則（ground rules）為家庭諮商設定適當的基調，提醒大家應該留意的期待和溝通方式。每位家庭成員都可以提出自己的規則，以及適用於多數家人的規則。不過，至少要建立下列三種規則：紀律、安全、不強迫。例如，須讓父母親明白，維持孩子的紀律是他們的責任，而非諮商師的責任。這些規則同樣也應該在家裡落實。讓父母親負起維持紀律的責任，諮商師藉此強調家長和治療師的角色界線，強化家長的位階，也讓諮商師有機會觀察父母親如何維持紀律。

安全則是建立在每個人都有責任保護彼此的人身安全。不強迫或「跳過」（pass）的規則，指的是每個人都有權利拒絕回答任何問題或聽從任何建議，毋須提出理由。這項規則最受兒童歡迎，因為他們最怕成為全場焦點，無力反抗大人的干涉（Gammer, 2009）。其他規則依家庭的溝通模式而定。例如，和父母親約定，不可因孩子在會談當中的言行而事後懲罰他們。另外，訂定不可罵人、說髒話，或輪流發言等規矩也是必要的。以正面、清楚具體的說法敘述規則。例如，「尊重他人」過於籠統、人言言殊，相反地，訂出具體的標的行為，如：適當地稱謂家人（如爸、媽或稱呼）、等家人把話說完才可以回應等，而非含糊不清地說要「尊重他人」。運用小技巧，如用發言棒或一小塊地貼指明誰此時握有發言權，其他人請專心聆聽。如果家庭慣用指責或爭辯的方式溝通，此時，要求全家人在會談時用「我訊息」（"I" messages），不只能讓大家對於在療程中應表現何種行為有清楚的認知，同時也教導他們可在家練習的溝通技巧。

設法讓兒童參與

兒童與青少年或許不大願意和家人一起接受諮商，幼兒甚至會覺得困惑或害怕，青春期的孩子則會心生防衛或不願與諮商師合作。如前所述，不管年紀多小，聽到並重視每位家庭成員的觀點，是家庭諮商中相當重要的過程。可資運用的方法有：給難以在家裡有話語權的兒童與青少年平等的說話時間，或讓他們用其他方式（如：藝術媒材、書寫）溝通。藉由有趣的表達活動，諮商師方能成功地讓所有的家庭成員投入參與。邀請父母親一起進行這些表達性藝術活動，也能達到不錯的暖身效果。

諮商師可以請兒童和父母親個別作畫，先從塗鴉開始，再一起畫一幅家人正在做某件事的圖（又稱「家庭動力畫」[kinetic family drawing]；Gammer, 2009; Gil, 1994; Kottman, 2002）。或讓孩子和父母親配對，用「模仿領袖」（follow-the-leader）的形式接力畫畫。當孩子和父母親共同參與這些活動，諮商師也可在一旁觀察和評估家庭的關係模式。例如，父母親如何管理孩子的行為或怎麼讓孩子領導。諮商師亦可評估親子之間如何協商完成任務、化解衝突。案例描述 8.3 說明如何運用藝術媒材洞悉兒童對家庭的看法，以及看出母子之間的互動。

案例描述 8.3

運用藝術媒材讓孩子分享他們對家庭的看法

閱讀以下案例時，請思考諮商師可以從孩子和媽媽的作畫當中，蒐集哪些訊息。

- 孩子認為他在家中處於哪個位置？
- 媽媽是怎麼跟孩子互動的？

應諮商師要求畫一張全家同樂的圖時，這位孤單、不得爸媽疼的 12 歲小男孩，畫了全家人一起去迪士尼樂園玩的畫。但媽媽和爸爸牽著 8 歲妹妹的手，把他遠遠地拋在背後。在媽媽的個人畫裡，畫著小男孩獨自看電視，她跟

丈夫及女兒三人一起烤爆米花。此外，畫畫的時候，媽媽似乎把兒子當空氣，好像兒子根本不在現場。媽媽坦承第一個孩子早夭，她和丈夫都很擔心兒子會不會同樣夭折。因此，她和丈夫與兒子「保持距離」，避免投入太多感情。女兒出生以後，焦慮頓時減輕不少，所以對她特別寵愛。

邀請全家人合作完成活動，是諮商師觀察家庭關係和家庭功能的好時機。例如，請全家人用玩偶合演一齣戲，呈現他們心目中理想的家庭模樣，或擔心這個家會變成什麼樣子。透過這樣的活動，諮商師可清楚瞭解每個家庭成員對彼此關係的看法、他們如何因應衝突，以及瞭解各個家庭成員的角色、位階和權力。

與家庭成員建立關係，探索目標

與家庭建立友好關係，從諮商師與家庭第一次接觸就開始了。基本的反映式傾聽技巧，如情感反映與內容反映，在在顯示諮商師的傾聽和瞭解。建立關係並評估家庭時，不但必須與每一個別家庭成員連結，也要與整個家庭產生共鳴。要跟兒童建立關係，尤需注意不要問了無新意的制式化問題（如：你好嗎？），改以強調個人特質或優點的活動來替代。例如，諮商師可以說：「我想請大家說說自己的優點——你擅長或自豪的事。」比較好的作法是先讓父母親回答。如果父母親一開口就滔滔不絕，諮商師得向他們使眼色或點頭打個暗號，好讓每個家庭成員都有發表的機會，克服羞怯，製造坦誠開放的氛圍。

203　　許多家庭諮商師主張應先詢問家庭他們的目標是什麼（之後再看問題）。請家庭成員思考他們的改變目標或許很難，因為家庭已經被問題弄得焦頭爛額了，有些家庭成員急著想抱怨其他家人。不過，先從討論家庭的目標開始，從正面特質著眼會更好。強調家庭未來可努力的方向，而非只看他們的問題，避免淪於相互指責、令家庭意志消沉。為此，諮商師可下達清楚、簡單的指示，如：「我要給每個人機會，提出可讓這個家變好的一兩個方法。如果沒有什麼

要說的，也可以不說。但我希望每個人都說說看。誰想先開始呢？」討論完後，再邀請家庭共演一齣迷你劇，具體呈現家庭的願景。

▌探索問題並評估家庭結構

如同前面章節曾談到的，多數前來諮商的兒童與青少年，是因為成人認為他們有問題。儘管成人的看法有其道理，但諮商師更應從每位家庭成員的視角來瞭解問題所在。

傳統的接案會談（intake interview）可以蒐集到很多家庭資訊，另有許多創意評估活動也適合用在家庭諮商上。例如：透過家庭雕塑，諮商師可以觀察家庭互動，同時蒐集家庭成員對於家庭結構和家庭功能的看法（Blatner, 1994）。和家庭一起合作完成家系圖（genogram），也能藉此瞭解每位家庭成員如何看待家庭關係動力（McGoldrick, Gerson, & Shellenberger, 1999）。在一大張紙上畫出家系圖，用小玩偶代表家系圖上的人物，亦能吸引全家人好好審視幾代以來的模式（Gil, 1994）。邀請每位家庭成員繪製或分享全家福照，也是吸引兒童與青少年參與治療的好方法，同時也可讓諮商師深入瞭解每位家庭成員對這個家的想法（Gammer, 2009）。

檢視和問題有關的互動模式

兒童的行為是與周遭人互動的結果。當家庭帶著「問題兒童」（problem child）前來諮商，許多諮商師的確會認為孩子有內在心理問題。與之相反地，諮商師應瞭解，或許這個家正有意無意地支持兒童那令人討厭的行為。這個家庭對孩子行為的反應，其實是在增強他的行為嗎？兒童的困擾，顯示家庭無能調適重要的生命轉變事件或壓力源嗎？家庭用這樣的方式回應外在系統的衝擊，導致兒童的問題行為惡化嗎？要回答這些問題，家庭系統取向的諮商師會探索家庭內外的互動關係，請這家人演出這段特定的互動模式。請仔細閱讀引導活動 8.1，看看諮商師如何與每位家庭成員建立關係，評估他們解決問題的潛力。你會把你的介入重點放在哪裡呢？

引導活動 8.1

讀完以下的案例後，思考家庭諮商師在評估和處遇家庭中扮演的角色，以及如何協助他們連結學校和社福機構資源。請回答下列問題：

- 你想蒐集哪些家庭資訊？
- 你會如何觀察凱夏和爸爸在療程中的互動？

凱夏，4 歲，非裔小女孩。凱夏疑似被媽媽的男友性侵，被轉介到社區諮商機構。她的爸爸從凱夏的話當中得知她被媽媽的男友虐待。經過小兒科醫師的身體檢查後確定她被性侵。由於凱夏拒發一言，當地的兒童保護中心遂建議爸爸接受家庭諮商。

第一次和凱夏與爸爸晤談時，凱夏在房間走來走去，不理睬諮商師。凱夏的爸爸問她話時，她只用簡短的單字回答，嘟噥幾聲，並不時指手畫腳。爸爸說凱夏是四個孩子中的老大，另有 3 歲的雙胞胎妹妹和 18 個月大的弟弟。四個孩子現在都和爸爸及祖父母住在一起。凱夏的媽媽在凱夏 4 歲時棄家而去。剛開始是帶著凱夏和妹妹們離開，直到凱夏被媽媽的男朋友性侵。和媽媽住了兩個月後，凱夏和妹妹們回到爸爸身邊，爸爸也得到四個孩子的合法監護權。回去跟爸爸一起住後，凱夏不時攻擊弟弟和妹妹、反抗大人、情緒不穩，也不跟他人溝通。

凱夏的爸爸任職於當地一家建設公司，他坦承無法負擔家庭龐大的經濟支出（諮商師數次觀察到這家人的衣衫髒亂不堪）。爸爸訴說單親的教養挫折，不過幸好還有祖父母幫忙。當凱夏的爸爸出門工作，就由祖父照管四個孫兒。但四個孩子的活動量太大了，連大人也招架不住。爸爸又說他們不知道怎麼「鎮住這些孩子」，對凱夏尤其頭疼。他對她的期望太高了嗎？因為凱夏似乎比同齡的孩子「發展遲緩」。對於沒有好好保護凱夏、司法程序慢如牛步、擔心無法為女兒伸張正義，爸爸也懊惱自責不

已。某次單獨與凱夏晤談時,諮商師用娃娃屋和家庭玩偶為媒介。諮商師注意到凱夏一再地用橡皮鱷魚靠近娃娃屋,作勢要攻擊這家人。凱夏似乎很喜歡這樣的遊戲治療,但卻不理會諮商師設定的限制,只用三言兩語和各種怪聲打發他。諮商師安排了一次凱夏和爸爸同時在場的會談。爸爸起初並不加入凱夏的娃娃屋遊戲,有時冷眼在一旁觀看,有時又直接而嚴厲地批評凱夏,試圖糾正她的行為。類似的親子互動型態在爸爸和四個孩子同時參與的療程中反覆上演。全家一起會談時,倘若不照凱夏的意思去做,她就對弟弟和妹妹發脾氣。爸爸不顧一切地對她大吼,轉頭對諮商師說:「你現在看到了吧?她根本不聽話。」

Stern(2002)列出幾個提問方向,可用來評估家庭如何定義、因應和調適問題。例如:

1. 是誰定義了問題?家庭又是怎麼看待問題的?
2. 各個家庭成員如何回應問題,他們又是如何承受問題的後果?例如,誰是最受/最不受問題影響的?
3. 家庭成員做了哪些決定以回應問題?有哪些價值觀、信念或迷思在影響他們的回應方式?
4. 家庭曾經如何成功地因應問題?對於將過去的成功經驗延續下去,家庭有何想法?
5. 家庭有哪些能力(優點、資源、因應策略、韌性、代間支持)帶出過去的成功經驗?這些能力現在還適用嗎?
6. 家庭是如何調適和設法度過困境和挑戰的?
7. 有哪些家庭活動因問題的存在而更動/不更動?
8. 有哪些優點、策略和資源可以協助家庭改變?如何強化家庭的資源?

206

這些問題不僅有助於諮商師判斷問題是依情境觸發、抑或無處不在，也可看出家庭解決孩子問題的潛力。

觀察家庭結構與家庭模式

　　評估孩子的問題如何影響家庭，以及家庭如何影響孩子的問題時，也須瞭解家庭成員的組織如何讓這個家庭運作。父母之間是如何互動的呢？父母親各自與每個孩子互動的狀況如何？手足之間如何互動？諮商師聆聽主述問題和家庭的解決方式時，不但要釐清和問題有關的互動序列（如：誰對誰說話、誰對誰做了什麼事），也要觀察家庭成員彼此如何互動。隨著問題漸漸明朗，諮商師慢慢拼湊出家庭結構（即結盟、聯合、三角關係）、界線，和親戚家族與外在系統（如：學校、法院、社福機構等）的關係品質。諮商師須闡明家庭現在處於哪個生命階段，家庭成員又是如何因應這個轉換階段的挑戰。

　　兒童和家庭的互動片段範例如下：

- 孩子的煩躁不安是誰造成的？
- 父母如何應付難相處的孩子？管教這個孩子時，會顯露哪些情緒？當孩子發脾氣時，是過分關心或不斷批評這個孩子？父母對這個孩子的回應方式，強化了孩子的問題行為嗎？
- 對於處理孩子的問題，父母之間有產生任何明顯的衝突嗎？家庭的整體氣氛如何？家庭是否為此爭吵不斷，抑或對衝突避而不談？
- 孩子的問題行為，其實是擔負了這個家庭的適應功能嗎？孩子的症狀轉移了父母之間的衝突嗎？
- 是否有兩個家庭成員在爭奪拉攏第三方（通常是孩子），以反制對方呢？是否有兩個家庭成員公開或暗中結盟，打算對抗第三個家庭成員？
- 有合作的聯盟嗎？父母當中有哪位和孩子站在同一陣線，導致配偶或家人間的不和？

　　蒐集這些資料有助於諮商師規劃目標，進而提出諮商建議。

介入並協助家庭改變

從多方視角瞭解兒童和青少年的困擾後，諮商師即可跟家庭一起建構諮商計畫。諮商目標的用詞為每個家庭量身訂做，家庭諮商的目標通常聚焦在下面四個方向：（1）協助家庭建立情感連結；（2）改善家庭的功能；（3）改變或降低情緒過度反應；（4）改善家庭和外部系統的關係。請用引導活動 8.2 思考為凱夏一家設定的諮商目標是否合適。

引導活動 8.2

根據你對凱夏一家蒐集到的資訊，你會做出哪些處遇決定？

· 你想處遇的對象是？你的目標是？
· 你的目標和下面的說明有何異同？

觀察凱夏、凱夏與爸爸，以及四個孩子與爸爸之間的互動，諮商師發展出幾個諮商目標。第一，營造一個溫暖的親子情感連結，增加凱夏的安全感。第二，協助凱夏的爸爸落實教養策略，如：設定界線、積極管教凱夏和其他孩子的行為。凱夏的父親也要商請祖父母幫忙在他上班的時候看顧孩子，維持他們的正常作息。第三，諮商師與爸爸達成共識，安排一段親子遊戲時間，享受天倫之樂，增進親子感情。設定目標後，家庭諮商療程包括與凱夏的個別晤談、與凱夏和爸爸聯合會談，以及全家會談等。雖然諮商師和凱夏的爸爸有討論是否要將祖父母納入會談，但考慮到交通問題而作罷。

看出凱夏的需求後，諮商師運用遊戲取向，修通凱夏被性侵的創傷。諮商師讓凱夏擁有遊戲的自由時間，凱夏喜歡玩娃娃屋，會演出和家庭有關的場景。有時，凱夏會「逮捕」諮商師，要求他戴上手銬，大嚷著要把

208

他送進監獄。與凱夏和爸爸聯合會談時，諮商師一樣使用娃娃屋營造遊戲情境，修復親子關係。剛開始，凱夏的爸爸顯得有些彆扭，不知道該怎麼玩，有時又對凱夏的吼叫與攻擊行為感到灰心。諮商師鼓勵爸爸讓凱夏主導遊戲，交由她做簡單的決定，而不是對凱夏吼叫或指導她怎麼做。透過自由遊戲，凱夏和爸爸終於重建關係，維持清楚而一致的界線。同樣地，在全家會談時，諮商師指導凱夏的爸爸如何在清楚的界線下與四個孩子互動，同時也給他們選擇權。諮商師不定時安排與凱夏的爸爸個別晤談，瞭解他在教養四個孩子時碰到的問題，幫他因應身為單親爸爸的壓力。

　　諮商師可以運用許多方法來和家庭建立情感連結。如前所述，遊戲和表達性藝術媒材即能促進家庭成員間的關係。另外，諮商中的遊戲式互動（玩玩具、互說故事、畫畫、競賽遊戲、共讀等），也可以類推到家裡。同樣地，諮商師指派家庭共同完成任務，如：訂定家庭規則、合作解決問題，都能讓家庭有機會練習齊心協力、商討如何化解歧異。這些介入方式不僅能活絡家庭感情，也能改善家庭功能。本書其他章節對親子與家庭遊戲治療取向已有詳細探討。除此之外，許多以家庭遊戲治療為主題的書籍也是很不錯的參考資源。我們特別推薦 Landreth 與 Bratton（2006）的《親子遊戲治療：十週訓練模式》（暫譯）（*Child Parent Relationship Therapy: A 10-Session Filial Therapy Model*），或 Van Fleet（2013）的《親子遊戲治療：透過遊戲增進親子關係》（*Filial Therapy: Strengthening Parent-Child Relationships through Play*）。我們也會參考 Eliana Gil（2014）的《遊戲在家庭治療中的應用》（*Play in Family Therapy*），作為親子治療的入門書。

　　有時候，也得重新架構家庭的角色與位階。親職訓練或其他心理衛生介入方式都有助於家庭順利適應這些變化態勢。例如，為了幫父母拿回適量的權力，諮商師須教導父母親如何落實親職與紀律訓練（Eyberg, Boggs, & Algina, 1995; Hood & Eyberg, 2003）。不過，在另一些情況下，與其教導父母管教策略，還不如教他們用溫暖和一致的態度對待孩子。根據家庭互動型態理論，若父母能以風趣、放低身段的方式跟孩子相處，他們也能從中獲益（Hill et al.,

2014）。改善親職技巧是家庭的重要目標。有實徵研究作為基礎的親職方案，詳述於本章的「成效研究」一節。

諮商整個家庭，同時也個別諮商每位家庭成員或部分家庭成員，如此一來，家庭諮商的目標達成指日可待。但治療目標並非侷限於家庭內，有時也要把眼光放在廣域的生態系統上。為了兒童的福祉著想，家庭諮商的目標也應放在促進家庭成員和學校、社區的連結與互動。利用引導活動 8.3，思考諮商師協助凱夏一家與外部大系統互動的策略，討論這些策略是否合適。

引導活動 8.3

協助家庭與外部大系統互動

從下面的案例摘要中，思考家庭諮商師在家庭和學校所扮演的角色。

- 你認為這樣的角色適當嗎？
- 諮商師還可擔任哪些角色？
- 凱夏的家庭還需要哪些額外的協助？
- 你對於凱夏爸爸身為父親的情緒經驗有何體會？

透過與凱夏一家工作，諮商師也漸漸清楚這家人需要什麼。諮商師注意到凱夏的爸爸可以獲得受害者服務單位的諮商費用補助，但他不懂得該如何申請。諮商師蒐集所有必要的文書資料，幫凱夏爸爸填好表格。凱夏一家也需要食物援助，因此諮商師又幫爸爸和當地的食物銀行聯繫。

家庭諮商進行期間，凱夏開始去幼兒園就讀。爸爸跟諮商師說，校方很關心凱夏的在校行為和口語能力，建議評估凱夏是否需要特殊教育服務。凱夏的爸爸坦言他不瞭解學校的政策和程序，他請諮商師聯絡凱夏的學校諮商師，一同參與學校的決定。當家庭諮商師聯絡學校諮商師後，學校諮商師說她希望能盡快完成心理評估，這樣凱夏就可以安置在設備和師

資都齊全的幼兒特教班裡。學校諮商師形容凱夏在學校的行為表現「低於她的實際年齡」、「跟不上班級學習」。不過，家庭諮商師的想法和學校諮商師略有不同。家庭諮商師對凱夏現有的能力和潛能抱持樂觀的態度，並分享凱夏的優點、近來成長與進步的地方。家庭諮商師和學校諮商師一起討論凱夏被性侵的經驗，認為那可能已經衝擊到她在學校的行為和功能。

家庭諮商師建議凱夏的爸爸一起和學校諮商師會談，好好討論評估程序。在這場會談中，學校諮商師向凱夏爸爸解釋評估和文書作業的流程。凱夏爸爸和家庭諮商師就程序提出問題，也關心凱夏的學校生活。爸爸同意讓凱夏接受學校諮商師的評估，但要求也要讓家庭諮商師知道評估結果。除了原本設定的處遇目標和介入方式外，家庭諮商師也開始整合針對凱夏在校行為表現的介入策略。確切地說，家庭諮商師遵循老師的說明，安排凱夏學習如何與同儕相處、化解衝突，並要求凱夏在感到困惑或不確定該怎麼做時，學會如何求助。凱夏的爸爸和家庭諮商師也討論如何協助凱夏和爸爸、祖父母相處。諮商師和凱夏爸爸一起找出怎麼在家裡下達一致、清楚的指示，同時也思考怎麼把學校的規定和家庭作息相互配合，如：安靜閱讀的時間、坐在書桌前畫畫的時間。這些新的家庭例行事項不僅有助於凱夏培養新的行為習慣，也能增進父女感情。隨著時間過去，凱夏在諮商中、在學校和在家裡越來越敢說話，願意聽從爸爸和老師的指令。她的情緒趨於穩定，和同儕遊玩時的攻擊行為也減少了。幾個月後，凱夏的爸爸漸漸地和孩子們打成一片，享受家庭歡樂時光，帶領家庭步上正軌。

學校諮商與家庭系統取向

學校諮商師的角色通常沒有將傳統的家庭系統諮商納入，但我們相信學校諮商師可擔任聯繫、評估、與家庭會面的要角，在幫助家庭和校方建立關係之餘，同時滿足家長和學生的需求。美國學校諮商師學會（American School

Counselor Association, ASCA）建議學校諮商師與家庭合作，以增進學生學業表現成功的機會、掃除家庭參與的障礙（如：不信任與誤解）、提倡有效的家庭—學校合作關係（family-school partnerships）（ASCA, 2010）。運用前述的家庭系統取向，有助於學校諮商師發展協助家長的策略，有效提升孩子的學校表現（Amatea, Smith-Adcock, & Villares, 2006; Bryan, 2005; Epstein, 2010; Nelson, 2006）。

許多學者大力鼓吹家庭投入參與，以提升學生的學業成就（Epstein, 2004）。幾位學者也撰文說明如何進行系統性的、學校—家庭合作關係的諮商介入策略。學校諮商師可以使用和其他許多治療模式相仿的家庭系統模式，例如：Amatea、Daniels、Bringman 與 Vandiver（2004）、Davis 與 Lambie（2005）都曾依家庭系統理論，介紹不錯的策略供學校諮商師參考，以改善家庭與學校的關係。以下簡介上述學者的作法：

初始評估（initial assessment）——Davis 與 Lambie（2005）建議初始評估應採用需求評估的形式，也就是從系統、多方觀點（如：教師、學生、家庭等）理解家庭—學校合作關係。學校和社區居民的關係如何？欲採用任何策略邀請家庭參與前，都要檢視有哪些系統方面的阻礙橫亙在前（Amatea et al., 2004; Amatea et al., 2006; Davis & Lambie, 2005）。可詢問的問題如下（Davis & Lambie, 2005）。（諮商師可進一步比較家長和學生的說法有何異同。）

1. 校方聯絡家庭的原因為何？
2. 校方對於聯絡家庭的態度為何？
3. 校方對於和家長互動的感受與想法為何？
4. 家庭—學校會談預定在何時（何地）舉行？

教育校方人員（educating school personnel）——學校諮商師在瞭解和教育校方從系統的觀點重視師生、親師等關係上，扮演關鍵的角色（Davis & Lambie, 2005）。有效（友善又能提供有用訊息）的溝通方式，是家庭—學校合作關係之所以能夠建立，以及增進親師信任的不二法門（Adams & Christenson,

2000; Amatea et al., 2004）。協助校方（和家庭成員）從系統觀審視兩方的關係，方能減少對立與孤立無援（Amatea et al., 2006）。

重新建構家庭—學校的互動型態（restructuring family-school interactional patterns）（Davis & Lambie, 2005）——本章曾仔細探討諮商師如何觀察家庭的互動型態，學校諮商師亦可採取同樣的作法，觀察並發展出改變教師、行政人員、學生和家庭的結構關係的策略。例如，Amatea 等（2004）建議安排合作解決問題的會議。會議的重點不要只看到問題，而是要把學生當作家庭—學校溝通的領航者。持續地評估這些系統性的介入策略，尤其應著眼在這些策略是否滿足兒童在學校的社會、情緒及學業需求（ASCA, 2010; Davis & Lambie, 2005）。

成效研究

多不勝數的實證支持研究顯示，家庭諮商能有效緩解兒童青少年的心理疾病症狀。本節將簡述各種家庭處遇方式對一向被稱為兒童與青少年四大「關鍵問題領域」（key problem domains）的效果證據：（1）對立性反抗症／行為規範障礙症（oppositional defiant disorder/conduct disorder）；（2）注意力不足過動症（ADHD）；（3）憂鬱症；（4）焦慮症（Kazdin, 2000, 2004; Nathan & Gorman, 2002）。

家庭本位介入（family-based interventions）治療對立性反抗症（ODD）的成效有目共睹。例如，Nixon、Sweeney、Erickson 與 Touyz（2003）的研究指出，經參與親子互動治療介入後，學齡前兒童的不良外顯行為減少（Eyberg et al., 1995），效果可維持長達兩年。Scott 等（2009）的近期研究發現，相較於無任何介入的控制組，家長接受親職管理效能訓練（parent management training, PMT），能減少 50% 以上 6 歲兒童的 ODD 症狀。家庭本位取向已公認是從生態觀點治療青少年行為偏差問題的必要作法。生態治療取向，如功能性家庭治療（functional family therapy, FFT）（Sexton & Turner, 2010）和多元系統家庭治

療（multisystemic family therapy）（Henggeler, Schoenwald, Borduin, Rowland, & Cunningham, 2009），皆主張面對有品行偏差問題的青少年，必須同時介入同儕團體、學校和社會網絡。這些取向已累積橫跨三十年的大量成效研究（Sexton & Turner, 2010; Henggeler et al., 2009）。

另有不計其數的研究記載家庭本位介入治療注意力不足過動症的效果（Chronis, Jones, & Raggi, 2006）。例如，Nixon（2001）的研究評估親子互動治療對學齡前兒童和家長的效果。結果顯示母親心平氣和多了，孩子也比較不那麼符合注意力不足過動症的診斷。另外，Barkley 與其團隊（Barkley, Edwards, Laneri, Fletcher, & Metevia, 2001）的研究結果顯示，家庭本位介入除了能提升青少年的組織與社交技巧外，還能改善親子的溝通型態。由此可見，家庭介入方案已成為緩解青少年注意力不足過動症狀的必要處遇方式。

雖然多數研究肯定家庭諮商對改善兒童外顯症狀的效果，優於治療內因症狀（如：焦慮、壓抑、害羞、幼稚、憂慮、退卻等），但也有越來越多的研究證實家庭諮商治療其他疾患的成效。此外，近期數個研究也指出家庭諮商能成功治療兒童與青少年的憂鬱症。例如，Diamond、Siqueland 與 Diamond（2003）的研究運用依附本位家庭治療（attachment-based family therapy, ABFT）處遇憂鬱症青少年。相較於控制組，依附本位家庭治療更能緩和憂鬱、焦慮、無望感和自殺意念症狀，大大改善青春期親子的依附關係。Fristad、Verducci、Walters 與 Young（2009）也指出，有 8 到 12 歲憂鬱與躁鬱症孩子的家庭，在參與多元家庭心理教育團體（multifamily psycho-educational group, MFPG）後，不但能增進雙親對兒童期症狀的知識、提高親子正向情感及親子互動，兒童也感受到來自家長和同儕的支持，家庭更懂得善用資源，其效果遠優於等待控制組。同樣地，Barrett、Farrell、Dadds、Boulter（2005）注意到，患有焦慮症（如：過度焦慮、分離焦慮、社交焦慮）或強迫症的兒童（再加上有容易焦慮的父母），在接受家庭認知行為治療後，恢復的速度遠比僅接受個別認知行為治療組為佳。

總之，進行兒童與青少年諮商時，把整個家庭都納入的好處不勝枚舉。第一，和孩子的家庭會面，「家庭生活動態」（moving picture of family life）如實

213

在諮商師眼前上演，諮商師可親眼看見家庭的日常互動模樣。第二，與兒童共同生活的重要他人會面，能讓諮商師：（1）從多方觀點看待該問題；（2）從人際互動層面理解問題；（3）觀察家庭結構與家庭動力；（4）瞭解兒童如何受到手足的影響、瞭解孩子如何看待父母親的婚姻關係，及父母親在他們眼中是如何互動的。大致上，諮商師可藉此更為清楚家庭如何影響孩子，以及孩子如何影響家庭。第三，只要是跟家庭會面，不管來的家人有幾位，都顯示諮商師很樂意跟他們一起面對問題、解決問題。

諮商的基本原則

214

- 家庭系統取向假設，人的行為與周遭人的互動相呼應。
- 家庭諮商師假設人際系統，如家庭（或職場），彼此互為依存與互為連結。系統內成員的變化會牽動其他成員的變化。
- 家庭信念系統深深影響家庭成員的行為與互動。
- 為使家庭運作順暢，家庭必須發展出明確的家庭組織與界線，如此一來，家庭與各個次系統的成員方能清楚明白各自的責任歸屬。
- 健康的家庭能透過互動，平衡各個成員的情感連結與個體化的需求。
- 健康的家庭靈活有彈性，能夠順應內在與外在的要求而改變。
- 家庭對兒童問題的信念與因應方式，既影響與之互動的外部系統，也受到外部系統的影響。
- 根據轉介（通常是照顧者的轉介），諮商師須決定先跟父母親單獨會談，或是先跟兒童單獨會談，還是跟全家會談。
- 諮商師要把握第一次晤談，引導家庭成員自我介紹，用每個人都聽得懂的詞句解釋會談的目的與過程，設立能讓人安心回答問題的規則。
- 為確保能聽到每位家庭成員的看法，家庭諮商師常使用各種遊戲治療或表達性藝術治療技術，鼓勵兒童或青少年參與諮商歷程。
- 諮商師可指派家庭完成任務，藉此觀察家庭關係動力，評估家庭結構與家

庭功能。

- 諮商師必須探討與兒童問題行為有關的互動型態，判斷家庭成員的回應方式是否讓問題繼續存在。

- 諮商師也必須評估家庭功能，評估家人之間如何結盟，以及他們是如何與外部系統互動。

- 家庭諮商的目標通常聚焦在下面四個方向：（1）協助家庭建立情感連結；（2）改善家庭的功能；（3）改變或降低情緒過度反應；（4）改善家庭和外部系統的關係。

- 學校諮商師可運用家庭系統理論的基本原則與實務作法，增進家庭—學校的合作關係。

215

- 越來越多的實徵研究支持家庭本位介入能有效減輕許多兒童與青少年的心理問題，如：（1）對立性反抗症（ODD）；（2）注意力不足過動症（ADHD）；（3）憂鬱症；（4）焦慮症。

╭─ **本章作者簡介** ─────────────────────╮

Ellen Amatea，佛羅里達大學教育學院諮商員教育學系教授，教導學校諮商、家庭諮商等研究所課程。她的研究興趣是學校、家庭、社區等關係會如何影響兒童與青少年的學業成就和情緒發展，尤其是貧窮對兒童學校課業和取得心理健康服務資源的影響。

Dayna Watson，阿拉巴馬大學伯明罕分校諮商員教育學位學程助理教授，曾擔任臨床督導與心理健康師。她的研究興趣包括：心理健康諮商中的社會階級與貧窮議題、社區—學校合作、學生發展諮商。

╰─────────────────────────────╯

9
Chapter

建構主義取向

Donna M. Gibson and Shajuana Isom-Payne

說什麼和如何說，影響至關重大。

──**Berg & de Shazer**（柏格與笛夏德）（**1993, p. 3**）

引言

　　思及我們正活出與他人互動的模樣，是一件多麼意義深遠的事。基本上，我們看待自身經驗的方式，取決於我們如何與他人、社區和文化互動交流。雖然聽起來很抽象，但經由語言建構意義乃是人類發展的基石。

　　意義建構是一個發展、動態的過程，因此，瞭解兒童在諮商中如何建構意義，可是相當具有挑戰性的任務。本章將說明重視個案主觀現實、受後現代知識運動啟發的建構主義取向。

・讀完本章之後，你應該能夠・

・回顧建構主義取向的演變發展，瞭解它如何成為今日廣為人知且有效的諮商取向。

・說明焦點解決短期治療、敘事治療及關係文化治療的理論要義。

・詳述建構主義取向的特殊介入技巧與在兒童諮商上的應用。

・評論該取向的成效研究。

要瞭解建構主義取向兒童諮商，首先得瞭解建構主義的歷史脈絡。與其他兒童諮商理論與取向相較，建構主義象徵另類的哲學觀思考。建構主義源出於後現代主義，代表另一種諮商典範，要納入當事人的社會和主觀現實，與現代主義所奉行的觀點大相逕庭（Cottone, 2012）。

20 世紀晚期，後現代知識運動在科學、歷史、文化上蔚為風潮（Lyotard, 1992）。後現代運動的前提是：「所有的知識，都是在文化脈絡下的社會互動中產出的。」（Cottone, 2012, p. 89）事實上，瞭解和「認識」現實的方法本來就很多，絕非只有單一方式；要瞭解我們周遭的現實世界，必須考量社會脈絡。

後現代主義與現代主義完全相反。現代主義聲稱有可透過科學方法觀察、系統性驗證的客觀現實存在（Corey, 2013）。1966 年，Berger 與 Luckmann 撰寫《知識社會學：社會實體的建構》（*The Social Construction of Reality: A Treatise in the Sociology of Knowledge*）一書，探討科學家的主觀經驗世界。個人建構論（personal construct therapy）的創始者 George Kelly（喬治‧凱利），是率先將社會建構主義理念應用到諮商的佼佼者。他的理論主張每個人都依自己的經驗和期望，創造自己的現實（Kelly, 1955, 1963）。之後，美國心理學家 Gergen（肯尼斯‧格根）擴展 Kelly 的理論，研究人類在意義建構的過程中，社會所扮演的角色（Gergen, 1992, 2001）。「真理」（truth）立基於社會脈絡，形塑個體對現實的知覺。**社會建構**（**social constructionism**）一詞於焉誕生（Gergen, 1985）。因此，社會建構論說明社會脈絡的發展現象。與之相對地，傳統的認知行為治療大都看重個體的行為與內在想法，並未將社會脈絡和行為與認知的交互影響納入考量（Kalodner, 2011）。

Maturana（1978）對人類知覺的研究，讓社會建構論更上一層樓。他發現人類的生理感覺（如：視覺、聽覺、觸覺、嗅覺、味覺）受限於神經系統。因此，「經驗」（experience）不取決於客觀的感覺，而在於個體與其所見所思事物間的關係。例如，一位女士回到家裡，聞到滿室烤餅乾的香氣，幸福感油然而生。她是透過嗅覺聞到烤餅乾的香氣，但聞到烤餅乾香氣帶來的幸福感，則是源自於小時候放學回到家裡聞到烤餅乾香氣時，顯示家人有多餘的收入可以

買烤餅乾的原物料。烤餅乾意味著家庭經濟壓力趨緩，爸爸媽媽心情就會放鬆、快樂多了。思考或「經驗」是神經系統受知覺與社會影響下的結果。個體如何從這些經驗建構意義，一般稱之為社會建構主義的心理學構念。

對諮商師來說，從後現代理論衍生出的社會建構主義典範，是瞭解個案「經驗」與「真理」的工具（Cottone, 2013）。社會建構主義是諮商界的新興典範，比起歷史悠久、久負盛譽的現代主義的諮商取向（如：認知行為取向），它在理論要義、效果和技術方面的實徵研究累積成果與日俱增。不過，社會建構主義與現代主義諮商取向的差異仍是南轅北轍。現代主義諮商取向著重於個案呈現的問題（如：非理性信念、不當行為），諮商目標是解決問題（Granvold, 1996）。運用這些取向諮商兒童時，介入方式不限於談話，較不看重兒童的需求，而更聚焦在兒童的行為，矯治、改善問題的意圖明確。建構主義諮商取向則考量到個案的歷史、發展與文化背景，探討個案的經驗內在意義，鼓勵個案轉化意義，從不同的角度詮釋經驗。亦即，社會建構主義將意義建構與心理發展的諮商目標合而為一。

社會建構主義理論經過一個世紀的發展，目前理論學者爭辯的重點在於，究竟是個體本人在意義建構上占的份量居多，還是文化與語言對意義建構的影響居多呢？經驗的意義建構，究竟是個體身處的文化影響了個體，還是個體把文化和語言整合至自身的理解，去創造出意義來呢？或許兩者兼而有之，才造成人類的思考如此複雜。建構主義論看重家庭、倫理和文化系統及其蘊生的意義，包容各種族群。這類兼容自我倡議（self-advocacy）與諮商師倡議的取向，可應用在各種年齡層的個案，包括兒童。接下來，請讀者依引導活動 9.1，思考諮商兒童時，文化脈絡和倫理困境如何交錯影響。

引導活動 9.1

倫理與文化

　　建構主義諮商取向的理論要義之一，就是要依個案的文化和社會系統，瞭解個案的「真實」。不過，就算是從文化的角度來看，諮商時還是有可能出現倫理困境。諮商中特別會發生哪些倫理困境呢？請跟同學或小組討論，美國諮商學會制定的倫理守則會如何解釋這些困境。試說明哪些社會或文化脈絡可能翻轉既有的倫理困境（如：某些文化視管教孩子為兒童虐待）。請為這些倫理困境提出兩個替代解決方案。以管教孩子為例，諮商師應該先跟父母親討論，還是應該先與兒童面談？抑或先報警呢？

理論學者與理論要義

　　雖有不少理論學者影響建構主義諮商取向的發展與應用，但本章僅介紹少數幾位卓有貢獻者。根據 Corey（2013）所言，後現代諮商取向要解構固定公認的真理，從個案的生活和經驗重新評估真理的價值。諮商關係是開放坦誠、合作的對話關係。

　　一提到後現代諮商取向，首推 Insoo Kim Berg（茵素・金・柏格）與 Steve de Shazer（史帝夫・迪夏德）。他們兩位攜手共創焦點解決短期治療（solution-focused brief therapy, SFBT），並廣泛應用於個別諮商與家庭諮商（Corey, 2013）。1980 年代早期，他們在威斯康辛州的密爾瓦基成立短期家庭治療中心（Brief Family Therapy Center）。這個面向未來、目標導向的治療取向，主張每個問題都有解決之道（George, 2008）。改變持續發生且無可避免。依建構主義諮商的宗旨，焦點解決短期治療把「問題與失功能」（problems and dysfunction）重新定義為「成功與適應」（successes and adaptation）（Cottone, 2013）。因此，諮商師不把個案看作生病的人（Neukrug, 2011）。個案想要改變、有能力改

變，且正在盡最大的努力讓改變發生（Corey, 2013）。

透過焦點解決短期治療的技術，諮商師協助個案從正向的角度建構與理解
自身的經驗（Corey, 2013）。個案是自己生命的專家（Neukrug, 2011）。如果個
案不認為有問題，諮商師就不需要去改變他們的行為。不過，諮商師可以協助
個案找出有效且需更常練習的事情。這些通常是問題發生時，能增強個案韌力
的資源。挖掘這些資源有助於個案做出有效的改變。即便只是小小的改變，也
能帶來更大的變化。有時候，解決方法和問題之間看似無所關聯。但只要能把
問題帶往解決方向，諮商師就會鼓勵個案多去做。問題的解決之道因個案而
異，所以，治療必須靈活變通、因人制宜。問題總有例外存在，諮商師會協助
個案發現例外、共創解決。

就兒童個案而言，透過瞭解孩子的文化與世界觀，焦點解決短期治療增強
了他們的生命韌力。由於焦點解決短期治療講求效率，能在短時間達成小小
的、具體的改變，是學校場域最理想的治療取向（Corey, 2013）。焦點解決短
期治療教導兒童在群體和學校裡發現個人問題的解決方向。然而，過於強調問
題的正向或例外部分，也帶來忽視個案負面情緒的風險。焦點解決短期治療假
設個案已具備必要的技巧與能力來達成目標，但對於某些智能、情緒和身心障
礙的兒童來說，那可不是件容易做到的事。

Michael White（麥克·懷特）與 David Epston（大衛·艾普斯頓）同為敘
事治療的創始者。在致力於發展敘事治療期間，White 和妻子 Cheryl 在澳洲的
阿德雷德（Adelaide）創立了杜維曲敘事治療中心（Dulwich Centre for Narrative
Therapy）（Neukrug, 2011）。1980 年代，White 與住在紐西蘭的 Epston 因共同
的信念與政治理想結為好友。隨後，他們合著了數本書，催生了敘事治療。

Bruner（1990）認為，人類在其所身處的社會建構中，用故事的形式依時
間先後組織經驗，對生活賦予意義。敘事治療於焉成形。由此可見，每個人的
現實都是獨一無二、與眾不同的。「敘事是自我建構、創作出來的。在與他人
互動的過程中，敘事也同時不斷編製與改寫。」（Hannen & Woods, 2012）這些
敘事反映了個體的社會文化信念，也形塑及顯示個體的認同感。如同 White
（1995）所言：「我們藉由故事活出生命，這些故事真實地塑造了我們的生

命。」（p. 14）的確，每個人的一生都在「說故事」（storying）。這些故事隨時間變化，某些故事甚至互相矛盾。敘事治療師的角色就是要瞭解個案各種多采多姿的故事，指出互相矛盾或造成個人生命出現問題的故事（Neukrug, 2011）。除了聆聽充滿問題或互相矛盾的故事外，敘事治療師更想聽出個案豐富閃亮的時刻。敘事治療最耀眼之處，在於故事不但可以改變個案的敘事，也會改變治療師（Monk, 1997）。

面對兒童時，敘事治療的非指導性態度，有助於兒童放下防衛。此外，諮商師要懂得運用各種媒材讓故事「被說出來」。例如，透過遊戲、繪畫、演出或音樂等更為創意的諮商環境，催化兒童說故事。引導活動 9.2 要帶領你發揮創意，思考怎麼運用各種方式鼓勵兒童說故事。

引導活動 9.2

創意說故事

說明：找一位同學完成下面的活動。每個人想想自己為什麼想成為諮商師的故事。發想一些創意方式（如：藝術、音樂、戲劇、詩詞、歌曲等），把你的故事傳達給你的同學。待每個人「說」完自己的故事後，討論下面的問題：

1. 剛開始分享故事的時候，你的心情和想法是？
2. 故事裡的文化與社會背景為何？它們又是如何影響你想成為諮商師的決定？
3. 對於運用創意方式表現故事，你有何看法？
4. 用同樣的媒材表現故事時，兒童會有哪些反應？
5. 與個案做類似的活動時，需要注意哪些事項？

關係文化理論（relational-cultural theory, RCT）是 Jean Baker Miller、Irene Stiver、Judith Jordan 與 Janet Surrey 在 1978 年於麻州衛斯理學院史東中心（Stone Center at Wellesley College）發展出來的建構主義諮商理論（Jordan, 2008）。1995 年，珍・貝克・米勒培訓機構（Jean Baker Miller Training Institute）成立，持續推動理論與實務發展。雖然剛開始是以女大學生為主要目標對象，但亦可應用在男性和兒童上。

關係文化理論的基本假設為：人類乃「透過關係成長，並透過關係連結在一起」（grow through and toward connection）（Jordan, 2008）。這樣的理念和絕大多數的人類發展理論背道而馳。後者主張人致力於追求獨立自主，個體越獨立、界線越清楚、越能支配他人，就越強大和健康。相反地，關係文化理論則認為安全感和幸福感來自於跟他人建立良好的關係與連結。Jean Baker Miller 注意到這些「有助成長」（growth fostering）的關係會帶來「五件好事」（five good things）：

1. 生活樂趣
2. 越來越瞭解自己、他人和關係
3. 自我價值感
4. 創造與生產的能力
5. 渴望有更多的連結（Jordan, 2008, p. 2）

相互賦權（mutual empowerment）與相互同理（mutual empathy）就是有助成長關係的產物（Jordan, 2008）。它鼓勵個體在關係中成長、相互支持。如果與他人沒有連結，長期失去連結會導致生命失去活力、自我價值感降低、生產力衰退、陷入迷惘和社會退縮。失去連結不只發生在個人層面，社會層面如性別、種族、社經階級、膚色以及性取向等差異，都有可能造成關係斷裂（disconnection）。

關係文化治療師的處遇重點是協助個案促進、建立、維持健康的關係（Cannon, Hammer, Reicherzer, & Gilliam, 2012）。Jordan（2009）說明關係文化治

225

療是「優先改變態度與理解關係，重於技術的使用」（p. 5）。關係文化治療師鼓勵個案檢視並重新修正關係模式與關係意象。如此一來，關係覺察將有助於強化連結，獲得發展新關係的工具與能力。

關係文化理論是一種建構取向，強調關係及個體如何看待關係（Jordan, 2008）。它整合文化與社會系統對個體的影響，也考量文化與社會系統如何導致關係失去連結。應用在兒童上，關係文化治療協助兒童學習不去批評和責怪，多點自我同理。它不僅要協助兒童健全發展，同時也要幫助兒童體驗健康關係的好處。對社會系統動力與權力運作的關注和教育，方能促進相互同理與相互賦權。諮商師可運用不同的技術協助兒童探索，如：個別諮商、小團體諮商、大團體諮商和創意諮商。請透過引導活動 9.3，探究有實徵證據支持的兒童諮商創意方法。

226

引導活動 9.3

實徵研究支持的創意諮商

雖然建構主義取向諮商是以個案的「真理」與「理解」為中心，但要諮商師從不擅長口語表達的兒童身上蒐集資訊並非易事。有哪些創意方法可用於兒童，讓他們的經驗和故事能被正確地「聽到」呢？請回顧有實證研究支持、建構主義取向（如：焦點解決短期治療、敘事治療、關係文化理論）的兒童諮商創意方法。它們的共同點為何？要考量哪些發展因素？

建構主義諮商取向的技術與應用

雖然建構主義諮商取向具有共同的中心思想，但每種取向亦各有其獨特的技術。以下將詳細說明與舉例如何應用在兒童與青少年諮商。

焦點解決短期治療

焦點解決短期治療的基本原則是,諮商師以尊重和欣賞的態度對待所有個案(Neukrug, 2011)。諮商師與個案建立合作的工作關係,發掘個案求助諮商問題的例外與解決之道。若無合作的工作關係,結果將事倍功半。諮商師依個案的獨特性,靈活有彈性地運用焦點解決短期治療技術(Murphy, 2008)。以下是焦點解決短期治療應用於兒童與青少年諮商的技術:

1. 試探性質

與個案會談時,諮商師把個案當成專家,不會先入為主地斷言個案的問題。De Jong 與 Berg(2008)說這是採取「不預設成見的立場」(not-knowing posture)。諮商師展現尊重、好奇的態度。提問的語句和用詞也能反映這樣的態度。例如,為找出例外,諮商師問個案:「如果我有說錯的地方,請你告訴我。你和弟弟過去似乎相處得還不錯,是嗎?」或是用開放探詢的語氣,合作找出解決方法。例如:「我猜你之前晚餐後最喜歡跟弟弟一起玩,我說的對嗎?」

227

2. 問句

焦點解決短期治療會詢問特定類型的問題,是為最重要有效的技術之一。對於年紀稍大的兒童(10 歲以上)和青少年,諮商師要詢問有關諮商目標的問題,包括個案對諮商的期望、決定何謂事情好轉,以及怎麼知道事情好轉等,這些統稱為期望目標問句(preferred goals questions)(Bertolino & O'Hanlon, 2002)。這些問句都以朝向未來為目標,不在個案的主述問題上鑽牛角尖。

和個案一起探討主述問題時,例外問句(exception questions)有助於個案找出問題沒有發生、或問題沒有那麼嚴重的情況(Corey, 2013)。諮商師詢問的方式,必須符合個案的發展程度。學齡兒童應該可以回答得出例外問句,例如,一位三年級的小朋友因為下課時間愛哭問題而求助。諮商師可以問:「難過或不高興的時候,很多人會哭。有沒有哪個下課時間你沒有哭呢?可以跟我多說說你在下課時間沒有哭的情況嗎?」為了和個案一起建構解決之道、找出

她的資源，諮商師可問追蹤問句（follow-up question），如：「怎樣才能讓不哭的情況發生呢？」

另一種常用的問句類型是奇蹟問句（miracle question）。奇蹟問句的回答，有益於諮商師與個案建構治療目標（de Shazer, 1988），看向未來願景，鼓勵個案思考他們最想看到的改變是什麼（De Jong & Berg, 2008）。對年紀較大的兒童與青少年，問句可改成：「如果你今晚上床睡覺，結果奇蹟發生了，你不再感到悲傷。你怎麼知道奇蹟發生了？有哪些地方變得不一樣了？」對幼兒，問句可改成：「如果你有一根魔法棒，可以用它來讓你跟朋友玩的時候心情變好。你怎麼知道魔法棒真的有用？一起玩的時候，哪裡變得不一樣了？」

若設定好目標，諮商師要用各種不同介入策略，在諮商期間和個案一起追蹤邁向目標的進度。量尺問句（scaling questions）用簡單的方式測量感覺、訊息或心情的變化狀況，幫助個案留意進展（de Shazer & Berg, 1988）。例如，諮商師可問兒童：「在 1 到 10 的量尺上，1 是感覺很糟，想要大哭一場；10 是很高興，忍不住開懷大笑。你今天的心情，是位在哪個數字呢？」年紀更小的孩子或許不懂什麼叫量尺，可在紙上繪出幾個臉部表情（微笑、皺眉等）的圖案讓他們選擇，或者請他們在晤談一開始就畫出個人專屬的量尺，並用圖案表示各個量尺的反應。接下來再用追蹤問句詢問他們的反應，如：「你是怎麼從這裡移動到你剛剛選的位置呢？」或「你需要做些什麼，才能移動到下一個數字（或這邊）呢？」量尺問句也可不定時用來評估諮商關係的品質。案例描述 9.1 說明如何對兒童使用量尺問句。

案例描述 9.1

量尺問句

身為負責幼稚園到小二學童的學校諮商師，你相信焦點解決短期治療是最適用於兒童和學校場域的取向。以下為量尺問句範例，可幫個案釐清他們的感覺經驗。對兒童使用量尺問句，你有什麼想法？有哪些地方要注意呢？

1. 設立五點量尺

諮商師：今天，我們要畫一些表情來代表你的心情。有些表情代表難過，
有些表情代表高興（諮商師或兒童畫出五個從高興到難過的表情）。

2. 簡要地對兒童說明，盡可能幫助他們瞭解量尺上每個定點的意義。兒童通常可以做出自己的量尺

諮商師：我們要用這些圖案告訴我你今天的心情。這一邊的圖案表示很高興，另外一邊表示很難過。介在很高興和很難過中間的，表示不那麼高興或不那麼難過，正中間這張表示心情普通。我們會花一分鐘聊聊你今天在班上的心情。你會選哪張圖代表你的心情呢？

3. 必要時重複進行量尺問句，或反映兒童的改變

諮商師：我們每次都會用這些圖案看看你今天在學校過得如何。

諮商師：要怎麼做，才能讓你的心情從這樣（指著難過的臉）變成那樣（指著量尺的下一張圖）呢？

3. 放大與稱讚

229

放大與稱讚（amplification and complimenting）兩個技術在焦點解決短期治療中可謂大同小異，殊途同歸。為強化個案的成功經驗，只要個案一有向諮商目標邁進的成就，都要大大地稱讚（Neukrug, 2011）。例如，對於愛在下課時間哭哭啼啼的兒童，可以這樣稱讚他：「我喜歡你想到可以在下課時間跟新同學一起玩的好主意。你真的很努力去交新朋友，而不是只有坐在一旁等別人來找你。」為強化個案的解決辦法，諮商師繼續和個案討論如何把解決之道發揚光大。例如，「聽起來你覺得在下課時間玩你最喜歡的遊戲，能讓你的心情變好。不過，你是怎麼想到可以邀請新同學跟你一起玩的這個主意呢？」或「聽

起來你和新同學下課時間一起玩得滿開心的。你們是怎麼一起玩而讓你的心情變好的呢？」

敘事治療

　　起初，敘事治療的技術過於抽象，難以應用在幼兒身上。幸而，仍有一些技術用於兒童的效果還不錯。經由一些巧思變化，這些技術還能鞏固諮商關係。

1. 問題外化

　　問題外化（externalizing the problem）提醒個案不要把自己和問題劃上等號（Freedman & Combs, 1996）。這是處遇兒童的關鍵，因為兒童常認定自己*就是*問題，而不是去看看自己的行為、感覺或用語哪裡出錯了。當個案認定自己就是問題，等於侷限了他們有效處理問題的能力。問題外化，也就是將問題重新命名。用前述在下課時間哭哭啼啼的小朋友為例，可以把該行為重新命名為「下課時間愛哭問題」或「遊戲時間悶悶不樂問題」。問題命名是諮商師和個案共同參與的過程。命名好了之後，個案即可開始建構問題的解決之道，不必再對自己就是問題而忐忑不安。回到下課愛哭的場景，這位小朋友或許一想到自己有問題，就覺得丟臉、可恥或生氣。問題必須回到個案的社會和文化脈絡下重新評估與處理。

2. 不預設成見立場的問句

230

　　問句是敘事治療最為關鍵的諮商技法（Neukrug, 2011）。更重要的是，問句應該反映諮商師尊重、好奇的態度，以不預設成見的立場提問（questions from a not-knowing posture），展現諮商師並沒有對問題的答案先入為主。諮商師要靠個案教他們怎麼去瞭解個案的經驗（Monk, 1997）。問句要有助於個案說明與問題有關的經驗、文化和系統對問題的影響，以及個案曾經如何試圖解決問題。這樣的過程解構充滿問題的故事，引導諮商師和個案外化問題。

對年紀較大的兒童和青少年，用口語的方式說故事和詢問可能是適當的。然而，幼兒瞭解語言和運用語言說故事的能力略遜一籌。有些兒童可以用繪圖或簡單的話語略述問題。其他可用的技巧，如遊戲治療和說故事等，說明如下。

3. 遊戲治療與說故事

最能協助幼兒溝通及表達情緒的諮商技術，非遊戲治療莫屬（Russo, Vernam, & Wolbert, 2006）。遊戲治療時，兒童在他的「認知發展脈絡下敘說與重構」（Landreth, 引述自 Russo et al., 2006, p. 230）。依個案的故事特色，意義建構反映出他的認知發展階段（即 Piaget 的階段論）。具體來說，放置物件的沙遊活動可應用在所有的認知發展階段，催化兒童建構自己的沙遊世界或訴說和物件有關的故事。

有幾個沙遊技術可搭配敘事治療使用。透過沙遊能幫助兒童投入於說故事，把故事和生活串接在一起（Gil, 1991）。互說故事時，諮商師和個案共同合作，諮商師用相同的角色和場景詮釋個案的故事，另外提出更為健康和適宜的解決方法（Gardner, 1993）。諮商師重述故事時，須使用個案的措辭、角色與象徵，以此顯示諮商師有聽懂個案的故事。

4. 圖示問題

231

透過問句或其他創意諮商方法，可鼓勵個案敘說問題對其生活和關係的影響（Epston & White, 1995）。本質上，諮商師希望能多蒐集和問題有關的資訊。個案什麼時候開始注意到問題的？問題如何影響個案的生活？問題如何影響個案與父母、朋友、手足、老師等人的關係？可請幼兒繪圖呈現生活中問題存在和問題不存在的情境，但在此之前，諮商師應提供清楚明確的指導語。例如，有「下課時間愛哭問題」的兒童，繪畫的指導語可以說：「請你畫一張圖，畫出『下課時間愛哭問題』還沒發生前，你在做什麼？」引導活動 9.4 帶領兒童與青少年用時間線的方式詳細標示生命重要事件，協助他們把故事說出來。

引導活動 9.4

生命時間線

　　敘事治療常用重要生命事件時間線，圖示個案生命中的重大事件。如此好用的方法應用於兒童也沒問題，但用在幼兒時，有什麼需要注意的地方？你會選用什麼媒材？在諮商中會如何進行這個活動？

5. 尋找獨特結果和重寫故事

　　問句也可以用來幫助個案認出在他的行動、感覺和語言中，和主流故事矛盾對立的地方（Wolter, Dilollo, & Apel, 2006）。如同焦點解決短期治療的「例外問句」，從個案的過去和現在，皆可找到獨特結果（Corey, 2013）。不過，亦可遙想未來願景、激盪各種解決故事或替代故事。諮商師可以跟幼兒一起角色扮演，將新的解決方法實際表演出來。

　　對年紀較大的兒童與青少年，可請他們記錄和寫下各種天馬行空、「想嘗試」的新故事。將新創的故事付諸行動前，先讓個案在諮商中盡情抒發思緒，能讓他們更為踏實安心。敘事治療不落窠臼，因人制宜，有利於個案重寫故事。

232 　　案例描述 9.2 說明焦點解決短期治療如何諮商一位內向退縮的 10 歲男童曼紐。閱讀曼紐的案例時，請思考下列問題：

- 諮商師如何引導曼紐進入焦點解決短期治療取向的諮商架構？
- 諮商師如何主動傾聽及辨識問題？（如：與問題有關的情緒為何？你的情緒位在 1 到 10 量尺上的哪個位置？）
- 諮商師如何協助曼紐設定諮商目標？（如：運用奇蹟問句、發現例外，或量尺問句）

案例描述 9.2

曼紐，10歲，因為在班上過於內向退縮，被轉介給學校諮商師。據老師的轉介資料和輔導記錄，曼紐今年才剛從別州轉學過來。他是墨西哥裔美人，爸媽都要工作，屬中低收入戶家庭。曼紐現在就讀的學校學生大都是中上階級的白人，英語為主要溝通語言。

曼紐來到學校諮商室，神情惶恐，不敢進來。學校諮商師和他打招呼，跟曼紐說老師把他轉介過來的原因，是因為他在班上都不講話。曼紐顯得很驚訝，但也只是輕輕地點個頭。諮商師先採取焦點解決短期治療的「不預設成見的立場」回應曼紐：「我不確定事實如何，不過你點了點頭，好像說老師講的是對的，是嗎？」曼紐再次點點頭。諮商師說：「因為我不在班上，可以請你跟我多說一些嗎？你在班上怎麼都安靜不說話呢？」學校諮商師以尊重、好奇的態度詢問曼紐，希望曼紐協助他瞭解情況。

曼紐開始說起剛到這個新學校以及碰到的新同學。他說轉學前，他們全家才剛搬來這個社區不到一個禮拜，所以曼紐根本不認識任何一位小朋友。學校諮商師問他：「有沒有什麼時候，是你在班上不會這麼不敢講話的？」（例外問句）曼紐說在前一個學校，他可是很愛說話的。那邊的學生多是墨西哥裔美人，他們還會一起去教會、參加各種社區辦的活動。由於這裡沒有半個認識的人，加上多數同學又是白人，曼紐覺得跟同學格格不入，不知道該怎麼交朋友。

學校諮商師又問他：「在1到10的量尺上，1表示很放鬆、有自信，10表示很緊張不安，你覺得自己現在的狀況是幾分呢？」（量尺問句）曼紐說8分。學校諮商師也問曼紐在之前的班級喜歡聊什麼話題、參加什麼活動。曼紐說他喜歡歷史和小組學習（找解決方法）。學校諮商師再問曼紐：「如果今晚上床睡覺，結果一早起來奇蹟發生了，你不再那麼緊張不安，更有自信面對班上同學，你怎麼會知道奇蹟發生了呢？」（奇蹟問句）曼紐說他會回答更多歷史科問題，更常主動擔任班上同學的伴讀志工。

233　　　根據曼紐提供的訊息，學校諮商師和曼紐一起設定諮商的初期目標。首先，曼紐要在班上勇於回答歷史科問題。第二，曼紐下星期就報名伴讀志工。第三，曼紐要邀請一位同班同學一起參加社區舉辦的運動項目，多認識社區和同學。曼紐和學校諮商師協議下禮拜再晤談一次，追蹤他的不安—信心量尺變化，看看有沒有達成原先設定的目標。

關係文化治療

　　關係文化治療（relational-cultural therapy, RCT）是一兼容並蓄的建構主義取向。只要運用得宜，亦可擷取其他理論取向的技術（Frey, 2013）。Tucker、Smith-Adcock 與 Trepal（2010）特別歸納出五個關係文化治療的實務應用基本技巧：鼓勵、探索、教育、解釋、擴展。這些技巧在兒童諮商上的應用，列述於下。

1. 鼓勵

　　諮商師鼓勵個案自我同理或自我接納（Tucker et al., 2010）。自我同理與瞭解自己，是與他人建立關係、同理他人的先決條件。自我同理也就是不批判、不責備，如實地感受經驗（Jordan, 1991）。雖然自責和發展狀態有關，但兒童成長得很快。幼兒經常不加思索地顯露情緒和想法，但慢慢地，兒童開始內化和承接責任。

　　敘事治療也會以不批判的態度，鼓勵兒童以口語或其他方式敘說故事，藉此瞭解個案的自責心態從何而來。關係文化治療特殊的地方在於，諮商師會回饋個案他聽了這個故事後的反應，表達同理心與關懷，展現諮商師的真誠。有位 8 歲的小女孩，因為沒人要在下課時間跟她玩而哭了。諮商師同理地說：「下課時間沒有人要跟妳玩，妳一定覺得很孤單吧。如果是我，也會覺得難過和失望。」如果孩子因為沒人要跟她玩而責備自己，諮商師會問她：「如果是下課時間沒有人跟妳妹妹或弟弟玩，妳會怎麼想？」試著讓個案從不同的角度

思考，進而關懷和疼惜自己。同時，諮商師也會探索個案與他人的關係（如同學、老師等），檢視連結與斷裂的原因。透過真誠的諮商關係，兒童始能放心地承認自己的行為會破壞關係。

234

2. 探索關係意象

關係意象（relational images）意指依過往關係建立的關係心理樣板（templates of relationships）（Miller & Stiver, 1997）。諮商師假設兒童會依過往有限的關係，形成關係意象（但諮商師也會大膽假設，小心求證）。兒童的關係包括家人、同儕、權威人士（如：老師、宗教人物、鄰里社區人士）及特定文化人物。諮商師應評估這些關係意象如何造成兒童的困擾。例如，繪製家系圖有助於瞭解哪些家庭成員具有影響力、影響力的作用何在、哪些是兒童的重要他人等（Taylor, Clement, & Ledet, 2013）。至於幼兒，可以請他們畫出家中場景或學校場景。諮商師須詢問和評估哪些人曾是幼兒的重要他人、哪些人的重要性已不若以往。關係為什麼斷裂了？個案怎麼經歷這個過程？如果這個 8 歲的小朋友在下課時間沒有玩伴，是不是她過去曾有被同儕或家人置之不理的經驗，因而拒絕這些關係？在受傷害之前，她以拒絕他人的方式來自我保護嗎？探討與關係有關的想法和感受，有助於幫兒童的問題情境找出解決之道。

3. 教育

教育個案關於權力及權力差異的知識，是關係文化治療的核心（Jordan, 2009）。對兒童來說，他們與多數成人的關係本來就存在權力差異。不過，虐待事件會對兒童的關係意象產生負面影響，因此，教育個案關係裡的權力角色勢在必行。主流文化也會影響兒童的自我概念與人際關係。種族、性別、體能、信仰、學習、社經地位的多樣性，都可以透過個別諮商、團體活動等加以探討。讀書治療適用於各個年齡的兒童，如能加上符合發展水準的持續追蹤活動更好。當兒童能接納自身與他人的差異，同理自我和他人的能力也會跟著增長，促進相互同理和相互賦權。引導活動 9.5 探討相互同理，亦即相互關係（mutuality）。

引導活動 9.5

相互關係

　　在關係文化治療裡，相互關係意指雙方以相互同理的方式對待彼此。諮商師與個案的關係亦然。在相互關係中，諮商師真誠地面對個案，對個案的故事給予回饋。你會分享哪些事情呢？你的社會和文化脈絡又會如何影響你的反應？想想兒童通常會在諮商中提到哪些問題（如：功課不好、人際關係、家庭問題等）。你小時候也有這些問題嗎？如果有的話，就有自我揭露的題材。但相互關係不等於自我揭露。請再想想這些問題，指出與之有關的情緒。這些情緒和同理心有關。你該如何適當地表達這些情緒？兒童要如何與你產生共鳴？

　　諮商師須評估個案在諮商中的權力角色經驗。例如，若個案在學校被霸凌或被騷擾，或者反過來，是個案霸凌或騷擾別人，則必須一再重申保密的限制，保障個案和相關人士的情緒與人身安全。如果諮商師的工作場域在學校，教育政策可能會左右諮商師的行動。

4. 解釋關係斷裂與衝突

　　關係文化治療理論要義之一，就是和關係斷裂有關的核心關係悖論（Miller & Stiver, 1997）。個體可能會經驗到突然（acute）或漫長（chronic）的關係斷裂。若為後者，個體會學到在關係中要壓抑自己的想法、感覺和體驗，以免遭受情緒和身體傷害。也就是，他們體驗不到什麼叫作相互真誠對待的關係。於是，他們採取「破壞關係的手法」（strategies of disconnection）為生存手段，虐待關係下的倖存者更是如此（Miller & Stiver, 1997, p. 106）。不過，關係文化治療基於此一構念，認為個體都在追求及渴望真誠的關係。若一方面渴望真誠關係，一方面卻又以破壞關係的手法來自我保護，這種自相矛盾的情形，則稱為**核心關係悖論**（**central relational paradox**）。

　　再次以下課時間哭泣的 8 歲兒童為例，她的人生可能會出現核心關係悖論問題。小女孩抱怨沒人要跟她玩（她希望有人跟她玩），可是過往的關係經驗卻讓她採取破壞關係的手法。細看她在下課時間跟班上同學的互動，可以發現她為了保護自己不受傷害，做出了許多不明所以的行為。諮商師須判斷這些破壞關係的手法，是否和發生在日常生活情境、長期或嚴重的關係失衡有關。若有虐待情事，就必須採取介入行動。

5. 擴展

　　讓個案體驗到真誠的諮商關係，探討他們的關係意象、瞭解關係權力差異的知識，並釐清特殊的關係斷裂與衝突經驗，接著，諮商師會鼓勵個案將所學應用在未來可能發生的衝突情境。擴展（expand）個案的自我認識，也瞭解自己在關係中的位置，協助他們培養相互同理與相互賦權的能力，因應日常關係可能出現斷裂的情形。Tucker 等（2010）建議諮商師教導兒童與他人溝通時運用「我訊息」（I-messages）、社交技巧、同儕調停技巧等，促進健康關係發展與建立正向關係樣板。

成效研究

　　雖然建構主義諮商取向的成效研究正在蓬勃發展，可惜仍然屈指可數。以下說明證實焦點解決短期治療、敘事治療和關係文化治療有效的研究。不管是現代主義抑或後現代主義諮商取向，皆須有充分的效果研究作後盾。

　　焦點解決短期治療的成效研究，大都以在學兒童的各種行為與學業問題為主（Kim & Franklin, 2009）。回顧與分析焦點解決短期治療最為嚴謹的學校應用研究，Kim 與 Franklin（2009）計算效果值以檢視焦點解決短期治療成效。使用 Gingerich 與 Eisengart（2000）系統性地檢驗焦點解決短期治療的要素，Kim 與 Franklin（2009）發現，這些研究至少分析了一個焦點解決短期治療的核心要素。這些要素包括運用：奇蹟問句、量尺問句、稱讚個案、指派家庭作業、

積極尋找優勢或解決之道、設定目標、發現例外等。另外，也有研究得出的結果不一。正向的成效指出焦點解決短期治療的效用包括：減輕負面情緒、改善學習成果、管理問題行為，以及對行為問題與物質使用問題產生影響。可惜的是，焦點解決短期治療無法有效提高出席率或提升學業平均成績（GPAs）。

　　整體而言，焦點解決短期治療能帶給兒童正向的效果。對學校諮商師來說，是個滿有效率的諮商取向。此外，焦點解決短期治療看重正向優點與面向未來，能帶領兒童與家庭朝著樂觀發展的方向邁進。

237　　雖然敘事治療是新興的諮商取向，但已有數個研究證實其處遇各種對象和議題的效果。Hannen 與 Woods（2012）特別以兒童為對象，採用個案研究設計，探討敘事治療對一位 12 歲自我傷害青少女的效果。六次療程後，以「貝克兒童及青少年量表」（Beck Youth Inventories, 2nd ed.）、敘事訪談和家長的陳述報告評估治療效果。結果顯示個案的情緒健康、復原力及行為等，都隨著療程進展而有所改善。

　　Ramey、Tarulli、Frijters 與 Fisher（2009）想藉由成效研究證實敘事治療的創始者 Michael White 將問題外化和圖示運用在兒童上的效果如何。八個年齡 6 到 15 歲、求助問題不一的兒童接受短期敘事治療。每次療程均錄影並謄寫成逐字稿，便於日後資料分析。研究結果支持 White 的鷹架地圖與敘事治療個案概念化。此外，結果亦顯示問題外化是非常重要的兒童諮商歷程。

　　在一項以十位被診斷為自閉症兒童（10 到 16 歲）的成效研究中，每位兒童接受為期十週、共計五次、每次一小時的敘事治療（Cashin, Browne, Bradbury, & Mulder, 2013）。其後由兒童的家長填寫「優勢與困境調查表」（Strengths and Difficulties Questionnaire, SDQ），作為主要的效果測量指標。同時也以「凱斯勒心理困擾量表」（Kessler-10 Scale of Psychological Distress）、「貝克絕望感量表」（Beck Hopelessness Scale）、壓力生物標記（stress biomarker）測量兒童的狀況。雖然優勢與困境調查表的情緒症狀分數有下降，但並未達顯著差異。不過，接受治療後，其他量表的心理困擾程度則大幅降低。

　　雖然仍有必要進行更多的敘事治療效果研究，但已可明顯看出應用在兒童的效果。由於研究須得到家長、監護人與機構／學校的同意，實施起來確有難

度。因此,實徵證據研究仍須持續進行。

關係文化治療的成效研究寥寥無幾(Frey, 2013)。關係文化治療原先是以成年女性為處遇對象,因此只有兩篇碩果僅存的有關成年女性參與者的研究。Oakley、Addison 與 Piran(2004)以短期、手冊化的關係文化治療模式,在社區機構對女性進行諮商。蒐集初步篩選到治療後六個月追蹤期的量化與質性資料,在憂鬱、焦慮、述情障礙(alexithymia)、自我沉默(self-silencing)、自尊以及心理健康狀況等測量指標方面,參與者報告她們有顯著的改善。其他的效果包括:達成治療目標、維持三到六個月的追蹤療效,以及非常滿意關係文化治療的模式與治療關係。第二個研究比較短期認知行為治療組(CBT)和關係文化治療組(RCT),對神經性暴食症女性的效果。結果顯示兩組效果不分上下,但關係文化治療組的成員體驗到更深刻的相互關係(Tantillo & Sanftner, 2003)。

雖然已有數個關係文化治療模式嘗試應用於兒童諮商,處遇各種各樣的問題(如:創傷、藝術、升上中學等)(Cannon et al., 2012; Sassen, Spencer, & Curtin, 2005; Tucker et al., 2010; Vicario, Tucker, Smith-Adcock, & Hudgins-Mitchell, 2013),但目前僅有一個成效研究發表。Lenz、Speciale 與 Aguilar(2012)以單一個案系列研究,評估九次的關係文化治療團體對四位中途之家青少女的效果。結果顯示,四位參與者中有三位自陳她們在關係健康量表的分數,至少有一個向度達顯著改變。Lenz 等(2012)結論道:「(對這一特殊族群)關係文化治療或能促進她們與他人的關係賦權與關係締結。」(p. 17)

由於關係文化治療的研究尚屬不足,實有必要進行更多的研究。根據這些少數已發表的研究,可看出關係文化治療是適用於兒童的建構主義取向。量化與質性研究並用,不但可看到統計結果,還能知道這些特殊的諮商取向對兒童的影響為何。質性研究設計或許更適合閱讀能力有限的幼兒。引導活動 9.6 要帶領讀者一起思考,如何設計一個好的研究,讓諮商專業界更能瞭解建構主義取向兒童諮商的效果。

238

引導活動 9.6

成效研究

　　過去十年來，諮商專業界對於諮商技術的成效研究需求日殷。技術的使用和諮商關係的效用，兩者之間究竟有何關聯，無從得知，而專業諮商師也不見得有信心做研究。思考有哪個建構主義取向的兒童諮商或方法滿吸引你的。關於這個取向／方法的使用，你還會想知道哪些事情（如：成效）？要考量個案的年齡或發展水準嗎？哪種問題最適合用這個取向／方法處理？你要如何評量結果，才能跟個案解釋你的治療成效？

239　　　建構主義諮商取向是諮商界的明日之星。從諮商關係建立伊始，即敦促諮商師思考多元性、文化與社會系統對個案的影響。以謙卑和尊重的態度，建構主義諮商師把個案視為自己生命的專家，認識到語言與關係的力量，鼓勵個案和諮商師分享他們的真實。諮商師也會進一步思考該如何與個案合作，共同面對問題情境、找出解決之道，並與他人建立連結。建構主義諮商取向主張，知識和覺察不能混為一談。

諮商的基本原則

· 從兒童使用的語言、口語與非口語溝通中，都可發現意義。

· 溝通和語言立基於社會與文化脈絡之中。

· 建構主義諮商取向採取不病理化個案問題的立場，復原力與適應都是個案的因應技巧。

· 建構主義諮商取向相信所有的個案都想改變、有能力改變，且正在盡最大的努力讓改變發生。

· 個案的故事敘說，反映出與生活有關的社會建構。這些故事在個案的一生

中，有可能改寫數次。

- 透過敘說他們的故事，兒童學到如何善用關係因應問題，發展預防未來再次發生的策略。

本章作者簡介

Donna M. Gibson，維吉尼亞聯邦大學諮商員教育學系的助理教授。任教15年來，她在專業認同發展、領導能力發展、倡議、建構主義理論與關係發展領域，研究與著作等身。她也是有照專業諮商師，工作場域涵蓋學校、醫院、團體復健機構、大學諮商中心、私人執業等。

Shajuana Isom-Payne，維吉尼亞聯邦大學諮商員教育學系的博士生。她曾任中學與大學院校專業諮商師，研究領域包括：多元文化勝任能力、專業認同發展、生活—工作平衡、國際學生倡議、女性領導能力發展。

Section 3

10
Chapter

嬰幼兒（0-4 歲）與家庭諮商

Catherine Tucker

培養堅強的孩子，比修復壞掉的大人容易多了。

——**Frederick Douglass**（弗雷德里克・道格拉斯）

引言

　　生命最初頭幾年，無論對嬰兒或照顧者來說，都是節奏最快、最為忙碌的時期。半數以上的大腦灰質，或稱皮質，是在出生後才開始生長的（Schore, 1994）。嬰幼兒正處於全面性爆發成長的階段。此時，就算是最有能耐的照顧者，也可能被嬰幼兒的營養、刺激和安全感的需求，弄得焦頭爛額。臨床上常見的 0 到 4 歲嬰幼兒問題，多半與發育異常（生理、認知或心理社會等方面）或教養問題有關（Zeanah & Zeanah, 2009）。養育嬰幼兒須耗費極大的能量。因此，若碰到貧窮、照顧者罹患身心疾病，或親子關係緊張，養育健康兒童的任務就更為艱鉅。

　　無論主述問題的本質為何，從家庭的脈絡來看嬰幼兒是很重要的。與嬰幼兒的照顧者合作，制定有意義且可達成的處遇計畫，是成功治療此一年齡／階段兒童的不二法門。由此之故，本章探討的諸多介入策略，都以提高家庭解決問題能力、相互溝通與扶持為目標。教導剛開始教養嬰幼兒的家庭有效的介入策略，不啻是為他們未來不用再費心求助打了預防針。沒有將整個家庭納入的介入策略，看似暫時取得不錯的效果，實則不算是長期而有系統的結果（Lieberman & van Horn, 2009）。系統性的介入策略範例，請見案例描述 10.1。

案例描述 10.1

雅各，4 歲，衣著整潔、活潑好動。帶他前來求診的瑪莉亞阿姨，一個月前才剛成為他的監護人。瑪莉亞告訴諮商師，她第一次見到雅各，是她受兒童福利機構之託，從別州把他領養過來的時候。雅各的媽媽，也就是瑪莉亞的姊姊，因持有毒品被判入獄服刑，而被剝奪了雅各的監護權。

瑪莉亞從社工的手中接過雅各。雅各開心地牽著她的手，頭也不回地跟著瑪莉亞一起搭機離開。一來到瑪莉亞的家，雅各幾乎天天做惡夢，不敢靠近某些物體和場所，如黑暗的角落、地下室、公廁，以及和火有關的東西（打火機、煙火缸、壁爐等等）。雅各的幼兒園老師說，雖然雅各看起來很開朗，但他也會攻擊別的小朋友，人際關係不是很好。

為了對雅各的主述症狀有更全面性的瞭解，諮商師請瑪莉亞和幼兒園老師填寫 BASC-2 表（兒童行為評量系統第二版）（Reynolds & Kamphaus, 2008）。瑪莉亞和雅各也參與馬謝克互動法評估（Marschak interaction method [MIM] assessment）（Booth & Jernberg, 2010）。檢視 BASC-2、MIM，以及瑪莉亞提供的醫療與學校記錄後，諮商師診斷雅各患有反應性依附障礙症（reactive attachment disorder）、去抑制型（disinhibited type）和創傷後壓力症候群（PTSD）。她也制定了一套處遇計畫，內容包括：減少雅各的恐懼症狀，如惡夢、躁動、攻擊同儕，並增加他和瑪莉亞的安全依附關係。諮商師也給瑪莉亞一些可在家裡和雅各一起使用的能安全應對陌生人的媒材。

在 MIM 評估進行期間，瑪莉亞在撫育性任務方面表現得很好，但卻不太懂得如何創造與維持結構。因此，在進行治療性遊戲（Theraplay）初期，諮商師首先側重建立結構與加強雙方的參與投入，並在療程開始和結束時加上撫育性活動（請見下表的療程說明）。雅各、瑪莉亞和治療師一同參與每週的療程活動。經過 18 週的治療性遊戲，加上在家裡進行的睡前撫育性活動，輔以紀律訓練，瑪莉亞發現雅各做惡夢的次數，已經從每週二至三次，降至每兩個禮拜才有一次。她也說雅各在幼兒園比較不會那麼愛攻擊同學和亂發脾氣了。諮

商師再次進行 BASC-2 表與 MIM 後測，結果顯示雅各先前的症狀改善許多。雅各的諮商在追加兩次療程後結束。最後一次諮商在雅各最喜歡的親子活動中，開心地劃下句點（注意：以下活動取自《治療性遊戲》[*Theraplay*] 一書，採用親子遊戲取向之前，建議讀者先參加相關訓練 [Booth & Jernberg, 2010]）。

活動名稱	活動面向	療程說明／所需媒材
小星星歌唱	參與性	唱「小星星」童謠，但可依兒童的特色改編歌詞。如： 一閃一閃亮晶晶，我想知道你是誰。棕色皮膚蘋果臉，大大褐眼水汪汪。一閃一閃亮晶晶，原來是雅各小寶貝。
丟沙包 （丟豆袋）	結構性	各放一個小沙包或小玩具在你和幼兒頭上。請幼兒等待，直到你說出某個有趣的字詞（如「西瓜」、「大象」）、眨眼或做出某個傻傻的表情，你們兩個再同時讓小沙包落下。不要太快出現暗號，但也不能讓幼兒等太久。二至三個長度的字詞尤佳。三到六回合之後，再換別的暗號。
喝果汁	撫育性	請照顧者準備一瓶果汁。照顧者把果汁插上吸管遞給幼兒。
我說你做 （Simon says）	結構性	這是兒童常玩的遊戲——大人是 Simon，兒童學習等待輪流，聽候指令。依兒童的耐性，玩幾個回合。
打報紙	參與性／結構性	舉起一張報紙，請兒童打穿它，證明自己有多強。擊拳的時候可以加上一些狀聲詞。
泡泡網球	結構性	吹出幾個泡泡，讓兒童跳起來拍打。接著把泡泡輕柔地吹向幼兒，再請幼兒吹回來，反覆數次。
擦乳液	撫育性	使用任一款不會引發幼兒過敏的乳液。照顧者抹些乳液在幼兒手上，哼唱一首短歌。若幼兒覺得不舒服，就讓他自己來。不必讓幼兒幫大人塗抹。這是撫育幼兒的活動。
再見歌曲	撫育性／結構性	使用任一首兒歌，最好每週都用同一首。

250

　　事實上，由於年齡與特殊需要考量，某些州已經要求想要治療嬰幼兒的心理健康助人工作者，必須具備特殊證照。讀者若有處遇嬰幼兒及其家庭的意願，請務必查詢執業州的證照規定（Korfmacher, 2014）。

```
┌─────────── ·讀完本章之後，你應該能夠· ───────────┐
│                                                        │
│ ·說明 0 到 4 歲嬰幼兒的一般性認知、心理社會與生理發展模式。 │
│ ·說明這個年齡階段嬰幼兒常見的心理健康問題。              │
│ ·說明幾種可用於 0 到 4 歲嬰幼兒及其家庭的介入策略。       │
│                                                        │
└────────────────────────────────────────────────────────┘
```

大腦與認知發展

　　出生頭幾年，大腦的活動量驚人。嬰兒出生時雖已擁有成人完整大腦的大部分基本結構，但大腦細胞的連結與灰質的發展，至少在出生後兩年，仍持續以飛快的速度成長（Sheridan & Nelson, 2009）。過去老舊的觀念認為出生後的大腦無法再生新的細胞，如今也被推翻。出生之後，部分大腦仍然可以長出全新的神經元（Sheridan & Nelson, 2009）。大腦細胞之間的連結，極可能一直延續到成年期而未間斷（Schore, 2012）。

　　出生後不久，擷取與解讀感覺資訊（視覺、聽覺、味覺等）部分的大腦區域急遽生長。大腦的成長與連結有賴於嬰兒的生活經驗品質，尤其是接受照顧的品質（Schore, 2012）。主管非語言的右大腦半球在出生後兩年，成長特別快速。掌管情緒喚起與情緒調節等功能的右大腦，在出生後三年居於主導地位。而掌管認知、語言、決策或其他執行功能的左大腦，通常要到 3 歲前後，幼兒的語言與推理能力急速發展，才能完全準備就緒（Schore, 2012）。充分瞭解這些知識後，方能明白早期照顧經驗的重要性，以及低劣的照顧品質對兒童後期的行為與情緒會產生多麼負面的影響。

　　第 3 章已詳述負面童年經驗會對大腦發展產生不良的影響。然而，諮商師

251

也應明白，照顧者對嬰幼兒一貫慈愛、溫和與撫慰的互動，為嬰幼兒日後的心理健康奠定良好的基礎。依附是透過右腦對右腦的聯繫而形成，長期的相互凝視通常有助於依附關係的建立（Schore, 2012; Tronick & Beeghly, 2011）。經常深情地凝視嬰幼兒，是建立安全依附和大腦健康發展的捷徑。早年右腦對右腦的刺激匱乏，似乎是諸多問題的罪魁禍首，包括：調節問題（如：注意力不足過動症 [ADHD]、對立性反抗症 [ODD]、暴怒）、關係問題（不安全依附型），以及容易罹患其他心理疾病（尤其是 PTSD）（Cozolino, 2010）。

　　出生後 2 至 3 歲，非語言特性的右大腦居於優勢，與感官和情緒經驗有關的區域蓬勃發展。約 2 歲半到 3 歲時，幼兒的詞彙量迅速增加，理解複雜句子的能力也跟著提升（Sheridan & Nelson, 2009）。不過，教養這個年齡的幼兒時，下達的指令須簡明直接（一次一個規定），而且規定要前後一致。

　　按照 Piaget 的說法，2 歲左右的學步兒，正從感覺動作期轉換到前運思期（Piaget & Inhelder, 1973）。感覺動作期（sensorimotor stage）（出生至 2 歲）的嬰幼兒吸收了感官資訊，但僅稍做訊息處理即採取行動。他們也發展出物體恆存（object permanence）的概念（這就是為什麼有時 1 到 2 歲的幼兒玩捉迷藏或躲貓貓遊戲時會感到不安，因為他們以為躲的人會永遠消失不見）。通常在 9 到 12 個月時，他們會經歷分離焦慮階段（Berk, 2006）。與爸媽分離的焦慮是這個階段的正常現象，因為嬰幼兒已經知道他被帶離爸媽的身邊，照顧者不再總是同一個人。一般說來，分離焦慮會在幾個月內慢慢消退，但有些孩子直到兒童後期，仍不時出現分離焦慮問題。

　　大約 2 歲時，幼兒開始進入前運思期（preoperational thought）（Piaget & Inhelder, 1973），約持續到 7 或 8 歲。前運思期的特徵是奇幻思考與想像遊戲（Piaget & Inhelder, 1973）。此階段的幼兒喜歡想像院子裡的大樹是艘太空船，或可以跟大象玩具對話。他們也很喜歡問「為什麼」和「怎麼會這樣」的問題，因為他們的抽象思考能力仍嫌薄弱（Berk, 2006）。他們也很自我中心。對前運思期的兒童而言，他們是宇宙的中心，每件事和每個人都繞著他們轉（Piaget & Inhelder, 1973）。此階段的幼兒常為了根本不在他們能力控制範圍內的各式各樣事件自責。例如，幼兒常認為爸媽離婚是因為他們調皮，或叔叔過

世是因為他們踩了人行道上的裂縫。因此，諮商師若僅是告訴幼兒：「這不是你的錯」，可能不足以改變他們認為是自己引發不快事件的想法。必須一再地透過遊戲、繪畫或行動演出，直到觀念轉變，才能讓幼兒明白不是他們造成了這個壓力事件。

這段時期的幼兒不太能理解他人的觀點（Piaget & Inhelder, 1973）。學習分享、輪流和處理小衝突，是這個年齡階段就入學的幼兒重要的社會發展任務（Berk, 2006）。幼兒其實懂得公平的概念，也通常能遵守簡單和一致的規定。

心理社會發展

隨著各個面向的急速發展，出生至 4 歲的幼兒，心理社會層面也經歷莫大的進展。Erikson 的心理社會發展階段模式（1963）主張，3 或 4 歲前的幼兒，須通過兩個重大的發展階段。第一個階段是信任 vs. 不信任。想要克服這個階段的基本衝突，嬰幼兒的基本需求（如：想獲得安全與滋養的需求）必須獲得滿足，才能順利前進到下一個階段。受到適當照顧的兒童，對這個世界能發展出基本的信任感，而受到忽略或不當對待的兒童，則無法相信別人會保護他們或滿足他們的基本需求（Erikson, 1963）。顯然，Erikson 理論中的早期階段和依附理論不謀而合。Bowlby、Erikson 與其他理論學者也同意，如果信任與不信任這個最初、最基本的衝突沒有獲得解決，個體可能終其一生都會有無法與他人建立並維持健康關係的問題。

當信任與不信任的衝突成功獲得解決，幼兒才能向前進展到 Erikson 的第二階段——自主 vs. 羞愧懷疑（Erikson, 1963）。這個階段含括學步兒時期，約開始於 12 個月大，約在 3 歲時結束。在這個階段，幼兒必須想方設法從照顧者身邊獨立 —— 要學習走路、自己吃飯、自己上廁所，以及說完整的句子（Berk, 2006）。如果幼兒在尋求獨立的過程中，得到的是批評而非鼓勵，他們可能會對自我能力產生懷疑，不敢嘗試新事物（Erikson, 1963）。然而，獨立似乎是文化建構出來的問題。歐裔、非裔、拉美裔、亞裔等其他文化，對獨立的

看法各不相同。白人與歐裔傾向支持個人主義與自立自主，但其他多數文化重視的卻是合作與相互依賴（Vernon & Clemente, 2005）。因此，面對學步兒，諮商師應瞭解他們的文化對於獨立與合作的信念為何。

0 到 4 歲的幼兒不太懂得該與同儕和手足分享與合作。根據 Selman 的社會觀點取替理論（theory of social perspective taking）（Selman, 1980），原因在於自我中心觀躍上檯面，且一直延長到上幼兒園期間。Selman（1980）主張，這個階段的幼兒知道不要那麼依賴父母，但又以為每個人都和自己有一樣的想法和情緒。他們尚未具備思考不同觀點的能力。這也就是為什麼學步兒不能理解搶走別的小朋友的玩具，會讓那個小朋友生氣。他們必須發展出同理他人的能力。學步兒的父母和照顧者通常得花相當多的時間教導幼兒「打人會痛」，或「拿走朋友的冰淇淋，朋友會傷心」。約 4 到 5 歲時，形成同理思考的神經通路開始發展，幼兒才漸漸懂得別人也有他們自己的想法和情緒（Selman, 1980; Cozolino, 2013）。

須關注的議題

當幼兒被轉介到心理健康服務，常見的轉介原因不外乎是：（1）父母親需要協助以安排與結構化幼兒的環境，或給予幼兒適當的養育；（2）幼兒罹患生理或神經系統方面的缺陷，顯現行為症狀（Troutman & Moran, 2011）。本節挑選出最為常見的教養和發展障礙問題來探討。不過，難免無法一一解答幼兒家庭面臨的所有問題。我們用第一個引導活動 10.1 來練習，觀看數個幼兒遊戲影片後，舉例說明這些理論原則。

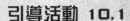

引導活動 10.1

每三或四個學生一組。做這個練習前，每位學生先選定一名主要的發展理論學家（Piaget、Erikson 等）。使用 YouTube 或類似的影音分享網站，搜尋「child development observations ages 2-4」，上面有全世界各地上傳的數百個兒童發展影片。挑選二至三個短片觀看，不同種族、地區和性別的幼兒團體或遊戲團體為佳。看完影片後，請從你原先選定的發展理論學家的觀點，說明你觀察到的行為，接著分組回答下列問題：

1. 是否所有的幼兒都發展到同樣的階段，或在認知、社會、道德等領域有不同程度的發展？
2. 男童或女童之間，或不同屬性的團體之間，是否有出現差異？
3. 幼兒之間有出現任何合作行為嗎？他們分享和輪流的能力，是否依年齡、性別或其他因素而有所不同？
4. 你所觀看的影片，是否可看出哪位幼兒有行為問題（不可從影片妄下診斷，這只是個練習活動）？如果有的話，你會提出什麼建議，教導老師協助幼兒？

一般嬰幼兒教養

第一次帶初生嬰兒回家，可是一件相當震撼人心的經驗。不管是親生、寄養或領養子女，找到照顧新生命的節奏，同時兼顧生命其他既定角色（工作、配偶、其他手足的父母等），需要花上幾天甚或幾個月的時間，視嬰兒的健康與氣質狀況、成人的家庭資源、當前環境壓力源的型態與嚴重程度而定。

初生嬰兒的立即需求：食物、住所、換尿布、安全保護等雖然簡單，卻是接二連三索求無度。每天沒日沒夜地滿足嬰兒的需求，尤其嬰兒的睡眠模式反覆不定，更讓父母親身心交瘁。疲勞與挫敗，使得父母親的任務更加艱困，遑

論還要建立情感連結與安全依附。即使成人已疲累不堪、滿腹牢騷，新手父母仍得想方設法餵飽嬰兒或換尿布，提供舒適與呵護的情緒回應。

幸運的是，嬰兒的適應能力很強，就算父母親偶爾發點脾氣，還不至於造成永久的情緒傷害（Greenspan & Wieder, 2006）。當照顧者與嬰兒相處的時間一長，特別是花時間互相凝視，他們就能培養出情感相互調節的模式，奠定安全依附的基石（Schore, 1994）。事實上，Bowlby、Winnicott、Ainsworth（安斯渥）等許多理論學者，都把依附視為神經／情緒調節歷程（Schore, 2012; Tronick & Beeghly, 2011）。小嬰兒會將自身的情緒喚起或平靜狀態和照顧者同步呼應，逐漸學習如何自我安撫及調節自己的情緒（Schore, 1994）。出生頭一年期間眼對眼、右腦對右腦的接觸，是嬰兒大腦神經連結成長的重要線索，刺激大腦細胞快速生長與連結（Cozolino, 2010）（詳見第 3 章）。調節，或缺乏調節，在在影響日後的心理健康。雖然仍有可能修復缺乏相互調節所造成的傷害，但修復過程殊為不易。由此可見出生後的頭幾個月，對一生的心理健康發展有多重要（Schore, 2012）。

如果嬰兒的照顧者能設法在情緒相互調節和大腦發展的自動化刺激上「夠好」（good enough），嬰兒會慢慢發展出 Bowlby 等學者所謂的安全依附型態（Winnicott, 1973）。安全依附的寶寶和學步兒能安心地探索外在世界，倘若需要幫助，他們知道照顧者會提供關心與保護（Bowlby, 1969）。然而，若照顧者無法給予一致且「夠好」的關懷回應，情緒調節不順利，兒童可能會發展出不安全依附型態（Bowlby, 1969）。不安全依附型態，依不同理論學者而有不同的名稱。本書採用 Mary Ainsworth 從陌生情境實驗結果得出的分類（Zeanah & Smyke, 2009）。欲知實驗細節，請見引導活動 10.2。

引導活動 10.2

陌生情境（strange situation）：透過大學和公共圖書館的數位影音服務，找出「Mary Ainsworth: Attachment and the Growth of Love」（2005）這段影片（譯注：可點閱 https://www.youtube.com/watch?v＝yxAwOv7BPFY），或閱讀 Ainsworth 博士及研究團隊的相關論文。看完陌生情境的影片後，回答下列問題：

1. 早期的親密關係如何影響你現在的生活？
2. 想成為諮商師的決定，和你早年的關係有關嗎？
3. 這些資訊對你處遇嬰幼兒家庭有何啟示？
4. 看完影片後，有什麼是你想從 Ainsworth 的研究中進一步瞭解的？

除了與小嬰兒創造溫暖的情感連結外，父母或照顧者也必須安排適當的結構，協助小寶寶建立安全感。當小嬰兒逐漸長大成學步兒、女童或男童，照顧者要開始增加保護兒童安全的規則（不可以碰瓦斯爐！），或教導幼兒與家人好好相處（不可以打弟弟！）。雖然忙了一天的工作，還要堅持執行規定很難，但照顧者應在家裡設立足夠的結構，允許孩子在探索和遊戲的同時，又能兼顧安全感和每位家人的身心健康。

照顧者通常在嬰幼兒開始學走路的時候，著手準備設立行為規則。初期的規則往往與保護安全有關（不可以到外面去、不可以下樓等）。當小寶寶越來越獨立、學會的事情越來越多，規定也必須擴展到保護兒童在外面世界的安全（不可以把手指頭伸進插座裡、不可以跑到街上）。這時候的規則也包含教導兒童與其他家庭成員和諧相處（不可以捉弄貓、不可以咬妹妹）。雖然規則通常是從經驗中自然習得，但確實執行又是另一回事。比起穩定、言出必行的規則，出爾反爾的狀況常會令幼兒無所適從，甚而引發抗議（我才不要！）。從我們的臨床經驗可知，朝令夕改的規則可能是幼兒行為問題最常見的元兇。照

顧者因為過度疲累或心不在焉，而沒有要求孩子在穩定、可預期的結構下端正
行為、守規矩，一旦孩子養成目中無人、反抗既定規則的態度，到時可是會後
悔莫及，得花更多心神精力來矯正孩子的行為。

自閉症與相關障礙

　　或許，最令人費解與困惑的兒童早期發展問題，當屬自閉症及相關疾患。
想要精確地臨床評估嬰幼兒本來就有難度（Carr & Lord, 2009），再加上症狀表
現和對治療的反應不一，更讓臨床醫師茫然不解。幸好，瞭解大腦功能的醫療
科技日新月異，也逐漸揭開自閉症的神祕面紗（Carr & Lord, 2009）。

　　雖然世人最常將其稱為「自閉症」或「自閉症類群障礙」，但這類群問題
的最佳名稱應該是**表達與溝通性神經疾患**（**neurological disorders of relating
and communicating, NDRC**）（Greenspan, 1992; Greenspan & Wieder, 2006）。這
類群涵蓋各種廣泛的神經與發展診斷，共同點是兒童與周遭人的溝通出現極大
困難。使用 **NDRC** 這個名稱描述自閉症及相關亞型的障礙，有助於臨床醫師
評估兒童的需求與症狀，也有助於學者清楚定義問題，判定哪種介入策略適用
於哪種問題類型（Greenspan & Wieder, 2006）。

　　當今對自閉症類群障礙的假設是，早期嬰兒發展的某個時間點，其感覺輸
入與情感反應配對機制出了問題。隨著嬰幼兒持續成長，感覺輸入配對、理解
社會動作和象徵性語言意義的問題益發嚴重（Greenspan & Wieder, 2006）。每
個自閉症兒童的溝通能力與社交功能表現差異相當大。不過，幾乎所有的自閉
症兒童都有內在無法與他人連結的現象，導致他們的依附關係建立困難，日後
的行為問題更形惡化（Schore, 1994, 2012）。

　　當嬰兒逐漸長大成學步兒，照理來說應表現出更多的動作與口語表達。若
嬰幼兒受 NDRC 的影響，溝通能力無法如預期發展，父母親難免覺得灰心失
望和孤立無援。越來越多的研究顯示，合適的早期診斷，不該僅泛稱 NDRC，
還要指出自閉症亞型，俾能針對兒童所缺乏的互動技巧加以介入處遇
（Greenspan & Wieder, 2006）。

當今最有可為的介入策略，應是綜合各科別及跨場域（居家、日托／學校、門診）多管齊下，就特定互動技巧不足之處加以改善（Carr & Lord, 2009）。做好完善的評估後，再由家庭與治療團隊共同制定詳細且具體的治療目標。介入策略包括：密集且明確的教育學習、依附本位家庭遊戲治療，以及感官暴露等（Carr & Lord, 2009）。這些介入策略得靠各領域的專業人員與家長協力合作完成目標。

由於症狀複雜多樣，我們至今仍無法全面瞭解 NDRC。諮商師必須熟知轉介資源，讓專業團隊合力協助患有 NDRC 的兒童。專業團隊成員可包括：小兒神經科醫師、小兒科醫師、職能治療師、物理治療師、語言治療師、特教老師、發展心理學家、社工師、學校與心理健康諮商師等。學校或心理健康諮商師的角色，通常是協助家長選擇適合的專業團隊成員，確保每位專業人員清楚瞭解兒童的需求。諮商師亦可介入處遇 NDRC 兒童的父母或手足，協助他們學習壓力因應策略，調整對發展障礙兒童的期待。對 NDRC 學有專精的諮商師也可以直接參與發展障礙兒童的評估、診斷與治療。下面將透過觀看引導活動 10.3 介紹的影片，瞭解一位自閉症女性傳奇的一生。

引導活動 10.3

觀看 Temple Grandin 在 TED 演講的影片「The World Needs All Kinds of Minds」（世界需要不同的思考）（譯注：可點閱 https://www.youtube.com/watch?v＝fn_9f5x0f1Q）。看完影片後，想想 Grandin 博士把自閉症視為不同、但卻非失能的觀點。她的演講如何影響你對自閉症兒童的看法？

與雙親濫用酒精有關的問題

雖然無法得知確切的數字，但研究因雙親濫用酒精而造成嬰兒出生缺陷的多數科學家均表示，美國約有 0.1% 至 1% 的出生人口深受胎兒酒精暴露（fetal alcohol exposure）之害（CDC, 2015; Wattendorf & Meunke, 2005）。懷孕期間攝取酒精（這一向是造成智能障礙發生的最大原因），導致美國年約四萬名的初生嬰兒患有嚴重的酒精關聯問題（May & Gossage, 2001）。與其他娛樂性藥物相比，美國的文化受酒精影響太深，因此本章僅探討因酒精濫用造成的出生缺陷。其他因市售藥（毒）品、或從事危險行為導致嬰兒出生缺陷的資訊，請參閱：

- 聯邦疾病管制與預防中心的分支 ── 全國出生缺陷與發展障礙中心（National Center on Birth Defects and Developmental Disabilities）的網頁 http://www.cdc.gov/ncbddd/birthdefects
- 致力於推動預防出生缺陷的組織──出生缺陷基金會（March of Dimes）的網頁 http://www.marchofdimes.org

因為母親攝取酒精而引發的障礙，統稱為**胎兒酒精譜系障礙（fetal alcohol spectrum disorders, FASD）**，描述已知在胎兒期暴露於酒精造成的障礙。近來，疾病管制與預防中心（CDC; http://www.cdc.gov/ncbddd/fasd/diagnosis.html）主張依酒精相關問題的嚴重程度，將胎兒酒精譜系障礙分成三大類別，分別是：胎兒酒精症候群（fetal alcohol syndrome, FAS）、酒精相關神經發育障礙（alcohol-related neurodevelopmental disorder, ARND），以及酒精相關出生缺陷（alcohol related birth defects, ARBD）。其中 ARND 類別是指胎兒期酒精暴露造成中樞神經系統損傷，但卻沒有 FAS 的外觀異常問題；而 ARBD 類別主要集中在身體的器官或骨骼系統畸形（SAMHSA, 2006）。

胎兒酒精症候群（FAS）是目前唯一臨床使用、具有精確診斷準則的類別。病人必須同時具備下述三種特徵，方符合疾病管制與預防中心對 FAS 的診斷：

1. 外觀異常──通常包括：鼻子與上唇之間缺乏脊梁（人中平坦）、上唇扁平、眼睛內外周圍距離過短。

2. 生長遲緩（低於兒科發展標準 10%）。

3. 中樞神經系統損傷──學習、記憶、動作技能、社交技巧、感覺訊息處理出現異常問題。從核磁共振（MRI）或電腦軸向斷層（CAT）可看出大腦結構受損。患有 FAS 兒童的智力功能一般低下，常伴隨衝動控制或過動問題。

260　　　　雖然 FAS 患者常有學習方面的困難，但卻很少被診斷或辨識出來。若患有 FAS 的兒童仍繼續和酗酒的母親住在一起，由於羞愧與罪惡感作祟，許多產下問題兒童的母親都不敢揭露懷孕期間飲酒的精確訊息。並非所有的 FAS 兒童都有明顯的外觀症狀。許多 FAS 兒童常被誤診為 ADHD、ODD、輕度智能障礙或其他問題（CDC, 2015）。

進入托兒所或幼稚園的 FAS 兒童，表現出很難管教的樣子。他們可能今天才學了一個概念或一首歌，隔天馬上就忘記了。他們的挫折感比其他兒童更重，分不出輕拍他人的背和打人之間的差別，學習和社交問題層出不窮（CDC, 2015）。不幸的是，FASD 沒有治癒方法。在公立學校教導孕期飲酒的危險，可能是最有希望消除 FASD 的方式。不過，仍有些介入策略可以用來幫助 FASD 兒童及深受 FASD 相關症狀之苦的成人（SAMHSA, 2014）。

依兒童生理系統受影響的嚴重程度，他們需要各種不同的健康服務，包括職能治療、物理治療、語言治療、醫療監測與治療、特殊教育、心理治療。所有的專業人員應合作無間、避免重複是最理想的。處遇這類兒童的諮商師，最關心的莫過於社交技巧和衝動控制的問題。諮商師應依兒童的認知功能和需求，量身訂做處遇方法（SAMHSA, 2014）。若你懷疑兒童患有 FASD，可利用本章末所附的資源（編注：此部分請參見第 29 頁的編注說明），幫忙找尋適合的兒科醫師及介入策略。

寄養與領養兒童的特殊議題

創傷

本書第 3 章已詳述創傷（尤其是早年關係創傷）的影響。本章繼續補充說明嬰幼兒創傷症狀與治療方法。

反應性依附障礙症

反應性依附障礙症（reactive attachment disorder, RAD）是由於虐待、疏忽或其他兒童早期創傷，形成嚴重的依附障礙（APA, 2013）。在依附型態的連續光譜中（從安全依附到混亂型依附），RAD 是不安全依附型態中最為嚴重的一種，通常和照顧者持續嚴重虐待和疏忽有很大的關聯。安全依附型兒童知道在受傷或遭遇困境時，可以向照顧者尋求安全庇護，但不安全依附型兒童知道他們的照顧者不可靠、不安全，和／或無法提供關懷保護（Main & Cassidy, 1988）。

第一種不安全依附型態是**迴避型依附**（**avoidant attachment**）。迴避型依附兒童和照顧者分離時，看起來並不會不安苦惱，當照顧者回來時，也不顯得高興。**矛盾型**（**ambivalent**）依附兒童（有時亦稱為**抗拒型** [**resistant**]）對照顧者的離開，顯得非常焦躁不安，但當照顧者回來時，又很難受到安撫。最後一種是 Mary Main 和研究團隊加上的類別，名為混亂型依附（disorganized attachment）（Main & Cassidy, 1988）。混亂型依附是最嚴重的不安全依附型態，極有可能發展成精神問題（Zeanah & Smyke, 2009）。

所有的不安全依附型態，可以說都是因為照顧者態度反覆無常、疏忽或虐待造成的。在許多案例中，父母親傾向複製他們的父母或照顧者的依附型態（Busch & Lieberman, 2007）。最嚴重的不安全型依附——混亂型依附的兒童，遭遇的困境非同小可，如：生長在照顧環境極端不佳的育幼院，或嚴重疏忽／虐待的家庭（Slade, 2007; Zeanah & Smyke, 2009）。此外，混亂型依附的雙親，用恐嚇、矛盾、漠不關心或莫名其妙的態度對待嬰幼兒（Slade, 2007）。某些混亂型依附的兒童，衍生出 RAD。RAD 相當罕見，僅有少於 1% 的人會顯現症

狀（Breidenstine, Bailey, Zeanah, & Larrieu, 2011）。不過，住在寄養機構或育幼院的兒童中，患有 RAD 者約達 25% 至 35%（Zeanah & Smyke, 2009）。

　　RAD 分成兩個次類別——抑制型（inhibited）與去抑制型（disinhibited）（APA, 2013）。情感平板、缺乏典型的尋求安慰行為、不參與社交活動、易怒、遇到壓力就退縮等，歸類為 RAD 的抑制型（Breidenstine et al., 2011）。另一方面，去抑制型 RAD 則是社交過度活躍，會輕易地跟任何靠近他的成人離開。這些孩童遭遇壓力時，胡亂挑選尋求安全的對象、來者不拒，對陌生人毫不警戒。對他們而言，照顧者和陌生人無異（Zeanah & Smyke, 2009）。幸好，兩種 RAD 兒童的症狀，仍可在充滿關懷的照顧環境中獲得改善（Breidenstine et al., 2011）。不過，改善的步調與程度取決於諸多因素，如：兒童送到安全寄養家庭的年紀；過往被虐待／疏忽的頻率、強度、持續時間；或是否伴隨其他不利因素，如：自閉症、智力障礙等。

　　即使兒童虐待與疏忽的各方面影響已廣為人知，但現今關於 RAD 對個人終生心理健康長期影響的資料依舊寥寥可數（Dube et al., 2003）。幸而，若能將兒童安置在良好的撫育家庭，接受適當的治療，通常可以改善抑制型RAD。至於去抑制型 RAD，即使接受適當的安置，通常還是會持續到青少年期（Zeanah & Smyke, 2009）。越來越多研究顯示，兒童期 RAD 診斷和成人精神問題之間存在關聯，但仍須長期縱貫的研究以釐清典型病程發展和治療的作用（Morgan, Brugha, Fryers, & Stewart-Brown, 2012）。

嬰幼兒的 PTSD

　　就像其他年齡層的人一樣，兒童碰到過度駭人、驚嚇的事件，可能會罹患PTSD（創傷後壓力症候群）。這種可能性近年來才得到醫學／精神醫學界的正式認可，在《精神疾病診斷與統計手冊第五版》（DSM-5）中首度明列在學齡前期的亞型（APA, 2013），這已經是第三版（DSM-III）（譯注：1980 年）初次納入成人 PTSD 診斷數十年後之久了。許多專業人員先前之所以不認同兒童也會罹患 PTSD，原因在於兒童和成人的 PTSD 症狀天差地別。

　　根據國家精神衛生研究院（National Institutes of Mental Health, n.d.）的定

義，PTSD 的症狀分為三大類：（1）反覆經驗創傷事件；（2）情感麻木及過度反應，可能有發展遲緩；（3）喚起程度增加與過度警覺。在這個年齡層，反覆經驗創傷事件可能表現在遊戲中重演事件發生的場景、睡眠障礙，和／或逃避會讓人想起創傷事件的東西（地點、人物、動物、氣味、任何能喚起事件感覺記憶的觸媒）。罹患 PTSD 的兒童可能會表現出莫名激動的狀態，故常被誤認為是 ADHD 或 ODD（Busch & Lieberman, 2007）。喚起程度增加的症狀包括：躁動、黏人、欠缺專注力、暴怒、分離焦慮、攻擊同儕或照顧者、退化（如失禁、尿床），和／或與年齡不相稱的性行為等。因此，關鍵是臨床醫師要能正確診斷幼兒罹患 PTSD，否則許多治療 ADHD 和 ODD 的方式，如：興奮劑類藥物（stimulant medication）、懲罰行為規定等，並不適合用來治療 PTSD（Schore, 2012）。根據 Follan 等（2011）的主張，臨床醫師若能留意 RAD 的八項核心症狀，應該可以透過與照顧者會談，做出鑑別診斷。RAD 的八項核心症狀包括：情感表達、尋求安慰、依賴成人的幫助、合作、探索行為、控制行為、重聚反應，以及對陌生人的反應等問題障礙（American Academy of Child and Adolescent Psychiatry, 2005）。

263

許多症狀，如：極度害怕、情緒調節不佳、難以安撫、突然發怒等，也是依附關係出問題的徵兆。一直以來，PTSD 和混亂型依附彷彿是難兄難弟，兩者構念接近，需要更多的研究支持或推翻這個假設（Busch & Lieberman, 2007）。這可能是因為迄今為止，尚無正式研究將 PTSD 和依附障礙連結在一起。許多治療方式在 PTSD 和依附障礙上同樣能發揮效果（Lieberman & van Horn, 2009）。想瞭解幼兒 PTSD 的盛行率，請見引導活動 10.4。

適合嬰幼兒發展的介入策略建議

0 到 4 歲嬰幼兒的有效介入策略，在於創造正向、滋養、合理結構化的成長環境。這個年紀的嬰幼兒，掌控自身生活的能力不足，因此，若想獲致最大療效，不管是家裡／托兒所／幼稚園的照顧者，都有必要盡量邀請他們參與。雖然有各種適合嬰幼兒家庭的心理治療形式，但本文著重在介紹 Theraplay（治療性遊戲）。Theraplay 原本是 Ann Jernberg 與 Phyllis Booth 在 1960 年代晚期，為芝加哥啟蒙計畫（Chicago Head Start program）而設計開發的治療方式。Booth 與 Jernberg 運用健康依附與兒童發展的原理，創造了符合嬰幼兒發展、容易實施又有趣好玩的治療模式。Theraplay 的效果有目共睹，是受實徵研究肯定的治療方案。有意運用的讀者須先接受訓練。

如同其他嬰幼兒介入技巧，Theraplay 的用意是協助照顧者和兒童建立溫暖、撫育的關係，只是作法稍有不同。Theraplay 的治療師必須主動投入、童心未泯，並且結構清楚（Booth & Jernberg, 2010）。治療師依家庭個別成員的需要，事先選好療程活動，並依療程計畫順序向兒童及照顧者介紹示範。

　　Theraplay 治療師通常會根據從馬謝克互動法（MIM）所蒐集到的評估資料，來制定治療計畫。從 MIM 可看出照顧者—嬰幼兒之間須達成的任務，提供治療師一個觀察方向，找出具有臨床意義的互動行為。透過 MIM 的正確評估，瞭解照顧者—嬰幼兒互動關係的優缺點，據此形成治療計畫的基礎。關於 MIM，可參閱 Booth 與 Jernberg（2010）。Theraplay 的入門訓練課程也會介紹如何進行 MIM 評估。

　　評估完成後，治療師判定療程要著重在哪些互動面向。Theraplay 共有四種互動面向，分別是：撫育性（nurture）、結構性（structure）、參與性（engagement）以及挑戰性（challenge），都是照顧者—嬰幼兒關係的重要面向。但某些親子關係需要加強或削弱其中一些互動面向。例如，在臨床工作中，常會發現領養父母或養育孫兒的祖父母非常擅長撫育性活動，但也要幫他們找出結構化兒童環境的方法。孩子可能會抗拒對行為設立規範架構，使得結構性活動不易推行。知道孩子曾經歷創傷的祖父母或領養父母，難免會想「補償」孩子早年受到的不良對待，容忍孩子在家裡享受無拘無束的自由。不過，這樣反倒讓孩子更不安心，因為他們根本還沒準備好面對這麼多的自由，造成孩子更為蠻橫無理、煩躁不安、目中無人，甚至攻擊他人。當照顧者加入某些結構，例如固定的上床睡覺時間或吃飯時間、相處的禮節、犯錯的合理後果，兒童的問題多半能改善好轉。療程一開始，照顧者就要學習設立結構、運用結構式活動，並將習得的技巧類化到家裡。想要多瞭解 Theraplay，請參閱 http://www.theraplay.org。

　　其他適合 0 到 4 歲嬰幼兒的介入策略包括：

265

1. 依附與生物行為向上技巧訓練方案（attachment and biobehavioral catch-up, ABC）：協助曾有創傷經驗的兒童培養安全依附關係，減輕 PTSD 症狀。參閱 http://www.infantcaregiverproject.com/#!

2. 安全圈親子關係養育課程（Circle of Security）：以依附、親子動力為主的課程，協助照顧者和孩子建立安全依附關係。參閱 http://circleofsecurity.net

3. 親子互動治療（Parent-Child Interaction Therapy）：適用於有外顯行為問題（如：ADHD、CD、ODD）的兒童；協助家長發展有效的溝通方式，避

免諷刺或羞辱兒童。參閱 http://pcit.phhp.ufl.edu

諮商的基本原則

· 嬰幼兒也有心理健康方面的問題。這些問題須靠諮商師施予特別關注與技巧，加以辨識與治療。孩子不是小大人！

· 比起只處遇嬰幼兒，從整體家庭系統脈絡來協助嬰幼兒，效果最好。大幅度的改變有賴整個系統的投入參與。

· 處遇嬰幼兒的諮商師須精熟兒童發展理論，並懂得在療程中應用理論。

· 運用適合嬰幼兒發展的介入策略才能事半功倍。以談話的方式諮商幼兒，效果不彰。處遇嬰幼兒的諮商師應採取遊戲、動作及表達性藝術等非語言的介入方式。

· 懂得如何運用社區資源是很重要的，尤其是有特殊需要孩童的家庭。諮商師須瞭解有哪些最新的資源出爐，並教導家長使用。

本章作者簡介

Catherine Tucker（見主編者簡介）。

11
Chapter

兒童中期（5-8 歲）與家庭諮商

Catherine Tucker

孩子，大人說「不可以」，

大人說「不能」，

大人說「不可能」、「不應該」、「不行」，

大人說「絕對不准」。

讓我悄悄說給你聽——

孩子，什麼事都可能發生，

「什麼事」都有可能。

——**Shel Silverstein**（謝爾‧希爾弗斯坦）（**1974**）

引言

大約 5 歲時，幼童通常可以用口語表達需求、自己上廁所、穿衣服、與同儕玩合作遊戲、遵循簡單的指令及開始閱讀了。5 歲的幼童逐漸能掌握探索外在世界所需的新技能；他們的平衡感、大小動作協調和口語表達能力迅速發展（Berk, 2006）。有了這些新技能，5 歲的孩子準備踏入一個重要的新環境——學校。5 到 8 歲的美國幼童，平均每天花三分之一的時間待在學校（OECD, 2013）。

為了成功適應這個新環境，兒童必須精熟遵循指令的繁複社交技巧、學習與他人合作，以及處理表現不好時衍生的大大小小挫折感。於此同時，他們還

得學習聽說讀寫和算術等相當複雜的認知任務。對許多兒童來說，學校要求達到的這些社會與認知挑戰，有可能超過兒童的發展準備程度（Berk, 2006）。這些要求—準備（demand-readiness）上的落差，加上一些器質性問題如：嚴重的發展遲緩；ADHD；疏忽、虐待、管教不一等關係問題、貧困等，都可能導致兒童的學習進展落後。2009 年，美國 8 到 15 歲的兒童中，就有八分之一被轉介給心理健康專業人員，其中絕大多數是在學問題（SAMHSA, 2012）。據估計，兒童的心理健康問題盛行率，自 1968 年首度研究以來，幾乎沒有太大變化。但有需要接受服務的兒童比例，卻從 10% 躍升兩倍為 20%，亟需重視改善（Nuffield, 1968）。四十多年來，兒童仍是尚未得到充分服務的族群（Prout & Brown, 2007），僅有 20% 的兒童成功獲得轉介機構的服務（U.S. Public Health Service, 2000），最常求助的心理健康專業人員為學校諮商師、學校心理學家或學校社工師（SAMHSA, 2012）。因此，本章的重點將放在兒童、家庭與學校的互動。其中學校諮商師可資運用、最有效的合作策略之一，就是家庭—學校問題解決會議（family-school problem-solving meeting），請見引導活動 11.1 的說明。

引導活動 11.1

　　問題解決會議經常能有效化解親師或師生之間的衝突，運用得當的話，還能大幅節省學校諮商師和行政單位的時間。要執行有效、不相互對立的問題解決會議，請確實遵照下列步驟進行：

1. 協助學生做好準備：讓學生參與會議，並做好參與的準備。若遺漏這個步驟或沒做好，恐使會議功虧一簣。學生應是問題解決會議團隊中的要角。就算年紀再小、發展遲緩或闖下大禍，也不能將他排除在外。讓學生參與，大大提高會議成功的可能性，避免他往壞處想，也有助於團隊形成有效的介入策略。適當地安排學生全程參與會議是很重要的。當我還在國小擔任學校諮商師時，通常會在會議

開始前預留 20 到 30 分鐘，告訴學生會議的目的、誰會來參加會議、會議的時間與地點、你期待他如何表達等。最重要的是，要讓學生知道你站在他那邊。這並不是說你認同他的行為，而是你想和他一起制定公平而有效的計畫，扭轉劣勢。如果你不太認識這位學生，或懷疑有家暴情形，請先評估他的安全。我們不建議混亂、暴力、心理不健全的家長或照顧者參與問題解決會議。若有這種情況，應先單獨與學生和老師會談，留意該透露哪些內容，再轉知家長相關訊息。只要得知有兒童虐待情事，就必須通報相關單位。

2. 介紹與設定會議流程：大家都到齊了之後，先介紹每位出席人員，並說明他們的角色。不要預設家長已經認識每個人，或知道什麼是「行為治療師」（behavior interventionist）、「教務主任」、「副校長」等，以及你為什麼邀請這些人。會議的人數不要太多，以免讓家長有壓力。請孩子坐在你和家長中間，用一兩句話說明會議的目的。例如：「今天我們聚在一起，是要討論喬安的數學成績。我們要決定如何幫助她及格通過。」**對著學生講話**，而不是談論學生。解釋會議的程序，如果手邊有問題解決表，發給在場的每一個人，並加註有哪些人會在會議後收到影本。我通常會給校方、學生和家庭代表一份副本。

3. 表達你／學校的關心，探詢家長和學生的意見：只要說出一兩件校方擔憂的事項即可。發揮你的諮商技巧，別責備或怪罪任何人。千萬不能讓教師或家長當眾責罵學生，也不要使用艱澀的專業術語。

4. 對問題達成共識：這是會議能不能成功的關鍵。注意，不能讓校方或家長任一方過於盛氣凌人。確保每個人都有平等的發言權，慎選能改善團體氛圍的討論主題：（1）接納多方觀點，促成正向改變；（2）帶給團體希望，而不是針鋒相對。

5. 形成解決方案：每位出席人員都應分享一到兩個解決方法，除了澄清細節之外，先別急著否定任何意見。若在場人員沒有頭緒，可以

詢問大家在問題沒有出現的時候，有什麼特別不一樣的例外情形？

6. 行動計畫與追蹤：計畫的重點為在學問題，列出應當採取的行動。計畫裡納入家長、老師和學生三方的行動事項，符合三方的能力、角色和職責，並做成書面記錄。最後將計畫影本發給在場所有出席人員，詳述每個人的任務內容、何時該完成任務、如何考核及考核標準為何。

──── · 讀完本章之後，你應該能夠 · ────

273

· 說明 5 到 8 歲的幼童，在認知、生理及心理社會發展上的變化。

· 說明此年齡階段求助諮商的幼童，最常遭遇的問題困境。

· 說明有效地與學校、家庭、兒童照護系統合作的方式。

· 向其他助人專業者解釋求助諮商的幼童所面臨到的挑戰。

· 查閱線上或紙本常見兒童問題的可信文獻。

大腦與認知發展

雖然兒童中期的發展變化，不似嬰幼兒期劇烈，但此時期幼童的能力也有充分的進展。他們的胼胝體（連接大腦左右兩個半球的白質帶）變厚，強化大腦兩半球的連結合作（Rathus, 2008）。控制精細動作的技能，如：寫字與玩樂器，在 5 到 8 歲期間突飛猛進（Berk, 2006）。粗大動作技能──也就是大肌肉群能完成的任務──也有大幅度的進步。幼童站得更穩、運動能力提升、抓握鉛筆（或蠟筆等其他小物件）、打字等動作越來越順暢（Berk, 2006）。這些技能使得學齡兒童更不用靠成人照料，能自己完成任務，同時也能在遊戲和認知任務上自己做決定。

▋遊戲

　　5 到 10 歲左右的兒童喜歡玩假裝遊戲（pretend play），人物與情節隨著年齡發展越來越複雜。直到青少年早期，假裝遊戲才慢慢轉換成更為結構性的競賽遊戲（game play）（Frost, Wortham, & Reifel, 2001）。幼童喜歡和同儕玩有固定情節的想像遊戲（imaginary play）。這個時期幼童的技能與偏好，也反映在他們選擇玩什麼遊戲以及要跟誰玩（Cobb, 2001）。不管他們喜歡的是身體遊戲、小玩具、玩偶遊戲、扮家家酒或戲劇遊戲，想像遊戲在培養健全的認知發展與社交問題解決技巧上，可說是擔任舉足輕重的角色。若學校壓縮自由遊戲的時間，只為追求提升測驗成績，其實是剝奪學生有可能表現更好的機會，因為想像遊戲是認知技巧發展的重要基石（Frost et al., 2001）。為補回休息時間的損失，家長必須在課後時間盡量鼓勵孩子玩想像遊戲。目前各種電子遊戲成了遊戲與兒童發展的新興熱門話題，欲知更多訊息，請見引導活動 11.2。

274

引導活動 11.2

　　想多瞭解電子遊戲對兒童發展的影響，可參閱范德比大學發展心理學部落格（Vanderbilt University Developmental Psychology blog）於 2014 年 4 月 24 日發布的文章 https://my.vanderbilt.edu/developmentalpsychologyblog/2014/04/effect-of-video-games-on-child-development（譯注：該網頁目前已不存在）。

　　在這個部落格中，作者群討論了美國電子遊戲的發展史與當今趨勢。讀完之後，你會給國小學童家長什麼建議？你認為電子遊戲就像兒童可以直接把玩的玩具一樣嗎？為什麼？

學習自我控制

掌管自我控制、計畫、工作記憶的前額葉皮質，這段時期的發展神速（Martin & Fabes, 2008），且一直延伸到成年期，是大腦最晚才發展成熟的區域（Martin & Fabes, 2008）。隨著前額葉皮質的發展，兒童記住指令順序、控制自身行為、計畫行動的能力也持續提高。

認知變化

在認知方面，兒童大約在 7 歲時，從 Piaget 的前運思期進入到具體運思期（Salkind, 2004）。具體運思期的三大成就分別是：可逆性（reversibility）、社會中心主義思考（sociocentrism）、去中心化（decentration）（Rathus, 2008）。可逆性意指兒童可以用遞升或遞降順序來分類物體。例如，具體運思期的兒童能說出約翰是他的堂哥，也知道約翰在家族中的輩分比他高。他知道約翰是史密斯家族的一員，知道依順序來看，約翰就是伯父伯母的兒子。不過，這項新能力僅適用於具體的問題情境，抽象思考能力要等到青少年期才發展完全。

社會中心主義思考大約在 7 或 8 歲時取代了自我中心主義思考，意指兒童現在能從與社會團體有關聯意義的角度看自己，不再認為自己是自外於社會的個體。這樣的轉變使得兒童有能力與學校同儕相處、建立友誼，並與他人合作共同完成任務（Rathus, 2008）。他們也開始懂得把個人的表現拿來和同儕或手足比較（Frost et al., 2001）。較晚到達這個階段的兒童，比較不懂得分享、輪流、共同達成團體目標。具體運思期的兒童雖然無法完全正確捕捉他人的想法或情緒，但已具有判斷他人在特定場合的行動或情緒的基本能力。至於觀點取替能力，則要等到形式運思期才會開始發展。

最後，去中心化指的是兒童可以從多方角度思考問題，而不僅專注在問題最顯眼的部分（Piaget & Inhelder, 1973）。具體運思期的這項能力，讓兒童可以進行複雜的數學與科學問題推理。只不過，這項能力還不足以瞭解需要抽象概

念思考的高等代數或高級數學。具體運思期的兒童運用去中心化能力，把問題拆解成數個部分，一個一個解決，再組合起來解決整個問題。例如用繁分數解答數學問題，先把每個分數轉成同樣的形式，之後龐雜的數學問題就迎刃而解了。

心理社會發展

兒童從學前階段的自動自發 vs. 退縮愧疚（initiative vs. guilt），邁入到勤奮進取 vs. 自貶自卑（industry vs. inferiority）階段。他們必須學習獨立完成任務、學習哪些行為可以取悅大人和同儕，並學習讀取社交線索（Erikson, 1963）。在自動自發 vs. 退縮愧疚階段難以展現個人力量的兒童，一到兒童中期，顯得更加害羞與退卻，需要成人的指導協助，好讓他們的能力得以發揮。同樣地，學前時期太過於放縱與任性的兒童，就要開始學習團體合作，完成大人交付的任務（Erikson, 1963）。

除了想要證明自己在各方面都有能力外，此時期的兒童也開始發展出內在自我控制力（Cobb, 2001）。比起幼兒，他們較不會把錯誤歸咎於他人或環境，否則恐引發強烈的自卑感。不過，若能順利完成任務，就能發展出健康的自信與自我肯定感。

友誼在小學初期開始萌芽，其意義勝過學前時期只是湊在一起遊戲的玩伴。友誼能幫助兒童看到自己有別於其他同儕，是有獨特個人偏好、成長背景和能力的個體。友誼是兒童驗證想法與自我價值的重要來源。在學習怎麼當一個好朋友的過程中，爭吵與誤解在所難免，心情起起伏伏，苦惱不安。缺乏關係經驗的他們，沒有足夠的背景知識去修復斷裂的關係。小學時期的兒童通常可以找到非常親密的「摯友」（best friendships），這是除了家人之外，要費盡心思去建立的親密情感連結（Vernon & Clemente, 2005）。「摯友」（閨蜜）對女孩們尤其重要。友誼關係若出現裂痕，會是一件相當難受心痛的事（Vernon & Clemente, 2005）。成人可以引導兒童學習如何建立友誼，請見案例描述 11.1。

276

案例描述 11.1

丹尼爾，5 歲，在郊區的公立幼兒園就讀。他的媽媽是白人，爸爸在孩提時期就從瓜地馬拉移民過來。丹尼爾和爸媽一起住，家裡還有三個姊姊。他被老師轉介給學校諮商師，因為他沒辦法和班上同學「好好相處」。

學校諮商師到班上觀察丹尼爾的行為。他跟其他小朋友一起坐在地上聽老師說故事。他看起來很專心，對故事內容很感興趣，還被叫起來回答問題。不過，當進入小組活動時間，丹尼爾似乎就碰到了困難。他和約翰、瑪莉亞三位小朋友一起被分配到「拼圖角」。瑪莉亞拿出第一塊拼圖，說他們應該一起解決問題時，丹尼爾的心情馬上變得很惡劣。瑪莉亞和約翰開始拼圖，丹尼爾退到一旁看他們玩，嘟著嘴喃喃自語：「不公平。」當約翰和瑪莉亞在拼圖時，丹尼爾對他們說：「喂，你們太慢了，而且還拼錯！」並且從他們手中搶過一片拼圖。就在這個時候，教學助理跑過來叫丹尼爾：「安靜一點，大家一起分享。」接下來，丹尼爾就一直氣嘟嘟地站著，不肯加入團體遊戲。

學校諮商師邀請丹尼爾、他的爸媽和老師一起參加問題解決會議。他們看出丹尼爾的問題是沒有耐心等待、不會對朋友和姊姊說出他的需求，並且很容易發脾氣。他的爸媽說這些問題在家裡也常發生，最有效的方法是詢問丹尼爾和孩子們發生什麼事，討論接下來可以怎麼善後。不過，爸媽實在太忙了，無法面面俱到。

277　　　學校諮商師知道丹尼爾的老師也很忙，要管理全日班幼兒園的小朋友，沒辦法仔細聆聽每個孩子的衝突。他們說丹尼爾其實很聰明，該完成的事都有完成，其他時候也不會惹麻煩。會議結束後，學校諮商師草擬一份丹尼爾的介入計畫如下：

1. 學校諮商師跟丹尼爾進行個別晤談，討論他的社交問題。一週一次，每次半小時，持續一個月。晤談方式包括：說故事、用玩偶做角色扮演。

2. 學校諮商師每週到丹尼爾的班上，觀察小組活動時間 15 分鐘，指導他新的社交技巧。

3. 丹尼爾的老師要留意丹尼爾是否表現新的社交技巧。如果有的話，要抓緊時機讚美他。

4. 如果老師注意到新的問題狀況或問題惡化，或這個月來沒有看到丹尼爾的改變，可以跟學校諮商師報告。

5. 學校諮商師每個星期會給家長一張簡單的記錄，告訴家長丹尼爾這週學到的新社交技巧。家長跟丹尼爾一起念完記錄後，可以要求丹尼爾展現他的學習狀況。如果家長注意到孩子在家裡有表現出新的社交技巧，就要讚美丹尼爾。如果他故態復萌，就要提醒他可以有不同的作法。

6. 老師、家長和學校諮商師約定一個月後，再開一次會議，檢討問題進展情形。

想多瞭解家庭和學校關係，請參考 Amatea, E. (Ed.) (2012). *Building culturally responsive family-school relationships*, 2nd ed. New York, NY: Pearson Higher Education。

另外，兒童也可以透過參加某些正式團體，如：女童軍、男童軍、團隊運動、四健會（4-H）、宗教團體等，鍛鍊正在萌發的心理社會發展與技巧。這些團體有助於兒童發揮團隊合作與領導才能。團體成員身分也能用來教導兒童因應團隊工作的挫折感（Cobb, 2001）。

須關注的議題

被轉介諮商的學齡兒童，其原因多半與在校行為表現、情緒問題或家庭問題（如：離婚、再婚或家人死亡等）有關。這些問題，有的是因為器質性損

傷，如：自閉症、發展遲緩或 ADHD，更常見的是起因於關係問題（包括：虐待與疏忽）、家庭或班級的體制結構問題（Kestly, 2014）。

教養問題

　　小學階段這幾年，介於讓人手忙腳亂的嬰幼兒期和狂風暴雨的青少年期之間，有如暴風眼般的平靜。不過，教養小學階段的兒童並非一帆風順。正式入學和友誼的情緒起伏，不管對孩子或爸媽來說，都得想方設法因應新環境和社交團體帶來的壓力。

　　多數小學兒童的家長面臨的問題是：應該要讓孩子獨立到什麼程度、花多少時間參加休閒活動、做什麼家務事、做錯事要怎麼處罰等。這些問題並沒有一體適用的答案。適合某個孩子、某個家庭的作法，不見得適用於其他文化背景、地理區域、能力水準或年齡相異的孩子。一般說來，孩子認為公平且貫徹一致的規定，最容易推行成功。規定及後果朝令夕改、出爾反爾，會讓具體運思期的孩子無所適從，這也是他們求助諮商的主要原因。

　　如果父母離婚、再婚或更換伴侶，教養問題會變得更複雜。處於這個年齡階段的具體運思期兒童，往往難以從他人的觀點視角看問題。想改變家庭組成的父母應該以平心靜氣、就事論事的方式解釋改變如何及何時發生，以及這樣的變化又會如何影響孩子的日常生活。確認孩子瞭解離婚、再婚或其他變化不是他們的錯，大人一樣會繼續愛護和關心他們。若父母共享監護權，之前的規定要盡量維持原狀不變，減少兒童和家長的壓力與困惑不安。推薦家長和孩子共讀 Marge Heegaard 的《當爸爸媽媽分開了》（暫譯）（*When Mom and Dad Separate*）（1996），適當地解釋家庭的變化。

注意力不足過動症

　　根據物質濫用與心理健康管理局（Substance Abuse and Mental Health Services Administration, SAMHSA）的統計，美國 4 到 17 歲的兒童中，有 11%

或約 640 萬人罹患注意力不足過動症（ADHD）（SAMHSA, 2013）。遠高於
DSM-5 預估的 5% 盛行率（APA, 2013）。也就是說，超過 300 萬名的兒童與青
少年不在原本預期的診斷人數中。自 2003 年起，每年約以增加 5% 的診斷率
逐年提高（CDC, 2015）。診斷率依性別和地理位置而異。男童被診斷為 ADHD
的比例是女童的兩倍；南部兒童的診斷率高於北部或西部的兒童（從最低的內
華達州 5.6% 至最高的肯塔基州 18.7%）；低收入戶家庭的兒童也比中高收入家
庭的兒童，更常被診斷為 ADHD（Akinbami, Liu, Pastor, & Reuben, 2011）。

這些診斷差異是否實際反映了不同州別、社經地位在 ADHD 兒童罹患數 279
的差異，抑或健康照顧資源取得便利性、醫師的訓練或偏見，造成診斷率的分
歧，目前尚無定論。在更完整的調查資料出來之前，諮商師應進行更全面的評
估才能確診。詳細的就醫史與發展史，包括詢問各種創傷方面的問題、直接觀
察兒童在不同情境場合的表現，以及不同照顧者填寫的評估表等，都應該是對
兒童下任何心理健康診斷之前的標準評估面向（American Academy of Pediatrics,
2011）。這對某些會開立作用強烈藥物作為治療一環的疾病，如 ADHD 等特別
重要。治療 ADHD 的中樞神經興奮劑類藥物也常被濫用，必須加以小心監控
（National Institute on Drug Abuse, 2014）。

雖然 DSM-5 估計美國每 20 人當中，就有一人患有 ADHD。但這 600 萬名
被告知罹患 ADHD 的兒童與青少年，極有可能是被誤診的。許多 ADHD 的常
見症狀，如：無法專注、難以完成任務、愛做白日夢等，或許是其他疾病的症
狀。焦慮症、PTSD、兒童躁鬱症、兒童憂鬱症等也有類似症狀。然而，上述
每種疾病的對應治療方式不同，例如，開立中樞神經興奮劑類藥物給 PTSD 兒
童，反倒會加重過度醒覺與偏執症狀（Cozolino, 2010）。

一旦兒童被診斷為 ADHD，涵蓋多面向的治療計畫最能有效協助兒童控
制疾病症狀。美國小兒科學會（American Academy of Pediatrics, 2011）指出，中
樞神經興奮劑類藥物只是治療的其中一部分。諮商、班級安置、居家時間結構
化等多管齊下，方能獲致最佳效果。學校諮商師應與教師、家長、醫療專業人
員密切合作，管理藥物的副作用，實施任何必要的調整（不是所有的 ADHD
兒童都需要額外的學業協助）。學校或心理健康諮商師也可提供 ADHD 兒童溫

暖、接納的環境，幫助孩子表達挫折感、練習社交技巧、培養組織行動、討論學業或社交問題。近來研究顯示，兒童中心遊戲治療（CCPT）是適合 5 到 8 歲兒童發展的介入方式，能有效協助 ADHD 兒童（Schottelkorb & Ray, 2009）。本章稍後會再詳細說明。

對立性反抗症

280

對立性反抗症（ODD）是兒童最常被診斷的心理疾病，約有 2% 至 14% 兒童人口受到影響（Fahim, Fiori, Evans, & Pérusse, 2012）。ODD 的特徵是急躁易怒、喜歡爭論、挑釁他人，和／或心存報復、惡意行為等。這些症狀輕者只表現在某一情境，重者則在多個場合頻繁出現（APA, 2013）。男童被診斷 ODD 的比率遠高於女童，且通常伴隨有 ADHD（APA, 2013）。

教養或教育 ODD 兒童相當具有挑戰性。ODD 兒童常在公共場合大發脾氣、與同儕和手足關係不佳、屢勸不聽破壞校規（Drugli, Larsson, Fossum, & Mørch, 2010）。相較於反抗和報復心強的兒童，暴躁易怒的兒童更容易在成年期發展成情感性疾患；而反抗和報復心強的兒童，則比其他兒童更有可能惡化成品行疾患、反社會或邊緣性人格障礙（Burke, 2012）。

ODD 的病因不明。不過，Fahim 等（2012）運用先進的掃描科技查看有／無 ODD 兒童的腦部，研究發現兩者的腦部結構有顯著差異。關於情緒調節和衝動控制部分的額葉皮質，ODD 兒童的比一般兒童還小；關於攻擊與反社會行為部分的額葉皮質，ODD 兒童的卻比一般兒童還大。這些發現雖然顯示 ODD 兒童的大腦結構變化，但卻無法解釋這些變化是 ODD 的原因還是結果。另一項研究則是採用親子互動觀察與 DNA 測試（Willoughby, Mills-Koonce, Propper, & Waschbusch, 2013），連同家族史分析，找到了 ODD 兒童的遺傳標記。若再加上嚴厲、負面、干涉的教養方式，將比單只有遺傳因素還要能預測往後 ODD 病程的發展。這個研究發現支持應該減少嚴厲與負面的教養方式，有心理疾病家族史者尤應避免。此外，嚴厲、負面、干涉的教學方式，恐怕也對 ODD 兒童或其他品行相關問題的兒童有害。實有必要進行更多研究驗證這

項假設。然而，協助教師採用正向、鼓勵及肯定（而非攻擊或被動）的方式與學生互動，有百利而無一害。

另一神經生物研究發現，ODD 難以治療的原因在於 ODD 兒童對獎懲的反應較一般兒童弱（Matthys, Vanderschuren, Schutter, & Lochman, 2012）。Matthys 等（2012）進一步指出，由於 ODD 兒童的神經認知系統存在個別差異，治療必須為孩子和家庭量身訂做，而非依樣畫葫蘆。對良好行為的獎賞或不良行為的懲罰均無太大反應的兒童，可以在行為管理訓練之前，先進行同理心訓練。

訪談 ODD 兒童的父母關於家族史的研究發現，雙親之一有反社會人格障礙、憂鬱症或焦慮症，與兒童罹患 ODD 有關（Burke, 2012）。ODD 似乎具有某些遺傳因子傾向，神經生物學系統迥異於他人，治療殊為容易。至今最有效的介入策略，有賴於家長的積極投入參與（Matthys et al., 2012），並依兒童的進步替換酬賞物、介入技巧與行為後果。多數治療 ODD 的實證研究採多元治療模式，包括：親職訓練、教學訓練、認知重建或心理教育活動（Matthys et al., 2012）。依每位兒童對酬賞與後果的感受性、有學習理解新的社會線索與行為的能力，修正部分介入策略內容。

遊戲治療，特別是將家長納入參與的遊戲治療，對 ODD 有正面療效（Bratton, Ray, Rhine, & Jones, 2005）。遊戲治療是適用於 5 到 8 歲兒童發展的介入策略，可在學校與臨床場域實施，創造一個有別於以往、比較沒有壓力的親子互動方式。另外，本書也強力推薦協助教師減輕壓力與降低衝突，如 Helker、Shottelkorb 與 Ray（2007）發展出來的 CONNECT 方案，以及《心理諮商顧問》（暫譯）（*Counselor as Consultant*）（Scott, Royal, & Kissinger, 2015）這本書介紹的學校本位取向實務。

特定學習障礙

每 10 到 15 個學生當中，大約有一個初入學時才發現有認知障礙問題（USDE, 2015）。辨識、診斷、制定行動計畫的過程，對孩子和家庭來說，都是難以招架的壓力。根據美國教育部的資料顯示（United States Department of

Education, 2015），因為障礙而使學習受到干擾的學童，總數已從 1976 年的 8.3%，至 2011 年時躍升到 13%（約 640 萬名）。當其時，增加最多的是特定學習障礙，包括閱讀、數學或其他特定學習領域的訊息處理過程出現問題（USDE, 2015）。那段期間，14 個聯邦規定的教育障礙類別中，只有一個類別的人數增加：自閉症兒童在所有公立學校註冊率中，1976 年占 0.4%，2011 年占 0.8%（1986 年的修正案增加了學前類別，因此當時註冊率達 100%。然而，註冊率增加不等於辨識標準或問題盛行率改變）。聯邦法律雖掌管大部分的特殊教育法規，但各州與各學區的作法不一。欲知更多特殊教育法案，請見引導活動 11.3（也可見第 2 章）。

引導活動 11.3

　　美國教育部全國教育統計中心（National Center for Education Statistics）蒐集了大量特殊教育相關資料與研究。請瀏覽 http://nces. ed.gov，搜尋障礙兒童的資料與報告。聯邦政府列出 14 個類別，並要求 50 州應提供服務給符合障礙類別的兒童。不過，每個州提供的服務只能多、不能少於聯邦法律的規定（USDE, 2015）。讀完 nces.ed.gov 網站上的內容後，請再瀏覽 http://idea.ed.gov，閱讀關於障礙兒童教育服務的聯邦法律與政策。2005 年的「身心障礙者教育法案」（IDEA）新增了哪些條文？接下來，請瀏覽你所在州政府教育局的網站。你所在的州政府如何經營特殊教育？你覺得州政府遺漏了哪些資訊？你可以另外去哪裡找到這些資訊？

　　雖然符合特定學習障礙認定的要求因州而異，一般鑑定原則為：兒童的整體智力和能力正常甚至在正常程度以上，但找不出其他原因（如：急性病症、行為問題、常常搬家、無家可歸等）可以解釋為何某學科表現欠佳，使得該科的學業成就顯著低於一般學童。最常見的特定學習障礙為閱讀障礙（USDE,

2015）。

諮商師須先協助學習障礙兒童的家長處理失落議題。父母常期待孩子長大成人的模樣，有些障礙會讓父母放棄不切實際的想法。雖然孩子有學習障礙，但不是每位父母都有強烈的失落感，諮商師應辨識有這些狀況的父母，以提供必要的協助。許多線上和圖書館資源唾手可得。當然，在建議父母親前，諮商師應先看過一遍，確保這些資源符合家長的需求。

適合兒童中期發展的介入策略建議

多數構念完備的諮商理論，稍做修正即可應用在兒童諮商上。走一趟大學圖書館或書局，可以找到許多一般理論取向的應用指南。任何基於成人發展的理論取向，若要修正為適合兒童的發展狀況，須加入遊戲的元素。談話治療及其他過於抽象思考的諮商取向，並不適用於尚未進入到抽象思考階段的 15 或 16 歲之前的兒童（Piaget & Inhelder, 1973）。當然，將遊戲融入諮商，一樣適用於已具備抽象思考能力的個案，尤其是有創傷歷史的個案。欲詳細瞭解背後蘊含的科學原理，可參考 Theresa Kestly（2014）的著作：《遊戲的人際神經生物學》（暫譯）（*The Interpersonal Neurobiology of Play: Brain-building Interventions for Emotional Well-Being*）。

本書其他章節會討論一些鍛鍊腦部發育的取向。本章的重點是 5 到 8 歲的兒童，我們將詳細介紹兩種取向。這兩種取向的特色是都有教師諮詢模式，因為此時期有心理健康隱憂的孩童通常已入學，不論是社福機構及私人診所的諮商師，都須與教師和家長密切合作，一起解決問題。我們選出了兩種取向：（1）兒童中心遊戲治療（child-centered play therapy, CCPT）與個人中心取向諮詢；（2）焦點解決短期治療（solution-focused brief therapy, SFBT）與親師諮詢。我們的想法是，SFBT 最適合用在急迫但較不複雜的問題。較複雜且嚴重的問題，尤其是創傷相關的問題，不適合只用 SFBT 單一取向。複雜的創傷特別需要更深度和多重感官整合並用的療法（van der Kolk, 2014）。SFBT 非常適用於

危機、短期和外顯行為問題，能快速找到教室課堂中可以實施的短期解決方法。後文所提及的案例描述 11.2 的親師問題解決會議，就是一種 SFBT 諮詢。

學校與臨床場域的兒童中心遊戲治療

1947 年，Virginia Axline 博士在其撰寫的書中首度描述兒童中心遊戲治療（child-centered play therapy, CCPT）。Axline 是發展個人中心諮商學派 Carl Rogers 的同事（Landreth, 1991）。Axline（1947/1969）說明她的兒童工作取向八項基本原則是：

284

1. 治療師必須盡早與兒童建立溫暖且友善的關係。
2. 治療師要接納兒童真實的一面。
3. 治療師所建立的諮商關係充滿包容的氛圍，讓兒童可以完全自由地表達他的感受。
4. 治療師敏於辨識兒童表達出來的感受，並用兒童可以洞察自身行為的方式，反映兒童的感受。
5. 治療師尊重兒童有把握機會解決個人問題的能力。做選擇和著手改變是兒童與生俱來的能力。
6. 治療師不要企圖用任何方式指導兒童的行動或談話。讓兒童帶領，治療師跟隨。
7. 治療師不要急著加快治療速度。治療師須明白治療是漸進的過程。
8. 治療師只須設定一些必要的限制，讓治療不至於與現實世界脫軌，以及讓兒童知道在諮商關係中應負的責任。

將近五十年後，Axline 的八項基本原則依然是 CCPT 的精髓。CCPT 發展出幾個簡單又有效的實用技巧，體現 Axline 的理念。Van Fleet 與 Sywulak（2010）列舉四個 CCPT 的基本技巧，命名為：結構化、同理的回應、想像遊戲、設限。**結構化（structuring）**意指諮商師在一開始就設定好療程的基本依

據和過程，包括：療程時間、家長或監護人是否須在場、是否有中場休息時間等等。多數的 CCPT 治療師會在第一次療程開始就向兒童介紹遊戲室，例如說：「這是一個特別的房間。在這裡，你可以說任何你想說的話，做你想做的事。我也會告訴你哪些事情不能做。」CCPT 治療師不會在一開始就列出一長串的「不可以」名單，以免扼殺治療師關心兒童、希望兒童自由發揮的氛圍。

下一個技巧是**同理的回應**（empathic responding），有時在遊戲治療文獻裡亦稱為「跟隨」（tracking）。治療師應該多常使用這個技巧，以及該如何表現，沒有一定的答案。在關係開始建立時，可以多對兒童的行動做同理的回應（我通常教學生約每 30 至 60 秒回應一次），但不要加上任何評價或讚美。例如：「你正在用藍色的車子追紅色的車子。」治療師不需要在這時候評論兒童的情緒或遊戲的意義。要對兒童的情緒發表想法（「那隻恐龍真的讓你很生氣！」）或解釋遊戲的意義（「那隻狗說話的樣子好像你爸爸。」），可以稍後再說。事實上，許多 CCPT 治療師傾向在整個療程中，都不對遊戲的意義做任何評論。依我的實務經驗，要不要評論，取決於兒童對我的評論的接受程度。如果他不接受我對於遊戲意義的評論，我就不再做這樣的發言。不過，若兒童一直被同樣的問題「卡住」、找不出好的解決方法時，治療師的評論或可發揮幫忙跳脫困境的作用。

第三個技巧和第二個技巧密不可分。在**想像遊戲**（imaginative play）中，兒童可能會要求治療師參與遊戲，或只讓治療師待在旁邊觀看。同樣的，有些 CCPT 治療師會參與，有些不會。若是新手治療師，我的建議是兩種方式都試過，然後再看哪種方式最符合你的個性和取向。若選擇不參與兒童的遊戲情節，你可以繼續對遊戲做出同理的回應，一樣讓治療氛圍維持在允許和包容兒童遊戲。若選擇參與兒童的遊戲（前提是兒童有邀請你加入），你必須讓兒童主導遊戲。許多治療師採用舞台耳語（stage whisper）的技巧，低聲詢問兒童：「獅子現在在做什麼？」而不是擅自決定遊戲接下來的開展。

第四個技巧是**設限**（limit setting），是許多初學者不知道該怎麼適當運用的技巧。CCPT 要營造寬容允許的治療氛圍，所有可怕不愉快的回憶與想法，都可以在這裡自由表達，並受到接納。因此，太多的規則並不利於治療歷程開

285

展。限制應該僅為保護兒童與治療師的安全而設。Landreth（1991, p. 223）的 ACT 設限模式適用於各種情況：

A＝認可（Acknowledge）兒童的感受、願望和需求。

C＝說明（Communicate）限制。

T＝明確指出（Target）可被接受的替代行為。

286 例如，若兒童朝你丟玩具，你可以這麼回應他：「你似乎覺得拿玩具車丟我是一件很好玩的事，但是在這裡不可以對人丟東西。你可以把它滾給我，但不可以用它丟我。如果你再丟我一次，剩下的時間我會把那個玩具收到櫃子裡。」通常只要設限一到兩次，就足以讓兒童明白遊戲室的自由限度。然而，有時兒童仍會破壞設限規定。若有此種情形發生，治療師必須決定是否要提早結束療程。但這是萬不得已的考量。如果療程必須終止，最好讓孩子在回到父母身邊或教室前，先進行一些安定情緒的活動。倘若遊戲室裡一再出現不安全的行為，CCPT 或許不是最好的治療方法。有些自閉症兒童或有複雜創傷經驗的兒童難以控制自己的情緒，因此最好採用較為結構性的取向，如 Theraplay（治療性遊戲）（見第 10 章）。

這些技巧看似簡單卻不易上手，但若運用得宜，可發揮極大的效果。信守 Axline 理念的遊戲治療，可讓兒童探索個人的內在世界、透過遊戲和玩具表達自我，以及建立一個讓兒童和治療師都能真誠地做自己的溫暖友善的治療關係。然而這對諮商師來說，其實相當具有挑戰性。數年來我教導研究生 CCPT，有許多學生一開始不看好 CCPT，認為它太簡單，抱怨這樣根本「沒做到什麼事」。我發現這些學生諮商兒童個案時，並沒有完全遵循 Axline 的八項基本原則。CCPT 要有效，諮商師必須建立溫暖、包容的氛圍，暫時放下生活中無所不在的**表現壓力**（**pressure to perform**）。CCPT 諮商師首先要真心相信兒童可以解決自己的問題，以及兒童有能力引導諮商的方向。

學校與臨床場域的個人中心諮詢

運用 CCPT 取向進行親師諮詢，諮商師須遵守基本的個人中心諮商原則，言行始終如一。教小學生是非常具有挑戰性的職業，只要有一兩位學生出現反抗、不敬或不順從的行為，就夠老師焦頭爛額了。提供個人中心諮詢的學校或心理健康諮商師，可協助教師紓解壓力，找到可行的解決方法管理困難的學生。個人中心教師諮詢取向（Ray, 2007; Schottelkorb & Ray, 2009）恰如個人中心治療，諮商師是真誠一致、展現無條件正向關懷、傳達出正確同理心的人。就像 CCPT 一樣，個人中心取向諮詢要求諮商師在情感和認知上全然與個案活在助人歷程當下。看似簡單，其實不然。想採用此取向的諮商師必須練習再練習，保持心平氣和的狀態，效果才會明顯。

在個人中心取向諮詢裡，諮詢者致力發揮基本的個人中心技巧：反映內容、反映情緒、面質，以及豐富敘事的意義（Ray, 2007）。諮詢的重點不在於辨識問題，而在於帶來問題的個體。Rogers 說諮商的目標是協助個體的理想我與真實我更為相應一致（Rogers, 1980）。個人中心諮詢的基本目標如出一轍，只不過諮商師面對的個案只有一位，而諮詢的工作對象是像學校或企業組織這般大的系統。不過，目標一樣是臻於真誠一致。老師心目中的理想教師為何？老師現在又是怎麼看待身為老師的自己呢？諮商師和老師要如何合作，才能讓這兩個形象更為相稱契合、相得益彰？這些都是教師諮詢很好的切入點，同樣也可舉一反三類推到家長或其他對象的諮詢。

焦點解決短期諮商技術

與 CCPT 相反，焦點解決短期諮商（SFBC）是相當指導性、短期、聚焦的取向（Sklare, 2014）。以我自身擔任學校諮商師的經驗，SFBC 確實能有效協助突然出現問題的兒童（如：在弟弟妹妹出生後不寫回家功課），或與正面臨困境的家長和老師進行親師諮詢。研究顯示，SFBC 適用於時間、資源有限，常發生單一事件問題的學校場域。探究問題深層原因與注重治療關係的諮商取

287

向，比較適合用在受到創傷或被虐待的兒童上（Flamez & Watson, 2014）。

Sklare（2014, pp. 13-16）提出有效運用 SFBC 的六大原則：

288

1. 聚焦於導向解決之道的成功經驗。意指與其一直追溯問題的起因，諮商師應該引導兒童談談問題消失的情景，若搭配奇蹟問句效果更佳。奇蹟問句的說法為：「如果你明天早上醒來，奇蹟一夜之間發生，問題突然消失了。你的生活會是什麼樣子？」請兒童具體詳實地回答這個問題。幼童通常很喜歡加上一些幻想，如：「我住在月球上的一間大房子裡。」或「我那討人厭的妹妹消失了，我跟一位美麗的公主和一匹很棒的小馬住在一起。」雖然這些奇幻敘述富有想像力又有趣，但卻無助於找到合乎現實的解決方法。較好的作法是請兒童畫出或列出「奇蹟」發生之後明確的生活狀況。

2. 每個問題都可找出例外。要找出問題的解決之道，諮商師必須探詢問題沒有出現的時候與情境。簡單的詢問如：「告訴我有關你沒有讓問題發生的時候。」同樣地，要請兒童舉出具體的例子，而不是幻想出來的故事。有時候，可以先請老師或家長列舉例外情形出現的清單。

3. 小改變具有漣漪效應。即使問題很大，影響到兒童生活的許多層面，但某方面的小改變，會帶動其他方面的改變。例如，如果兒童的成績不及格，你可以從每晚陪他做功課開始。如果他養成每天放學後就做回家功課的習慣，他的數學成績必然跟著改善。

4. 介入策略要有效率。SFBC 不會把治療時間花在蒐集問題史或追本溯源。雖然這是治療創傷的典型作法，但對於突然出現的問題，聚焦於現在反而可以讓諮商師非常有效率地找到可行的解決方法。

5. 聚焦在現在與未來。可以把過去跟現在連結，但不需要老是想著過去不放。

6. 聚焦在行動而非洞察。原則 4 與原則 5 要求諮商師專注於兒童現在及今天發生的事情，並發掘問題的解決方法。SFBC 諮商師使用找出優勢與解決之道的語言（Flamez & Watson, 2014）。例如，不問如果（if）問題不在了，

生活會是什麼樣子，而是問**當**（when）問題不在了，生活會是什麼樣子。
改變有可能發生、所有問題都有解決方法，以及人有能力改變等，都是
SFBC 取向諮商師抱持的信念（Sklare, 2014）。使用正向語言有助於避免落
入交相責備的談話，減少會談當中的敵意，如案例描述 11.2 的說明。

案例描述 11.2

　　諾拉，8 歲，白人小女孩，就讀小鎮的公立小學三年級。學校社工師發現
她的家庭狀況與家庭結構令人擔心，故轉介給學校實習諮商師。諾拉目前跟其
他兩個流離失所的家庭同住在社區的收容之家裡。諾拉和哥哥由祖母收養，祖
母同時也是社區收容之家的幫傭。諾拉和祖母很親，喜歡跟她撒嬌。雖然收容
之家離學校很近，但諾拉很少去上學。諾拉的導師說她很聰明、友善，對同學
很好，但老師也說：「諾拉的心思似乎不在課堂上。」雖然諾拉的住所經常變
動，三年內換了八所學校，但她的功課還能維持在 A 或 B。

　　諾拉的媽媽最近才剛出獄，住在娘家。透過家庭繪畫，學校實習諮商師初
步評估諾拉的家庭動力，稍微暸解了她的家庭結構。在她媽媽入獄期間，諾拉
3 歲的弟弟被送給爸爸撫養，2 歲的妹妹則被安置到領養家庭。諾拉擔心妹妹
的安全，只要一提到妹妹，她就泣不成聲。她的爸媽雖然分居，但爸爸和曾祖
母就住在附近。諾拉偶爾會跟雙親會面，每次探訪完後，她的心情總會低落好
一陣子。諾拉覺得她好像在和哥哥爭寵，拼命尋求媽媽的注意。諾拉說媽媽常
把希望家人團聚的話掛在嘴邊，但她懷疑那都是媽媽開的「空頭支票」。

　　由於諾拉被轉介來的時候已接近學期末，只剩下九次的晤談次數，因此，
幫助諾拉學習因應技巧是治療的重點。實習諮商師善用諾拉的智力與創造力，
運用下面的技巧協助諾拉：

1. 學校實習諮商師送給諾拉一本筆記本，請諾拉寫下感謝的話語。諾拉
　　很喜歡分享有關祖母、收容之家以及好朋友的點點滴滴。她可以用寫
　　故事、條列或畫畫的方式，記錄生活中正向的事情。壓力大的時候，

就看看這些筆記。

2. 實習諮商師協助諾拉發掘她的優點。她可以很快地說出自己的正向特質和身邊的勵志人物。諾拉說她將來想當醫生，這樣就可以「好好照顧家人」。她也常說以後要當領養媽媽，給不幸的孩子一個溫暖和安全的家。

3. 實習諮商師鼓勵諾拉養成良好的生活作息，改善上課出席率。由於祖母一向非常支持諾拉，她總是讓諾拉自己安排時間，所以上學變成不是第一要務。諾拉喜歡學校，功課也不錯，但老師擔心她不常來上學，跟同學相處的時間太少。諮商師和祖母深談，請她協助訂定規律的上床睡覺時間，讓諾拉每天早起搭校車上學。諮商師也採用積分制，鼓勵諾拉改善出席率。

（注：特別感謝 Sarah Pesavento 提供此案例。）

諮商的基本原則

- 處遇這個年齡階段兒童的諮商師必須熟悉一般兒童在生理、認知、心理社會以及內在各個層面的發展。如果你不懂任何特定年齡兒童的**典型**（**typical**）發展狀況，可能就無法判斷是否有更嚴重的問題隱而未顯。

- 諮商師對兒童下任何診斷前，必須格外小心。許多來求助的兒童似乎「很有問題」，但其實是老師和／或家長需要學習用不同的方式對待他們。這並不是說兒童不重要，而是許多行為問題和生活與學習環境息息相關。

- 為有效協助兒童，諮商師必須成為可靠的親師諮詢對象，做家長和老師之間的橋梁。責備對任何人都沒有好處。諮商師要學習怎麼緩和劍拔弩張的會議氣氛。

- 經常與社區資源保持良好的合作關係，包括小兒科醫師、小兒神經科醫

師，以備兒童個案或學生轉介處遇。

- 大腦科學發現日新月異，許多發現和諮商實務密切相關，因此諮商師須時時閱讀各種科學新知，與時俱進。

- 小學諮商師常是學校僅有的心理健康專業人員。若遇到這種情況，必須時常請教督導。督導可以讓你的技巧精進，協助你釐清學生的狀況，增強你專業角色的能力。

本章作者簡介

Catherine Tucker（見主編者簡介）。

12 Chapter

兒童後期諮商（9-11 歲）

Jacqueline Swank and Clarence Anthony

透過別人，我們才能認識真正的自己。

——**Lev S. Vygotsky**（李夫・維高斯基）

引言

9 到 11 歲的兒童，在美國通常已是小學中高年級生（四到六年級），準備要上中學了。這個發展階段有時也被稱為「介於幼童期依賴與青春期壓力間的寬限期」（Finnan, 2008, p. 2）。然而，轉換階段也帶來各種不同發展面向上的重大變化，安然通過才能順利來到青春期。

・讀完本章之後，你應該能夠・

- ・説明兒童後期的認知、心理社會與生理發展考量。
- ・解釋這個發展階段兒童面臨的挑戰。
- ・説明適合兒童後期發展的諮商介入策略。

大腦與認知發展

兒童後期已發展出複雜的訊息處理與理解模式，包括具備分類、計畫、推理、問題解決、創造和想像的能力（Berk, 2006）。本節摘述 Jean Piaget（皮亞傑）與 Lev Vygotsky（維高斯基）兩大理論學家的概念。另外，我們也會介紹大腦發展。

大腦發展

兒童後期的額葉與大腦皮質持續發育，諸多認知功能進步神速（Finnan, 2008）。前額葉與頂葉裡的灰質、大腦皮質神經元的數量，通常在 12 歲時達到最高峰（Zembar & Balter Blume, 2009）。此外，研究發現這個階段兒童的突觸修剪量大增，未受刺激的神經元失去了結締纖維。突觸修剪會促進大腦的分化發展，提升學習能力（Zembar & Balter Blume, 2009）。因此，相較於幼童期，兒童後期的記憶、推理、計畫、分類等能力大幅提升，能更為流暢地完成複雜的任務，與 Piaget 的理論假設不謀而合。

認知發展

根據 Piaget（1964）的認知發展模式，9 到 11 歲的兒童處於具體運思期後期。這個階段的兒童已擅長運用運思技巧、幼時的經驗和觀察學習，解決與預測具體情況下的問題。但是，他們尚未發展出抽象思考能力，無法執行超過具體情況的運思。例如，就算沒有親眼證實，兒童仍知道如果沒有準時抵達公車停靠站，就會錯過公車。然而，他們得等到形式運思期，才能完全瞭解更為抽象的概念，如自由與解放。Piaget（1964）所謂的具體運思期概念，包括：守恆（conservation）、去中心化（decentration）、可逆性（reversibility）、階層分類（hierarchical classification）、序列（seriation）以及空間推理（spatial reasoning）。

（各項運思概念的說明，請見表 12.1。）

表 12.1 Piaget 的具體運思期概念

概念	定義	範例
守恆	即使外觀改變（如數目、質量與長度、面積），某物的總量仍維持不變	面積守恆通常需等到 9 歲時才最後發展出來。例如，散布在桌上的積木所占據的空間，跟它們聚合成一塊時是一樣的。
去中心化	能把注意力放在物體或情況的多個特徵或屬性。短期記憶的發展是多重任務處理的基礎	看故事書時，知道字詞組成句子，而不是只看到一個一個字母。
可逆性	用一連串步驟的方式思考的能力，接著能倒轉這些步驟，回到起點	若增加天平一端的重量，天平就會失衡。但移除多餘的重量，天平又會恢復平衡。
階層分類	用序列的方式思考	把動物分成幾個類別（如哺乳類 vs. 非哺乳類、哺乳類的種類）。
序列	根據等級排列東西的順序	把積木依序從最小排到最大。
空間推理	瞭解並得出方向與距離的結論	製作鄰近地區的地圖，上面標記地標、各地點間的大約距離。

具體運思期的特色之一是自我中心思考式微，兒童漸漸發展出覺察他人觀點和整合這些觀點來解讀世界的能力。考慮到他人觀點的能力，有助於兒童與他人合作共事。認知技巧提升與社交技巧發展相輔相成，帶動與他人合作完成任務的能力。

Piaget（1964）認為語言發展與初期分類技巧能力有關。Vygotsky（1978）則堅信思考和語言發展同時並進，只是在兒童早期，發展軌跡並不一樣。到了兒童後期，Vygotsky（1978）認為兒童正在建立相當穩定的內在敘事，幫助他們理解周遭人物與世界的意義。並非所有的兒童都能同時或以同樣的順序，發展出同樣的技巧（Vygotsky, 1978）。兒童身處的文化，是認知與智力發展的關

鍵因素（Smith, Dockrell, & Tomlinson, 1997）。社會與個體的互動，包括與同儕和成人的互動，對認知發展歷程至關重要。兒童如何、何時、以何種順序發展認知技巧，端視周遭成人對這些技巧的看重程度而定。

心理社會發展

兒童後期的心理社會任務為確認自己是一個個體，同時也是團體和社會的一份子。本節回顧 Erikson（1963）的心理社會發展階段及 Kohlberg（1969）的道德發展階段。此外，本節也會說明語言發展、自我發展、社會化、生涯發展以及文化的考量等。

Erikson 的心理社會發展階段

根據 Erikson（1963）的心理社會發展理論，兒童後期正處於勤奮進取或自貶自卑階段。這個階段兒童的重心放在精熟知識與培養技能。若培養不出重要的知識與技能，多方參與學習，恐怕會形成自卑感與無能感。例如，因為學業或運動表現優良而獲得鼓勵的兒童，發展出有能力達到目標與成功的自信。相反地，受到挫折、限制或不被認可的兒童，會懷疑自己的能力不佳，發揮不了潛力。

道德發展——道德推理

處遇兒童時，考量他們目前的道德發展階段是很重要的，這與做決定歷程有關。小學中高年級的兒童，多數已來到 Kohlberg（1969）道德認知發展模式—道德推理的第二個時期（道德成規期）（Finnan, 2008）。此時期包含道德發展的第三與第四階段。第三階段的兒童通常期待互惠的人際關係、人際順從。這個階段做決定的特點是想當「好人」、想取悅他人、想被同儕與權威人士接納。因此，兒童不願意涉入不良行為，因為不想被大人認為他們是壞孩子。道德推理也以遵循成人訂定的規則為依歸，形成自己的公平原則。這麼一來，他們也會要求別人（包括成人）遵守規則。此外，兒童也會去關懷他人，

認為所謂壞的行為，就是對他人不利的行為（Finnan, 2008）。

道德發展——寬恕

有別於 Kohlberg（1969）的道德推理模式，Enright、Santos 與 Al-Mabuk（1989）提出寬恕模式（model of forgiveness）。他們的研究發現，小四學生的行為處在寬恕發展模式的第二階段（代償式寬恕）（restitutional or compensational forgiveness），期待用別的東西補償損壞的東西，或承認錯誤並道歉。這相當於 Kohlberg 的第二階段（個人主義、工具性目的、公平交換），比 Finnan（2008）宣稱一般小學中高年級兒童應處的道德推理階段還低一個階段。處於 Kohlberg 道德推理發展第三階段的兒童，類似於「期望式寬恕階段」（expectional forgiveness stage）。這個階段的兒童之所以願意寬恕，是因為他人加諸的期待，或感受到應該寬恕他人的壓力。Enright 與研究團隊（1989）發現十年級學童大都處於第三階段，受同儕影響極深。

語言與溝通

兒童後期更能有效運用語言與同儕和成人溝通，詞彙量從一萬多個暴增到四萬多個（Berk, 2003）。由於大腦訊息處理能力擴充，加上語義瞭解的進展和詞彙量增加，促進幽默與雙關語等語言發展（Finnan, 2008）。另外，幽默也讓兒童嘗試以另類方式與他人互動。關於語言發展，Finnan（2008）進一步強調溝通能力與發展歷程的交互作用關係。溝通是發展的因，也是發展的果。這個階段的兒童很喜歡「噁心」（gross out）又帶點低級趣味的幽默，雖然成人不是很欣賞，但卻有助於他們用幽默感培養友誼。

自我的發展

年齡稍長的兒童比之前更為獨立，不過，在自主與依賴之間尋求平衡點的時候，他們還是需要成人的肯定（Finnan, 2008）。此外，兒童把自己和能力劃上等號（如：「我很聰明」）。認知能力提升也使他們懂得開始整合別人（同儕與成人）對他們的看法（Harter, 2006）。兒童的社會比較能力受到周遭環境影

300

響，如：學校、家庭、文化等，周遭的成人也會拿兒童去跟其他孩子比較（Harter, 2006）。

兒童發展出整合正負向觀點與情緒的能力，相較於之前不明白矛盾對立的情緒可以同時存在，他們的情緒發展不斷成長（Harter, 2006）。兒童也經驗到更為複雜的情緒體驗（如：罪惡感、自豪），越來越懂得該如何因時因地表達情緒（Vernon, 2009）。

隨著兒童年紀漸長，他們也逐漸發展出能思考他人觀點的能力，理解他人對事情會有不同的看法與感受。根據 Selman（1976）的觀點取替發展模式，這個年齡階段的兒童處於自我反思期（self-reflective）。不過，大約 10 歲時，已慢慢轉化到相互觀點取替期（mutual role-taking stage）。在自我反思期，兒童體認到別人也有不同的觀點與感受，而在相互觀點取替期，兒童更發展出以旁觀者的角度看待事物的能力。因此，社會觀點取替技巧，包括：他人對兒童的社會標準期待提高、學習運用社會比較評估自我，以及區辨理想我與真實我的能力，都深深影響兒童對自己的看法（Harter, 2006）。因此，實有必要鼓勵兒童建構與發展均衡、健康的自我概念。

兒童的自我概念受到他們評估自我能力、理想我與真實我相較之後的影響。此外，兒童也受到他人（如成人、同儕）評價的影響（Harter, 2006）。有些兒童能發展出平衡的自我概念，有些則需要額外的協助。諮商師可以使用個別或團體的介入方式，協助兒童培養正向特質，發展健康的自我概念，如：肯定自己的能力和優點、挑戰負向自我概念。團體諮商讓兒童體認到每個人都能發揮優點、因應困境。

家庭

家庭是兒童社會化的第一個來源。雖然他們漸漸獨立，花比較多的時間跟同儕相處，但家庭依然是提升兒童歸屬感的重要影響力（Finnan, 2008; Harter, 2006）。除了父母的養育和支持外，中高年級兒童也需要從家人身上學習辨識他人的情緒，學習有助於緩和家人壓力的回應方式（Finnan, 2008）。教養風格是培養歸屬感和成就感的重要因素。三種主要教養風格分別是：專制權威型

（authoritarian）、寬容放任型（permissive）及民主權威型（authoritative）。寬容放任型父母不願設立與執行規則，反而要孩子自我規範；專制權威型父母過於嚴格要求遵守規則；民主權威型父母能在設立與執行規則的同時，又能提供協助與支持，在給予孩子自由與教導負起責任之間尋求平衡（Santrock, 2011）。相較於其他兩種教養風格，民主權威型父母透過強化親子關係連結，促進兒童正向發展，逐步讓孩子在做決定過程中扮演更重要的角色（Finnan, 2008; Santrock, 2011）。孩子漸漸不再受到處罰，而是被鼓勵為自己的行為負責，培養自律能力（Santrock, 2011）。因此，家長一方面要強化親子關係，一方面要協助兒童發展自主性，同時支持他們與同儕和其他成人（如：教師、教練）締結良好關係。

同儕社會化與友誼

至於社會化，相較於學步兒的 10%，這個階段的兒童整體同儕互動上升到 30%。此外，互動漸漸不需要成人監督，同儕團體的規模也變大了（Rubin, Bukowski, & Parker, 2006）。同儕互動的場所擴大範圍，變得更多元（Finnan, 2008; Rubin et al., 2006）。課外活動包括參與宗教團體（如：青年團契）和社區團體（如：男女童軍、運動社團）。另外，活動變得更具有結構性和協調性，包括越來越多的競賽和體育活動；並同時含括了正負向的行為（Rubin et al., 2006）。

兒童後期的特徵是形成許多不同特色的小圈圈（cliques）。這些小圈圈推崇權力、地位、想受矚目。人緣好的階層成為注目焦點（Finnan, 2008; Rubin et al., 2006）。此外，友誼的性質在這個發展階段發生變化。年紀較小的兒童認為友誼是當下相處的感覺、友誼就是一起參加活動。進入小學後，慢慢轉變為長期的關係，遠超過只有單一活動的短暫友誼。當兒童升上高年級，他們越加看重分享價值觀，忠誠也成了友誼的要素。友誼是兒童的保護因子，友誼如果破裂，對兒童的影響非同小可（Rubin et al., 2006）。因此，成人須協助兒童梳理同儕相處經驗，順利度過高年級，準備進入中學。

302

生涯發展

　　Donald Super 研究終生的職涯發展，把 4 到 13 歲的兒童歸類在生涯發展的成長期（Super, Savickas, & Super, 1996）。Super 與研究團隊（1996）指出，小學階段的兒童開始建立習慣與生活態度、思考未來的生涯興趣、重視成就與成功。因此，可以開始讓兒童認識不同的職涯種類、資格條件，分派適當的工作任務以培養責任感及正向的工作習慣，透過榜樣學習瞭解職業倫理道德。

　　重要的是，諮商師須留意不要讓兒童過早排除某些生涯選項。Gottfredson 的設限階段（stages of circumscription）指出，兒童會因錯誤的生涯資訊而排除了某些職業選項。處於社會評價取向階段（social valuation stage）的兒童，考慮的是職涯的聲望水準（Gottfredson, 2002）。這個階段的兒童通常會排除低聲望（low prestige）的職業。此外，他們也常拒絕困難度高或容易失敗的工作。高社經地位家庭的兒童也可能背負追求高聲望職業的壓力，不想被他們的社交團體視為失敗者（Gottfredson, 2002）。

303

　　Palladino Schultheiss、Palma 與 Manzi（2005）探討 49 位小四、小五學生的生涯發展。兒童的回答顯示他們已具有 Super（1990）提出的九個兒童生涯發展面向當中的八個。這八個面向分別是：（1）探索，（2）資訊，（3）關鍵人物，（4）興趣，（5）內外控傾向，（6）展望未來，（7）自我概念，（8）周詳的計畫。深入探究這些回答後，發現有些兒童已經瞭解收入的重要性、知道可以透過工作助人、找到可以安住的房子，加上重要他人的影響，都有助於他們瞭解工作的概念。因此，兒童期的生涯教育與生涯輔導，為往後的生涯決定奠定基礎。

文化的考量

　　隨著同儕互動增加，這個階段的兒童也越來越在意能否被他人接納與「融入」（fitting in）（Finnan, 2008）。他們更能感受到他人與自己的相似和相異處，漸漸靠向與自己相似的朋友。這個轉變讓兒童更意識到族裔／種族認同和種族歧視的存在（Finnan, 2008）。Pica-Smith（2011）探討幼童和小四、小五生的跨種族友誼，發現幼童對跨種族友誼的看法較為正面，而年齡大一點的兒童比較

會去挑選建立和維持友誼的對象。他們也意識到社經地位的差異，在意物質條件與穿著打扮，不能否認這些差異會影響他們的價值觀和團體互動（Finnan, 2008）。這些種族與社經地位差異，可能會導致同儕間的負向互動（negative interactions）。這個階段兒童的負向互動方式涉入越來越多的言語與關係攻擊（如：說長道短、批評辱罵），而非身體攻擊。霸凌與受害，以及贊同負向、攻擊行為的情形，在兒童後期顯得更明目張膽了（Rubin et al., 2006）。

這個階段也可看出女孩與男孩的社會化模式差異。女孩愛好女性化的活動，開始對男性產生興趣（如：迷戀有名的男明星）。相反地，男孩繼續用運動和身體活動與其他男孩交流。女孩覺得男孩幼稚，男孩則對曾為玩伴的女孩這番態度轉變覺得莫名其妙（Finnan, 2008）。探討三至五年級生的互動（N＝56 對），Lansford 與 Parker（1999）發現女孩會尋求情感連結，願意分享個人訊息，男孩則表現出較多的攻擊行為。

304

動作技巧發展

兒童後期的生理發展持續變化（如：四肢生長、重心改變），改善了粗大動作技能。兒童擴展早期發展的技能（如：跑步、跳躍），敏捷度、靈活度、平衡感更勝以往（Zembar & Balter Blume, 2009）。這些能力使得他們能參與更為複雜的身體活動，包括：滑板運動及組織化運動（如：籃球、棒球、橄欖球等）。Zembar 與 Balter Blume（2009）也進一步說明知覺動作技能（perceptual-motor skills），亦即兒童有能力處理複雜的感覺訊息，提升粗大動作技能（如：眼、耳、手統合運用投籃）。此外，兒童的精細動作技能也進步神速（如：協調與精確；Zembar & Balter Blume, 2009）。精細動作技能增進的例子包括彈奏樂器和寫字越發工整。

生理發展

兒童後期又開始經驗到「轉大人」的成長爆發期（growth spurt），特徵是

手長腳長，使得兒童的身體外觀不成比例，看起來有些笨拙（Zembar & Balter Blume, 2009）。此外，在男童進入青春期前，女童的平均身高體重高於男童（Zembar & Balter Blume, 2009）。

　　Herdt 與 McClintock（2000）指出兒童後期出現的兩個青春期進程（腎上腺青春期與性腺青春期）。他們指出，腎上腺青春期（adrenal puberty）約在 6 到 10 歲時出現，10 歲時趨於穩定。當腎上腺青春期漸漸穩定，兒童也越來越注意到性別角色、性意識，並對同儕產生性吸引力。McClintock 與 Herdt（1996）主張性吸引力在青春期前就會出現，可能與瞭解社會環境和成人性行為的認知能力提升有關。兒童觀察成人的行為，並與同儕加以模仿（McClintock & Herdt, 1996）。相反地，性腺青春期（gonadal puberty）（第二性徵）約在兒童後期才開始（女孩約 11 歲，男孩約 12 歲），一直持續到整個青少年期（Herdt & McClintock, 2000）。研究證實因遺傳和環境因素而較早進入青春期，會影響兒童與同儕和成人的互動（Zembar & Balter Blume, 2009）。

　　兒童漸漸重視身體意象與外表，男童女童都不例外（Phares, Steinberg, & Thompson, 2004）。他們越來越在意體重與整體外在形象。此外，他們也越來越認同他人看重外表的觀點（Finnan, 2008）。我們須協助兒童瞭解與因應身體發展的變化，以及這些變化又會如何影響他們對自己的看法。練習範例請見引導活動 12.1。

● ● ● ● ● ● ● ● ● ● ● ●

引導活動 12.1

　　選定遊戲場、學校餐廳等一處場所，或瀏覽 YouTube 的影片，觀察兒童的人際互動。兒童的認知、心理社會及身體發展為何？是否有些兒童似乎比別的兒童發展得更好？有什麼是你特別想提出來討論的議題嗎？若有，你對那些議題有什麼建議？

須關注的議題

諮商師須留意兒童後期面臨的各式各樣問題。本節探討三大面向：（1）肥胖；（2）霸凌；（3）準備進入中學。

肥胖

美國國家健康統計中心（National Center for Health Statistics）（2012）指出，根據 2009 至 2010 年全國健康和營養檢查調查（National Health and Nutrition Examination Survey, NHANES），18% 的 6 到 11 歲兒童為肥胖者。更具體地說，6 到 11 歲的肥胖男童約為 20.1%，高於女童的 15.7%。此外，此階段男童的肥胖率也高於 2 到 5 歲、12 到 19 歲的兒童。雖然肥胖普遍不被視為心理健康問題，但身體意象、冷嘲熱諷以及飲食失調等，都與肥胖有關。因此，學校諮商師可考慮將健康飲食議題融入學校輔導課程，鼓勵校方延長學生休息和活動的時間。

306

霸凌

霸凌是兩方（或以上）之間權力與力量失衡，而反覆發生的攻擊行為（Nansel et al., 2001; Olweus, 1993）。霸凌涉及身體、社交與心理（如：散布謠言、排擠、操控友誼）方面的攻擊（Jimerson, Swearer, & Espelage, 2010）。探討 9 到 16 歲霸凌與被霸凌兒童的長期後果，Wolke、Copeland、Angold 與 Costello（2013）發現他們罹患兒童與成人精神疾病的比率較高。研究也發現相較於其他未被霸凌的兒童，9 到 11 歲受害兒童的健康、財務、社交狀況普遍不佳（Wolke et al., 2013）。此外，隨著資訊科技發達，新的霸凌形式——網路霸凌（cyberbullying）近十年來正在蔓延（Cassidy, Faucher, & Jackson, 2013）。雖然兒童善於打電玩及使用網路社交媒體，但 Cassidy 與研究團隊（2013）也發現，

他們並不像現實生活面對面互動那般懂得如何處理網路的狀況。不管是網路世界或面對面的互動，兒童都有可能遭受霸凌。請用引導活動 12.2 深入探討霸凌與網路霸凌。

引導活動 12.2

分組討論霸凌問題，包括檢視當地學校的霸凌政策。誰應該為霸凌負責？你有什麼建議？小組成員亦可訪談學校或社區諮商師關於霸凌的問題。討論霸凌的盛行率及介入策略。

提高學生對學校的向心力，可以增加兒童的學業成就、行為表現和心理健康（Durlak, Weissberg, Dymnicki, Taylor, & Schellinger, 2011）。家長參與學校的反霸凌課程，更有益於提升教學效果（Twemlow & Sacco, 2013）。Twemlow 與 Sacco（2013）指出學校的反霸凌課程可加入幾個概念，如：利他主義、覺察校園氛圍、重視學生的價值與安全等。雖然每個學生都有可能成為霸凌受害者，但被認定是 LGBTQ 的兒童處境更為危險，安全堪虞。以下網站可找到協助 LGBTQ 少年少女的資源：stopbullying.gov（「反校園霸凌」官方網站）（http://www.stopbullying.gov/bullying/lgbt）、The Trevor Project（特雷弗專案）（http://www.thetrevorproject.org）與 It Gets Better project（「一切會好起來」計畫）（http://www.itgetsbetter.org）。

友善的校園環境有助於兒童茁壯成長。相反地，時常發生霸凌行為的環境只會讓學生擔心懼怕、裹足不前（Sanders & Phye, 2004）。因此，校方必須積極推動認識與預防霸凌的介入策略，打造正向、安全的學習環境。認識霸凌的策略，包括教導提升同理心與積極傾聽的技巧（Smith, Cousins, & Stewart, 2005）。發展同儕領導（peer-led）方案也是賦能學生的有效方法（Salmivalli, 2001）。

推動同儕調解（peer mediation）方案或許費時費力，要召募、篩選、訓練、督導等。然而，它可以幫助學生把學校霸凌事件當作切身要務。諮商師亦

可同時實施系統性的介入策略，包括制定反霸凌準則、辦理相關活動及討論會（Olweus, 1993; Olweus et al., 2009）。此外，諮商師亦可邀請家長參與，共同改善學習環境，加強校方與家長之間的聯繫。案例描述 12.1 說明學校諮商師如何介入霸凌問題，接納多元族群。

案例描述 12.1

　　各種霸凌事件在桑德斯小學頻傳。過去幾天，有位學生成了身體及語言攻擊的目標。這名非裔男童名叫大流士，向老師抱怨同學嘲笑他的膚色、名字、髮質和說話方式等等。之後，大流士因為同學羞辱他而在教室裡面和同學大打出手。大流士的爸媽說他又氣又難過，不想去上學了。

　　學校諮商師決定調查所有在校學生、教職員和家長對於霸凌、多元族群的看法和態度，以及他們對學校發生霸凌事件有何想法等。接著，學校諮商師協助組成教師、行政人員和家長的任務小組，制定反霸凌與促進族群融合的政策和處理流程。於此同時，諮商師也跟教師和校方人員合作，推動四、五年級生的尊重多元族群與反霸凌方案，之後再將其他年級生納入，成為全校性的方案計畫。諮商師帶領班級輔導課程，強調尊重差異、預防霸凌的介入策略，特別是強調文化、種族的獨特性，說明霸凌對情緒的影響，教導學生若看見同學被霸凌，應該如何介入。他帶領學生探討多元族群的各個面向，協助學生欣賞彼此的異同。諮商師也協助學生處理有關霸凌事件的想法和情緒，與大流士個別晤談，給予支持。此外，諮商師與教師攜手召開「Olweus 反霸凌干預方案」親師座談會（Olweus et al., 2009），目標是打造安全、關懷的學習環境。最後，諮商師實施全校性的同儕調解方案，挑選並訓練四、五年級生為同儕調解員。

308

▌準備進入中學

　　約 11 歲時，兒童準備迎向人生一大轉變，面臨各式各樣的問題與挑戰。

這項轉變就是完成五年級的學業（小學畢業），準備升上六年級（就讀中學）（譯注：依美國學制）。進入中學就讀帶來許多重大的改變，包括校園變大、班級人數變多、有不同任教科目的老師、移動到各個專業教室上課等等（Barber & Olsen, 2004）。除此之外，兒童從資深的小學高年級生變成資淺的中學一年級生，有可能成為被霸凌的對象、課業負擔變重、要獨立完成功課、關注學長姊，還有林林總總的新規定等（Rice, 2011）。社會也開始要求中學生負起更多責任，克服越來越艱深的學業，達到更高的分數標準（Rudolph, Lambert, Clark, & Kurlakowsky, 2001）。在這個過渡期，兒童的同儕團體與友誼也發生變化（Kingery, Erdley, & Marshall, 2011; Xie, Dawes, Wurster, & Shi, 2013），例如下課時間變短，使得社交互動時間也跟著縮短。另外，同儕支持從相互協助提升課業的行為，轉變成贊同攻擊與打破規定的行為（Xie et al., 2013）。對學校的歸屬感有助於減緩這段過渡期的問題，強化中學時期的心理健康素質（Vaz et al., 2014）。緊密的同儕與師生關係，及友善的校園氛圍，能有效改善上述問題狀況。

309 　　Akos 與 Galassi（2004）探討學生（$n=173$）、家長（$n=83$）和教師（$n=12$）對進入中學就讀的看法，找出三個他們最為關心的議題（學業、入學流程、社交）。關於入學方面，學生和家長擔心的是方向標示不清和課業量的問題，家長和教師擔心的是交友問題，學生和教師擔心的是能否安心學習。這三種樣本都認為中學的好處是有結交朋友與選擇班級的機會。相反地，學生視課業、教師和班級為待克服的挑戰，家長則認為孩子要面臨的最大挑戰為責任心與同儕。至於該如何成功適應中學生活，教師認為懂事、合作與動機是關鍵。參與者也談到順利度過這段時期的策略，包括在小學時就進行深度討論，安排各種參與活動（如：新生定向活動、建立團隊合作、給予發問的機會、設計促進正向同儕關係的方案）。

　　Barber 與 Olsen（2004）評估猶他州兒童進入中學和高中的變化，研究對象為家中有五到八年級學生的 933 個家庭。比較學生五、六年級的成績通知單，他們自述正向的變化有：自尊心提高、憂鬱和孤單程度緩解、得到教師的支持、心思較放在課業上。但負向的變化仍出現在：（1）分數降低，（2）學

校趨向組織化管理，以及（3）父子關係品質下降。Kingery 等（2011）也調查小學到中學這段期間同儕關係的影響力（*N*=365），發現社交互動和學業成就有關。同儕是克服中學課業挑戰的強而有力支持系統。因此，友伴關係不佳的小學高年級生，升上中學後恐怕會面臨更多的課業困境。

　　小學諮商師可以利用大團體的輔導活動課，或以小團體的形式教導學生順利轉銜至中學的技巧。問題解決、社交技巧、應對策略等技巧均有助於提升中學課業成就（Kingery & Erdley, 2007; Kingery et al., 2011）。

　　社區與學校諮商師應協助兒童對進入中學預做準備，開啟討論中學生活的對話。例如運用角色扮演探討「要是發生了什麼事」的狀況。學校諮商師亦可邀請中學生帶領討論有關就讀中學的害怕心理，破解迷思。諮商師可以先請學生在紙上匿名寫下對中學的恐懼或想法，放入箱內，再隨機抽出來討論或請學生依序朗讀內容。諮商師可藉由這個方法找出、確認並討論學生的想法和情緒，同時提供學生自在安全分享的環境。諮商師亦可安排小學生參訪中學，熟悉中學環境，與中學教師和學長姊見面聊聊。另外，學校諮商師可以規劃設計良師益友方案，協助學生適應中學生活。若人力不足，難以全面推動，至少要讓適應困難的學生有良師益友可以諮詢請教。因此，社區與學校諮商師應實施一系列團體與個別諮商介入策略，協助小學生順利轉銜至中學。案例描述 12.2 說明諮商師如何幫助一位高年級兒童準備進入中學。

案例描述 12.2

　　珊蒂，11 歲，小學五年級生。她的功課非常好，很喜歡上學。珊蒂有一群從上小學就認識的好朋友。她的媽媽說自從討論上中學的事情後，珊蒂就「變了」。珊蒂上學前會哭個不停，成績一直下降。媽媽又說珊蒂變得悶悶不樂，不肯說發生了什麼事。媽媽還說珊蒂本來是一個活潑開朗的孩子，因為這陣子的言行舉止變化太大，所以才帶珊蒂前來諮商。

　　珊蒂剛開始並不想見諮商師，第一次晤談時完全閉口不談。跟珊蒂和媽媽會談後，諮商師再與珊蒂單獨晤談，提議一起玩遊戲。珊蒂說她喜歡玩 Uno

310

（一種紙牌遊戲），慢慢願意在玩遊戲時跟諮商師說話了。珊蒂答應下星期再來諮商，還問可不可以再一起玩遊戲。諮商師持續在會談中把重點放在和她建立關係，邊玩邊聊。隨著諮商持續進行，珊蒂終於說出她不想畢業，很難過，因為好朋友跟她上的不是同一所中學。她聽說中學的班級人數比較多，課業也比較難。她既驚又怕，懷疑自己能否在中學取得好成績。諮商師協助珊蒂探索自我概念與害怕中學的心情，透過創意寫作與藝術表達等策略，幫助珊蒂因應改變。珊蒂用繪畫和馬賽克拼貼製作自畫像，用書寫表達她的恐懼不安。珊蒂漸漸願意說出她對自己的看法，討論她的煩惱。珊蒂跟諮商師說書寫和繪畫有助於她表達感受，沒有被逼著講話的壓迫感。另外，諮商師和珊蒂進行角色扮演，模擬各種她在書寫和繪畫中描繪的、進入中學後可能發生的情景，並練習因應對策。珊蒂也學著用寫信與畫畫，和媽媽聊聊她的不安。在媽媽的同意下，諮商師聯繫中學的學校諮商師，安排時間和珊蒂見面，談談學校辦理的課外活動，並計劃來場參觀中學之旅。

適合兒童後期發展的介入策略建議

適合兒童後期發展的介入策略不一而足，不過，為合乎諮商倫理，在運用某些特殊技巧之前，諮商師理應先接受專業訓練。此外，諮商師將這些技巧應用在個案之前，亦應先親身體驗並討論運用這些技巧的種種想法與情緒。本節介紹五種技巧：（1）社交技巧與認知行為，（2）表達性藝術，（3）讀書治療，（4）競賽遊戲，（5）自然本位介入策略。

社交技巧與社會情緒學習

由於這個年齡階段的兒童正經歷劇烈的變化，教導他們人際社交技巧、認知因應技巧等，是學校與社區諮商師常設定的目標（Kingery & Erdley, 2007;

Kingery et al., 2011）。社交技巧課程，如：「第二步」（*Second Step: Student Success Through Prevention for Middle School*）（Espelage, Low, Polanin, & Brown, 2013），已廣泛應用於這個年齡團體，教導基本社交技巧（如：同理心、問題解決技巧、風險評估、做決定、設定目標等），並加強瞭解關係與攻擊、衝突解決。社交技巧方案的大方向目標包括：減少同儕衝突、校園安全、營造友善校園氣氛等。雖然這些介入策略通常為全校性的活動，但也可稍加修正為個別輔導、小團體輔導，以及家庭諮商／諮詢方案。其他實徵研究證實有效的社交技巧方案有：

312

「對兒童有效的同儕與教師技巧課程」（*A Curriculum for Children's Effective Peer and Teacher Skills*, ACCEPTS）（Walker et al., 1988）；「K-12 年級的社交技巧介入指南」（*Social Skills Intervention Guide* [K-12]）（Gresham & Elliot, 2008）；「促進替代思惟策略」（*Promoting Alternative Thinking Strategies,* PATHS）（Kusche & Greenberg, 1997）；「協助中學生成功」（*Student Success Through Prevention for Middle School*）（Lemberger, Selig, Bowers, & Rogers, 2015）。其他更多資源，請見「學業、社會與情緒學習聯盟」（Collaborative for Academic, Social, and Emotional Learning, CASEL）的網頁 http://www.casel.org；教育科學研究院（Institute of Educational Sciences, IES）「有效教學策略資料中心」（What Works Clearinghouse）的資訊 http://ies.ed.gov/ncee/wwc/interventionreport.aspx?sid＝578。

▌表達性藝術

雖然年紀較大的兒童已經可以用語言表達想法和情緒，但諮商師仍可用別的方式代替「談話治療」，因為有些想法與情緒還是很難用口語表現。可資運用的方式有：用藝術表達行為問題與促進溝通（Saunders & Saunders, 2000）、用戲劇強化適應與身心健康（McArdle et al., 2002）、用音樂改善社會能力（Gooding, 2011）、用舞蹈／身體動作提高正向身體意象（Muller-Pinget, Carrard, Ybarra, & Golay, 2012）。研究也發現遊戲治療——包含各式各樣的表達性藝術，能有效地處遇兒童後期各種情緒與行為相關問題（Bratton & Ray, 2000）。

面對年紀較大的兒童，諮商師可對各種表達性藝術技巧稍做修改。例如，

諮商師可以請兒童用文字與圖片創作馬賽克拼貼自畫像，或製作個人化的證件名片、設計麥片盒等推銷自己的優點，以嶄新獨特的方式，給予兒童發揮創意和表達自我的機會。另外，在諮商療程中運用戲劇，演出小說、電影甚或現實生活的情節，處理經驗。諮商師亦可將音樂帶入諮商中，請兒童用他們最喜歡的歌曲創作音樂組曲，在諮商師的面前演奏或在療程中討論。再來，諮商師結合音樂和舞蹈／身體動作，邀請兒童盡情自我表達。因此，諮商師可綜合運用各種表達性藝術技巧，和兒童建立治療同盟，討論各種他們關心的議題。

讀書治療

對於年紀較大的兒童，讀書治療（bibliotherapy）是特別有效的治療技巧。許多文學作品和發展有關的議題相呼應。透過讀書治療，諮商師協助兒童討論難以啟齒的話題，加強自我探索，知道自己並不孤單，學習一些策略探討面臨到的問題（Stamps, 2003）。讀書治療的運用方式及可探討的諮商議題不勝枚舉（如：悲傷與失落、創傷、離婚、自尊、憤怒、社交技巧等）。例如，諮商師可選擇某一主題的書籍，邀請兒童寫出故事的結局或演出故事，讓兒童有機會連結故事和自己的生活狀況，對故事產生共鳴。進行讀書治療時，諮商師應與兒童討論這個治療方法和學業功課有何差異，因為兒童常把讀書和學校聯想在一起。另外，諮商師在實際運用書籍前，應事先閱讀及把關（Pehrsson, Allen, Folger, McMillen, & Lowe, 2007）。

競賽遊戲

年紀較大的兒童喜歡玩競賽遊戲，諮商師可加以善用，探討各式各樣的諮商議題（Swank, 2008）。競賽遊戲可協助兒童發展社交技巧，設法解決問題（Serok & Blum, 1979）。兒童喜歡透過競賽遊戲交流互動；競賽遊戲包括：身體遊戲、棋盤遊戲或紙牌遊戲、電玩遊戲等。諮商師可使用專為諮商設計的遊戲、修改現有的遊戲或自創遊戲。自創新的遊戲或修改現有的遊戲，是為特定

的議題量身訂做（Swank, 2008; Swank & Swank, 2013）。例如，Swank（2008）說明如何修改「比手畫腳猜字謎」和「猜猜畫畫」遊戲（Pictionary），或藉由自創遊戲卡牌，以處遇兒童的各種問題。重要的是，選擇的遊戲要能吸引兒童，符合諮商目標。至於該怎麼修改現有的遊戲或創作新的遊戲為治療用途，請見Swank（2008）。

▌自然本位介入策略

諮商師可以考慮使用非傳統諮商空間的介入策略。自然環境提供獨特的、療癒性的諮商空間（Swank & Shin, 2015）。研究發現，結合自然本位（nature-based）的介入策略，可以改善兒童的身心健康、減少行為問題（Swank, Shin, Cheung, Cabrita, & Rivers, 2015），並提升同理心（Feral, 1998）。因此，諮商師可以採用結合各種戶外自然環境的介入策略。若想要進一步瞭解，可參考 Swank 與 Shin（2015）的自然本位遊戲。欲知更多療癒性花園（therapeutic gardening）如何應用在提升個人、社會、生涯、學業發展的資訊，請參考 Swank 與 Swank（2013）。

314

引導活動 12.3

進行小組討論，腦力激盪如何在某些工作性質場合（如：機構、私人執業、學校）運用上面介紹的五種介入策略之一（個別或團體形式皆可），以提升兒童的自尊心。請界定諮商目標，具體說明介入方法（例如：讀書治療的書目、修改或研發的遊戲），並闡述你會如何測量介入的效果。

諮商的基本原則

- 兒童後期的孩子一方面追求獨立，一方面仍須依靠成人的支持。
- 雖然兒童花更多的時間與同儕相處，但家庭在此發展階段仍保有相當大的影響力。
- 當兒童越來越在意他人對自己的看法，並歷經身體的變化，自尊議題益發顯得重要。
- 處遇年齡較大的兒童時，諮商師須瞭解兒童發展理論、這個發展階段常見的挑戰（如：霸凌、準備就讀中學），以及適合兒童後期發展的介入策略。

本章作者簡介

Jacqueline Swank，佛羅里達大學諮商員教育學系助理教授，也是有照心理健康諮商師、臨床社工師、遊戲治療師／督導。她的臨床經驗包括：住院／門診／日間照護／出院的兒童青少年與其家庭。研究興趣涵蓋：兒童與青少年、遊戲與自然本位介入、諮商師發展、衡鑑與評估。

Clarence Anthony，哥倫比亞大學教育學院碩士，佛羅里達大學諮商教育學位學程博士候選人。他的研究興趣是大學運動選手諮商、生涯諮商、青少年發展、種族認同、心理健康與社會偏見。

13 Chapter

青少年前期諮商（12-14 歲）

Andrea L. Dixon, Robert E. Rice, and Amanda Rumsey

> 發生在青春期的變化，不只是要熬過去而已；它們其實是我們應該要牢牢抓住的特質，這麼一來，我們才能過個充實又有意義的成年生活。
>
> ——**Daniel J. Siegel**（席格）
>
> 《青春，一場腦內旋風》
>
> （ *Brainstorm: The Teenage Brain From the Inside Out* ）

引言

12 到 14 歲這段獨特的生命時期，統稱為青少年前期。與兒童後期（9 到 11 歲）相似，是一個生理、認知、社會發展面向激烈變化的時期，甚至有過之而無不及。事實上，過去三十多年來，青少年前期已被公認是最為波瀾起伏、壓力陡升的時期。不只是青少年本人，連周遭人都得陪他們經歷身體、認知、情緒、學業，以及個人／社會的變化。諮商師、醫師、家長、老師對青少年的刻板印象，多半還停留在國高中生被變化「困住」、一副笨手笨腳的模樣，被「思春期的誘惑」弄得神魂顛倒（Arnett, 1999; Buchanan & Hughes, 2009; Hollenstein & Lougheed, 2013）。學術界向來關注兒童期轉變到青少年期所遭遇的種種困境，而發展出各種獨特的處遇方法以協助青少年因應。青少年前期的發展特色，有別於兒童後期與青少年後期，獨樹一格。這個發展階段帶來的挑戰，凸顯青少年前期諮商的特殊需求。

┌───┐
│ ════════ ·讀完本章之後，你應該能夠· ════════ │
│   │
│ ·說明青少年前期的發展特色。   │
│ ·闡述青少年前期須特別關注的議題。   │
│ ·瞭解各種適用於青少年前期的諮商取向與介入策略。│
│ ·說明適用於學校與臨床場域的青少年諮商實務取向。│
└───┘

發展特色

　　青少年前期處於兒童以上、成年未滿，是各方面成長與發展迅速猛烈的時期。另外，它也是個令人困惑、興奮期待和探索發現的時期（Forbes & Dahl, 2010）。本節概述青少年前期的生理、認知、心理社會與自我認同發展。

生理與大腦發展

　　這段時期的身體成長，深受性別差異與青春期起始時間影響。青春期大致始於升上中學的 12 到 14 歲間，女孩約為 9 到 11 歲，男孩約為 10 到 13 歲。青春期的勃發，受到：（1）腎上腺素（約 8 到 9 歲時開始），（2）性腺（約 11 到 12 歲開始），（3）下視丘—腦下垂體—腎上腺軸向（hypothalamic-pituitary-adrenal axis）等三種荷爾蒙影響，促成卵子或精子成熟（Blakemore, Burnett, & Dahl, 2010）。腎上腺素分泌增加，為青春期拉開序幕，同時也造成青春痘和身體毛髮茂盛生長。性腺驅動卵巢分泌雌激素，睪丸分泌雄激素，帶來第二性徵發展，如：女性乳房隆起、男性睪丸變大，以及體毛增生。這些外觀上的變化（有些人卻缺乏變化）與荷爾蒙分泌陡增，往往令步入青春期的少男少女手足無措，煩惱也隨之增多（Forbes & Dahl, 2010）。

322　　一般說來，女孩的身高、肌肉、精細動作協調的生理發展較男孩為早，但這些發展很快就被男孩迎頭趕上。不過，六到八年級的少男少女，處處可見早

熟或晚熟不一的情況（Forbes & Dahl, 2010）。偏於常態的早熟或晚熟，恐成為
孩子的壓力源。青春期的成長通常不是漸進式的，而是突然蹦高，干擾肌肉控
制。所以這些青春期的孩子時不時撞到東西、絆倒、難以有效控制大小肌肉活
動，得靠多練習來加以彌補（Blakemore et al., 2010; Konrad, Firk, & Uhlhaas,
2013）。其他方面暴增的還有食物攝取量。許多青少年在滿足食欲與追求滿意
的身體意象間苦苦掙扎，導致飲食障礙、肥胖或健康相關問題（如糖尿病）
（Mäkinen, Puukko-Viertomies, Lindberg, Siimes, & Aalberg, 2012）。學習管理掌控
身體、肌肉動作及飲食習慣等，對某些青少年而言可說是一段相當不安沮喪的
過程。尤其他們還得面對發展不同調的同儕，無疑是雪上加霜（Buchanan &
Hughes, 2009; Konrad et al., 2013）。

身體的成長以各種方式影響大腦的發展，其中之一即為青春期開始。
Blakemore 等（2010）主張青春期發育，可能對大腦灰白質的成長，發揮了一
定的作用。青春期大腦灰質增加，觸發大腦蓬勃發展（神經元連結激增）。大
腦漸漸淘汰不需要的神經元，藉此提高效率和處理速度。個體的後天環境經驗
體現在大腦的連結。大腦保留必要的連結，修剪無用或多餘的連結，讓值得使
用的連結得以加強（Kadosh, Linden, & Lau, 2013）。

於此同時，髓鞘化（myelination）（意指神經細胞周圍的脂肪組織成長）也
正在進行當中（Blakemore et al., 2010; Konrad et al., 2013）。青春期與營養會加速
髓鞘化形成。脂肪組織如同絕緣體，強化大腦信號電脈衝（electrical impulse）
的傳導性能。髓鞘化及選擇性的修剪，鞏固特定的行為，塑造個體面對環境刺
激的行為反應。突觸修剪與髓鞘化兩個過程，貫穿整個青春期到成年期，但以
青春期前期和中期最為活躍（Konrad et al., 2013）。家長、教師和諮商師在引導
青少年面對青春期的挑戰時，瞭解行為如何發展是很重要的。鼓勵青少年培養
正向行為也有助於鞏固這些行為（Kadosh et al., 2013）。

青少年前期的兩個大腦重要區域，分別為小腦與前額葉皮質。小腦協調某
些動作功能，以及社交與其他高階思考歷程（Burnett, Bird, Moll, Frith, &
Blakemore, 2008; Konrad et al., 2013）。小腦的發育，從青春期擴增，延續到成年
期。青少年與環境互動、身體動作控制、社會化、高階思考功能等，都與小腦

發育有關。

　　同樣重要的還有前額葉皮質的成長。這是大腦最後才發展的區域，主要於 12 到 25 歲的青春期開始發展（Konrad et al., 2013）。由於皮質掌管衝動控制與決策功能，因此常被稱為大腦的執行中樞。不過，雖然大腦裡管控訊息處理的杏仁核幾乎發育完成，但前額葉皮質尚未成熟。縱使有小腦持續連結與解讀外界資訊，主要仍是由杏仁核對外界刺激做出反應。在前額葉皮質還無法完全發揮功能的情況下，青少年不及三思或長遠規劃，衝動地做出反應。青少年經常涉入高風險行為，不是因為衝動行事（雖然他們是滿衝動的），而是缺乏深謀遠慮的思惟（Burnett et al., 2008; Konrad et al., 2013）。

▌認知發展

　　Jean Piaget（1954）的認知發展理論主張，12 歲兒童逐漸從具體運思期，邁入形式運思期。青少年從具體邏輯問題思考，進步到更抽象的問題思惟；從只著眼於現在，放眼到未來的可能性。青少年開始形成自己的理論假設，並驗證出實際的答案。逐步累積經驗與試驗結果，他們的思考越趨複雜。命題思考取代具體邏輯，毋須靠具體事例，青少年越來越懂得運用抽象思考和邏輯推理。當然，此種思考方式也帶來許多問題。認知處理歷程進步，使得青少年敢與成人據理力爭，質疑現有的規則與權威，卻也造成彼此之間的關係緊張（Piaget, 1954）。

　　如第 12 章所述，Lev Vygotsky 提出比 Piaget 更有彈性的發展模式。他主張社會互動和生活經驗是認知發展的驅動器。Vygotsky（1978）認為兒童的功能發展體現在兩個層次：第一個層次是與他人的互動或溝通，第二個層次是互動的內在處理歷程。每項發展達成後，即造就更好的人際社會功能。他最具代表性的概念為最近發展區（zone of proximal development）和鷹架作用（scaffolding），也就是透過提供某些協助，進階提升學習者的能力水準。因此，中學階段的教育，必須鼓勵學生從具體運思進步到抽象運思，挑戰更高的學業與人際成就，奠定認同發展。

心理社會與認同發展

Eric Erikson（1968）深知生理與大腦發育，影響青少年前期的心理社會與認同發展。Erikson 的社會發展理論雖然也採階段論，但毋須每個階段都精通熟練。他假設人類從出生到成年後期，須經過八個階段，發展同時受到生理與社會文化影響。6 到 12 歲處於勤勉或自卑階段（industry versus inferiority），個體嘗試達成目標、培養能力。成功或失敗的經驗，加上具體與形式運思期培養出來的邏輯回答能力，使得成功意味著能幹與有為，反之，失敗則是無能與笨拙。成敗經驗的累積，影響了正尋求認同發展的青少年。11 到 14 歲的中學生（六至八年級），雙雙面臨 Piaget 與 Erikson 理論階段（自我認同或認同混淆）的關鍵轉折期（Erikson, 1968）。

關於青少年的人際互動，必須同時從認知理解程度提高、杏仁核成熟、前額葉皮質尚在發育，這三個因素一起來探討。同儕或重要他人怎麼看自己，左右了自我能力的評估。青少年的大腦對情緒刺激的反應幅度偏大，常將中立的刺激解讀為具有敵意的意涵。這可能與青春期荷爾蒙濃度的變化，如血清素減少、多巴胺升高有關。無論原因為何，青少年經歷的壓力事件，遠比兒童或成人為多，也更容易引發憂鬱情緒（Burnett et al., 2008; Konrad et al., 2013）。其中，他人對青少年的表現、付出、人緣、所屬團體等做出的反應評價，起了決定性的影響作用。

個人的成就或失敗，影響自我效能的建構。健康的自我概念發展，或對自己的能力有清楚的認識，深切影響青少年的整體自我價值（自尊）。中學時期的認同與能力息息相關。決定朝哪個方向或領域鑽研，是中學時期青少年須設定的目標之一。自我概念和自尊也與身體意象有關，少男少女特別在意體重，女孩更是追求媒體和社會文化宣稱的理想身體形象，心心念念減重瘦身。她們不滿意就年齡而言正常的體重，更不能容許超重。連男孩也不能免於對肥胖超重的擔心（Mäkinen et al., 2012; Pollack, 1998）。

緊追最新服飾、音樂等流行時尚，是許多青少年的生活重心。對來自低社經地位、但具有強大家庭支持系統和正確價值觀的孩子而言，即使家境並不優

325

渥，但只要家人的感情夠穩固堅定，不至於動搖他們健康的自我概念（Pollack, 1998）。不分家庭社經地位，或許對所有青春期男孩來說，危機來自於信奉男子氣概的迷思（myths of manhood）（社會對男性的刻板印象），如：堅強、無畏、從不屈服、強壯、有力氣及自負等，使得他們就算苦於身心變化，也得硬著頭皮面對（Pollack, 1998）。青春期分泌旺盛的雌激素與雄激素，攪亂一池春水，有可能對曾經的兒時同窗產生愛慕之情。女孩冀望得到關注與親密，男孩性致勃勃，卻不想受到束縛。要在媒體推銷某些形象（不見得是正面的形象）下維持健康的親密關係和自我認同，殊為不易（Forbes & Dahl, 2010; Veselska et al., 2010）。

研究顯示，大眾傳播媒體深深影響青少年對關係的看法與行為（Brown, Halpern, & L'Engle, 2005; Gentile, 2014; Kaiser Family Foundation, 2001）。Goldberg、Smith-Adcock 與 Dixon（2011）建議採用迎合青少年喜好的影片，引導他們思辨媒體傳遞的訊息。引導活動 13.1 可以用來協助青少年探討如何應對發生在自己和關係上的變化。

引導活動 13.1

流行媒體活動

協助青少年思辨有害的媒體訊息是很重要的。Goldberg 等（2011）列出一些電影，例如探討真摯友誼的《牛仔褲的夏天》（*The Sisterhood of the Traveling Pants*）（Chase, Di Novi, Kosove, Johnson, & Kwapis, 2005）和虛假友誼的《辣妹過招》（*Mean Girls*）（Michaels & Waters, 2004）。請表列一張屬於你自己的影片目錄，類別包括（但不限於）：親子關係、社交友誼、初期交往、手足關係或自我探索（自我瞭解與認同發展）。可援引運用的大眾傳播媒體有：電視、電影、書籍、雜誌、YouTube 影片等。

　　要不要追求學業成就，也是個錯綜複雜的難題。許多青少女及少數族裔青 　326
少年為此掙扎不已（Matusov, DePalma, & Smith, 2010）。聰明過人對許多女孩或
非裔、拉美裔男性而言，不但不是優點，反而是絆腳石。許多青少年陷入兩
難，不敢發揮潛力，擔心自己不符合刻板印象（刻板印象威脅）（Matusov et al.,
2010）。

　　James Marcia（1967）擴展 Erikson 的理念，指出青少年的認同發展分為四
個類別：（1）早閉型（foreclosure），（2）迷失型（identity diffusion），（3）延
遲型（moratorium），（4）定向型（identity achievement）。早閉型青少年以他人
認定的成功為依據，表現出他人看好的行為。這類型的青少年看似信心滿滿，
喜歡尋求社會讚許、控制和支配別人；迷失型青少年不知道自己是誰，也不知
道未來想做什麼，他們還沒認真思考過。這在青少年前期很常見，因為未來還
有很多可能性，無法決定什麼最適合自己。這類型的青少年通常畏縮不前，難
以建立親密關係（Marcia, 1967）；延遲型青少年願意去探索嘗試各種不同的領
域，但尚未確定未來方向。他們外表看似無憂無慮，對經驗開放，渴望與他人
連結，其實內心暗自焦慮掙扎；定向型青少年自主決定未來，已在某一領域取
得成就，這類型青少年經多方嘗試後，找到個人最有自信成功的目標。根據
Marcia 的論點，定向型青少年的心理適應狀況良好、學業積極且自尊心高
（Marcia, 1967）。

　　就讀族群融合學校的少數族裔青少年，面臨前所未有的挑戰。他們必須決
定要不要融入主流文化，還是繼續保有雙文化認同（bicultural identities）。認同
形成需要時間，教師、校方、家長和諮商師須給青少年探索自身文化、嘗試文
化交流的自由（Matusov et al., 2010）。畢竟，在社會常規、校規和家規的限制
下，青少年幾乎天天都要應付自我價值、人際關係和生理成長等層出不窮的問
題。案例描述 13.1 說明一位中學生的發展變化。

案例描述 13.1：學校諮商案例

摩根，13 歲，七年級非裔男生，身高 5 呎 11 吋（約 180 公分）。他是家裡的獨子，爸媽都是中年專業人士。他的媽媽是生意人，爸爸從事當地大學的公關工作，居住在黑人中產階級社區。他們經常全家出遊、參加藝文活動、逛博物館，一家人和樂融融。不過，摩根雖然和爸媽無話不談，卻很少提到自己的社交生活。

摩根從小學三年級就開始讀資優教育課程，就讀同樣學程的同學約有一百多位。他後來升上高達八百人以上的中學，學生多數為非裔。摩根的資優課程多半是白人和亞裔同學，其他選修課程不限學生條件。摩根的朋友不分性別種族，以男性朋友居多。他雖然想拓展交友圈，但常往來的還是資優教育課程的同學。摩根不喜歡一直跟「圈內人」在一起，反而常跟他所謂的一些「獨行俠」和「網友們」交流。他超愛跟這些朋友玩網路遊戲，因為就算對戰輸了，他們也不知道你是誰。雖然摩根長得很高，但他覺得自己笨手笨腳，對運動興致缺缺。

升上高年級後，摩根變得越來越憂鬱、孤僻、易怒，甚至開始疏離他那一群「獨行俠」朋友。他頭一遭因學業成績不佳被留校察看，最近還因打架而被暫令停學。他對諮商師說，黑人同學罵他「白目」、白人同學嘲弄他是 gay、女同學不跟他講話——其中有一個還是他從小學三年級就認識的女同學呢！摩根眼眶含淚，說他跟黑人和白人同學都合不來，雖然恨得牙癢癢，但也束手無策。

諮商師明白摩根因同儕關係與自我概念動搖，認同一下子陷入混淆。摩根的處境因青春期生理與認知變化雪上加霜，進而影響他的學習表現。諮商師建議摩根參加小團體諮商，和其他男同學一起探討關係與認同議題。諮商師也與摩根進行兩次個別晤談，搭配運用理性情緒治療（REBT）的家庭作業。諮商師帶領摩根加入學校社團，每週核對監督他的成績與社交關係。在摩根的同意下，諮商師聯絡家長，研擬一套上網時間管理計畫。諮商師也建議家長應該多鼓勵孩子接觸成功的非裔男大學生，找到可以認同的楷模。

須關注的議題

青少年前期快速的成長發育，給青少年帶來諸多困惑與煩惱。Wolfe、Jaffe 與 Crooks（2006）比較青少年前期和兒童期的問題行為與情緒調節，指出青少年和兒童的生理條件不一樣，外界對他們的期待也不可同日而語（Wolfe et al., 2006）。從發展的觀點來看，兒童只要跟照顧者建立關係就好，但青少年則被期待要脫離照顧者獨立（Erikson, 1968）。許多青少年能順利轉換，沒有太大問題。然而，劇烈的生理與情緒變化，讓這段獨立的過程困難重重、險象環生。

328

認同問題

如前所述，隨著青少年脫離父母獨立，靠向同儕團體，他們開始探索各方面的身分認同，思考如何與他人同氣相求。青少年越來越在意社會比較與社會評價，自我意識高漲，擔心自己是不是「受歡迎」（Ryan & Shim, 2008）。這對青少年而言是項挑戰，因為多數青少年尚未發展出足夠的認同感。他們嘗試不同角色，試圖找到自己的定位、融入同儕團體。如 Pledge（2004）所言，缺乏安全感使得某些青少年易於受到人際關係的傷害。

性別認同意指「個人認為自己的性別，和其他人的性別一樣的程度」，及是否與個人的身體特徵一致（Steensma, Kreukels, deVries, & Cohen-Kettenis, 2014, p. 289）。青少年前期的性別認同之路走得顛簸，一方面是因為每個人的發展程度不一，一方面則是社會比較和評價的壓力，各種惶惶不安此起彼落。發育早的、發育晚的、指定性別（assigned gender）和經驗性別（experienced gender）不一樣的人，都有可能成為被嘲笑的對象。認同自己是性少數（sexual minority）的青少年，還有性別認同統合及出櫃等問題要面對（Wolfe et al., 2006）。

人際關係

　　青少年在社會、生理與情緒發展的過程中所失去的安全感，會使人際挑戰也跟著變多。對父母親輒有怨言、與同儕相處不睦，都是青少年常見的問題。青少年爭取獨立，親子衝突往往一觸即發。他們看重同儕團體，但培養與維繫友情的問題紛至沓來。12 到 14 歲的少男少女開始嘗試約會，可惜交往常流於淺薄又曇花一現。

　　想在學校獲得歸屬感，想被喜愛、被尊重、被當作獨特的個體看待，是青少年殷切的企盼（Osterman, 2000）。嘲笑、散布謠言及社會孤立等關係攻擊，加上公然的肢體攻擊與暴力，在 12 到 14 歲時飆升，威脅他們的隸屬感與社會支持。Crick 與 Grotpeter（1995）首創關係攻擊（**relational aggression**）一詞，意指讓個體遭受從人際關係退出和瓦解的威脅。青少年之間的關係攻擊手段明來暗去，如：語言中傷、翻白眼、冷落排擠等，加諸欺凌與傷害的意圖，危害人際關係或社交地位（Ostrov, Hart, Kamper, & Godleski, 2011; Weber & Kurpius, 2011）。此外，霸凌的定義是指兒童「反覆、長期遭到一或多位同學各種負向言行針對」（Olweus, 1993, p. 9）。Powell 與 Ladd（2010）指出，不管是直接或間接攻擊的關係攻擊、霸凌及網路霸凌，對於霸凌加害者、受害者、家庭的影響均非同小可。青少年或兒童可能是關係攻擊受害者的徵兆包括（但不限於）：對學習失去興趣、拒學或懼學、不跟家人交流、心身症、情緒不穩、沒有食欲、睡眠困難、瘀青擦傷或衣服破損（Powell & Ladd, 2010）。有關霸凌對策與防治的討論，請見第 12 章。

悲傷與失落

　　人生任何時期都可能失去至親摯愛，但在動盪的青春期喪親，卻是特別難熬。家人、朋友、寵物死亡或其他形式的失落事件，如：搬家、轉學、父母離婚或兄姊離家等，都可能引發悲傷情緒。由於青少年尚未發展出適當的因應技巧，當失落來得猝不及防或伴隨重大創傷，恐帶來難以撫平的痛苦。

學校諮商師可在失落發生前，藉由特定課程未雨綢繆，教導學生培養因應技巧，協助青少年緩和悲傷與失落的衝擊。各式各樣的課程方案唾手可得。美國學校諮商師學會（ASCA）有僅供會員閱覽的網頁，詳列許多課程計畫。該網頁也定期更新有效危機處理資源，供各級學校參考。良好的危機處理計畫，應當是能在校園或社區危機事件發生後，協助校方即時做出周全的反應。危機事件發生後，要馬上決定如何、何時、從何處介入，往往令人焦頭爛額。事先擬定計畫有助於節省應變時間，避免因痛苦而措手不及。社區機構也應制定類似的計畫，因應大規模的危機事件。詳情可參閱 ASCA 網頁中「Helping Kids During Crisis」（協助危機兒童）一欄，網址為 https://www.schoolcounselor.org/school-counselors/professional-development/learn-more/helping-kids-during-crisis。

失落事件發生後，諮商師可以參閱全國兒童創傷壓力網絡（National Child Traumatic Stress Network, NCTSN）的網頁資源（http://nctsn.org），這些網頁隨時更新資訊，而且都是免費的。NCTSN 特闢處理校園災難事件專欄，如：教師或學生死亡、校園槍擊事件等，諮商師可與家長或學生分享這些網路資訊。關於如何因應悲傷與失落議題，讀者另可參考「道奇悲傷兒童和家庭中心」（Dougy Center: The National Center for Grieving Children & Families）的網址內容 http://www.dougy.org/grief-resources/kids-and-funerals。

內因問題行為

高敏感、心情起伏、行事衝動及過度壓抑等，是許多青少年的情緒與行為特徵（Brown & Prout, 1989）。但有些青少年的憂鬱、焦慮等情緒失調症狀，遠超過一般青少年的情緒變化幅度。內因問題行為（internalizing problems）即「將症狀轉向個人內在的傾向，恰與外顯問題行為相反」（Pledge, 2004, p. 137）；不過，青少年更容易將憂愁苦悶顯現於外。青少年的憂鬱，常表現在易怒、煩躁、緘默少言，並對他人的批評非常敏感。「雖然青春期叛逆和將他人拒之門外的情形，早已屢見不鮮。但這些行為在憂鬱青少年身上更為極端，持續時間更久」（Pledge, 2004, p. 139）。

330

外顯問題行為

外顯問題行為（externalizing problems）意即症狀以不利於自己和他人的外在或行動呈現。這些行為包括對自己和對他人的攻擊與暴力。無遠弗屆的電子媒體科技與大眾傳播，如：電視、電影、網路影片及網路遊戲等，使得當代青少年接觸到前所未有的暴力數量（Finkelhor, Turner, Ormrod, Hamby, & Kracke, 2009; Wolfe et al., 2006）。即使接觸暴力不一定會引發攻擊與暴力問題，但長期接觸的結果，恐使青少年對暴力越來越無感。

除了外顯行為外，青少年也處於武器攻擊、性騷擾、綁架、目睹家庭暴力及目睹親密關係暴力等受害高峰期（Finkelhor et al., 2009）。另一個須重視的是自我傷害問題。Stallard、Spears、Montgomery、Phillips 與 Sayal（2013）探討青少年自我傷害，發現 13 到 14 歲的女孩易有自我傷害的意念與行為。參與研究的青少年中，五分之一自陳曾有自傷意念，十分之一自陳近六個月內至少曾有一次自傷行為。有鑑於青少年面對的社交與人際問題日益嚴峻，學校諮商師與心理健康機構必須善用適合青少年前期發展的諮商策略，協助他們因應國中到高中階段的生活，順利成長茁壯。

適合青少年前期發展的介入策略建議

青少年前期的發展有其獨特的可塑性和挑戰性，可資運用的諮商取向與策略多不勝數。諮商師應靈活使用能有效協助青少年在學校、家庭和社會上發揮潛力的知識、態度與技巧。以下範例說明個別諮商、小團體諮商、班級輔導課程、親師諮詢，以及同儕輔導等策略建議。

個別諮商

　　青少年的個別諮商取向琳琅滿目，如：遊戲治療、藝術與音樂治療、讀書治療、談話治療等。這些支持性取向適用於學校與心理健康機構，依個案求助場域、求助議題（學業、社交或情緒問題）而定。個別諮商的好處是較能建立深刻的治療關係，探討的議題切中個案的需求，可以採取多種形式有效協助青少年學習健康的溝通方式（Klem, Owens, Ross, Edwards, & Cobia, 2009）。

　　創造性諮商取向對青少年的助益有目共睹（ASCA, 2012）。對於難以用言語表達思緒和感覺的青少年，一樣可以深入他們的內心世界，細究各種議題與煩惱。玩偶、黏土、繪畫等各種玩具與表達性藝術，給予青少年在非結構和安全的環境中遊戲與探索的自由度，坦露說不出口的希望、恐懼、願望與需求。例如，請青少年畫出在某一課堂的感受或學習困境，加以討論後，再引導他們做出改變。

　　音樂是青少年生活中不可或缺的調劑品。諮商師可邀請他們分享喜愛的歌曲，訴說心情感受，或用音樂展現自我。讓不願意用言語吐露內在想法情緒的青少年，另有創意表達的抒發管道。

　　許多優良讀物或讀書治療探討青少年常面臨的問題，引發角色共鳴，很適合在個別諮商時推薦給他們閱讀，如 Evan Roskos 的 *Dr. Bird's Advice for Sad Poets*、T. L. Costa 的 *Playing Tyler*、Kate Petty 與 Charlotte Firmin 的 *Being Bullied*（譯注：尚無繁體中文譯本）。其他推薦書單，請見本章末的讀書治療資源（編注：此部分請參見第 29 頁的編注說明）。另外，透過日誌記錄或自由書寫等寫作表達方式，邀請（但不強迫）青少年和諮商師分享心情點滴。和其他創造性表達取向一樣，不但能鞏固諮商關係，還能深化晤談的內涵。

　　就像其他人生階段一樣，有許多青少年樂於在個別諮商中開放地揭露自我，有些則否。此乃意料中之事，諮商師不可因此放棄。儘管如此，仍須讓青少年清楚瞭解保密的限制，給予充分的時間建立友善信任的治療關係。青少年正處於認識自我、質疑權威的發展關鍵時刻，取得他們的諮商同意是首要之務。本書第 2 章已探討諮商的保密與知後同意問題。請利用引導活動 13.2，練習邀請青少年同意參與諮商。

結合以上介紹的創造性治療取向與談話治療，協助青少年自我反思，修正行為與想法。這些個別諮商取向鼓勵青少年建立自尊，培養與父母、教師、同儕等相處的技巧。案例描述 13.2 說明臨床場域的青少年諮商處遇。

案例描述 13.2：心理健康諮商案例研究

　　傑登，12 歲，七年級生，雙族裔（biracial），和媽媽及兩個妹妹同住。他的爸媽在他 10 歲時離婚了，爸爸搬離數州之外，他和爸爸鮮少聯絡。媽媽擔心傑登最近的行為變化，因此帶他前來諮商。母子倆以往相處得還不錯，傑登也是個好哥哥。他喜歡打籃球，想加入中學校隊。傑登的成績優良，常拿 A 和 B，但最近似乎心不在焉，常常落東落西。

　　媽媽覺得傑登最近變了，都不太願意跟她說話，也不再嘗試爭取進入球隊。更令人擔心的是，他越來越常亂發脾氣，不但不跟過去的好朋友聯絡，還交了一些不三不四的損友。媽媽擔心傑登偷偷使用藥物或喝酒。他在家裡也會故意招惹妹妹生氣，行徑乖張叛逆。他不做功課，整天昏昏沉沉睡覺。叫他起床或做些家事，他就激動暴怒。媽媽不清楚他究竟發生了什麼事，緊張的情勢似乎一觸即發。

　　傑登倒是願意跟諮商師談話。他說媽媽一點都不瞭解他，還把他當小嬰兒

看待。她一天到晚碎碎念個不停，根本就不信任他。傑登又說媽媽不注重他的隱私，期待他像個大人，卻待他如小嬰孩。他想跟爸爸一起住，爸爸也一口答應，說他隨時可以搬過去。

提到學校生活，傑登說他跟同學相處不來。他覺得自己又瘦又矮，也很討厭自己的膚色。他曾經很受歡迎，但現在朋友只會笑他，說他是 gay。他已經放棄某些科目，因為任課老師不喜歡他。他恨學校，寧願待在家裡睡覺。他希望媽媽可以多信任他一些，不要管他，放他自由。

傑登的外在不當行為，其實是內在痛苦的表徵，也影響了學校與家庭生活。他疏遠朋友，對以往喜愛的活動失去興趣。他的易怒可能是憂鬱的表徵症狀。諮商師認為童年父母親的衝突不睦與父親離家的經驗，和傑登現在的症狀有關。諮商師探討傑登與父母親的關係及自我認同發展議題。由於認同與自尊在這個年齡階段不夠強韌，諮商師採取優勢取向的介入策略，以家庭地圖活動（family mapping activity）共同探索家庭關係的模式與動力，其他如以認知行為治療協助傑登辨識與改變造成情緒痛苦的不合理想法。除了個別諮商外，諮商師也建議以家庭諮商修復傑登與媽媽的關係。

小團體諮商

小團體諮商是公認有效的介入策略，其性質特別符合青少年的認知、情緒、行為與社會發展（Akos, Hamm, Mack, & Dunaway, 2007）。在一個安全與結構化的團體裡，青少年和團體同儕建立獨特的連結，不用獨攬煩惱，也毋須害怕孤單、擔心出錯。如同成人團體一樣，學校與社福機構辦理的青少年團體，能讓更多青少年即時接受諮商，也比個別諮商來得經濟實惠、減輕家庭負擔。

整體而言，人際／社會、課業學習等小團體，可以滿足青少年渴望歸屬感及與他人互動的需求。有些議題特別適合以小團體形式探討，如：價值觀探索、自我概念、社交技巧、自我認同、時間管理、組織規劃、學習技巧、學習風格、處理人際衝突、壓力因應及憤怒管理等。其他如：雙親離異、家庭財務

危機、悲傷與失落等青少年遭遇的特殊生活狀況，也很適合用小團體協助他們渡過難關。

　　團體工作專家學會（Association for Specialists in Group Work）建議青少年團體應採半結構式、有時間限制、以領導者為中心（leader-centered）、達成特定行為改變為目標的團體，設計創意、實用的活動，催化團體凝聚力與向心力（ASGW, 2007a; ASGW, 2007b; Erford, 2011; Greenberg, 2003）。前面談到的創造性取向，亦可舉一反三用於小團體活動。若團體規模較大，可再分成二到三個次團體，讓成員有更多機會相互認識，進行共同需求的討論與分享，建立普同感。在小團體裡，青少年再度得到鼓勵，肯定他並不孤單，不用妄自菲薄。他們可以在小團體中學到新的知識和技巧，提升課業、自我以及社交功能。無論是學校或臨床場域，小團體給青少年帶來的具體改變成效斐然。

　　引導活動 13.3 說明進行 11 到 14 歲青少年小團體諮商的注意事項。

引導活動 13.3

青少年前期團體諮商

　　結構式團體具有詳實的計畫與清楚的時間限制。團體的主題明確，由領導者設計並帶領一系列的課程或活動。結構式團體的特色為聚會次數固定、主題單一，有既定的流程安排。結構式團體通常也是封閉式團體，團體成員經過事先篩選，目標一致、同質性高。團體建立後，即不再邀請新成員加入。

　　11 到 14 歲青少年的結構式小團體諮商，可以探討的主題有：學業提升與讀書技巧、社交技巧、離異／家庭變動、悲傷／失落，或壓力管理、憤怒管理等（Brigman & Earley Goodman, 2008）。請和你的同學一起腦力激盪，設計上述任一主題的團體方案，並回答下列問題：

1. 團體的目標為何？

2. 誰會來參加團體？你會如何挑選成員？

3. 團體聚會時間多長？多久進行一次？

4. 要如何掌握團體動力？該注意哪些事情？

5. 團體包含哪些活動？

班級輔導課程

　　由學校諮商師定期授課的班級輔導課程，有助於發展青少年的學業與人際技巧（ASCA, 2012），順利度過中學時期。班級輔導課程可以從介紹社交人際技巧開始，再進展到學業提升技巧（升學與生涯準備），最後以生涯探索為尾聲。班級輔導課程的講授對象人數較多，就像每天上課的老師一樣。主題可環繞在學業、個人／社會，或升大學及生涯準備。這些班級輔導課程由受過專業訓練的學校諮商師設計與教學，評估學習後的成果，瞭解學生是否從中學習到新的知能，增加日常生活應對能力。教學講授之外再搭配體驗活動，更能使學生將班級輔導課程所學應用到課堂外的生活情境。最重要的是，班級輔導課程可以和大型週會場合與親師諮詢相輔相成。

親師諮詢

　　進行 18 歲以下的個案處遇工作時，諮商師須與周遭成人密切合作。親師諮詢為介入實施的前置作業，確保諮商師的處遇能在教室或家裡得到支援。諮商師應彈性規劃契合青少年生活經驗的介入策略。此外，不管是個別諮商或小團體諮商，皆可將青少年納為親師諮詢會談的一員，激發參與感。

同儕輔導

青少年特別喜歡跟同儕在一起，同儕間的相處滿足了他們的歸屬感（Dixon & Tucker, 2008）。因此，同儕輔導或可成為處遇青少年的獨特介入方式。例如，高年級生協助調解低年級生的人際衝突、霸凌爭端或其他相關問題。這些同儕助人者在學校諮商師的訓練及督導下，學習助人技巧與知能。獲選為同儕助人方案（peer helpers/leaders/mentoring program）的學生，通常先由教師、行政人員或學生提名，再經過系統化的溝通與衝突解決技巧訓練（ASCA, 2015）。此外，另有實徵研究證明，同儕課業輔導（peer tutoring）能提升中學生的學業與社交／人際發展（Bowman-Perrott et al., 2013）。同儕課業輔導雖然以學習指導為主，但教導過程中同儕輔導員起了示範作用，催化受輔者的自我效能與內在動機。這再次顯示青少年同儕的支持與楷模有助於學校諮商師服務更多的學生，促進青少年健全的人際關係。

本章所介紹的許多青少年諮商取向，都是為了回應這個人生階段的獨特需求。只要諮商師適當調整既有的介入策略，就能幫助青少年學習必要的知識、態度與技能，有效地改善他們的學校、家庭和社會生活。

諮商的基本原則

- 青少年前期是充滿掙扎與追尋認同個體化的人生階段。
- 就發展而言，青少年前期介於小學與中學之間，是一段有別於兒童後期與青少年後期的獨特時期。
- 所幸，青少年的諮商介入可支持他們順利達成課業、自我與人際目標，在適當的指引下，帶領青少年以有意義的方式順利地過渡到青少年後期。

338

本章作者簡介

Andrea L. Dixon，喬治亞州立大學諮商與心理服務學系副教授。她的研究與教學興趣是：多元族裔諮商、青少年、意義建構、學校諮商、學校諮商員教育。她的著作豐富，關注少數族裔兒童與青少年。

Robert E. Rice，喬治亞州立大學諮商與心理服務學系助理教授，之前擔任中學諮商師達十八年。他的研究興趣包括：學校諮商、青少年、學校同儕領導、學校領導、多元文化倡議、大學與生涯準備、團體工作。

Amanda Rumsey，喬治亞州立大學諮商與心理服務學系博士生，青少年心理健康工作經驗超過二十年。她的研究興趣是：青少年、社會正義與倡議、暴力與創傷、幸福感、學校心理健康。

青少年後期諮商（15-19 歲）

Derrick Paladino and Leigh DeLorenzi

> 青春期最傷腦筋的事，就是每件事似乎都是大事，看不見全貌。無止境的痛苦和歡樂。沒有人能永遠這樣生活下去，最後是經驗救了我們。我們終於知道我們能忍受什麼，也終於知道一切終將過去。
>
> ——**Sara Paretsky**（薩拉・帕瑞特斯基）
> 《血濺堪薩斯》（*Bleeding Kansas*）

引言

青少年後期是從依賴到自主的過渡期。和父執祖輩一樣，青少年後期的主要任務是發展認同感與社會連結。青少年後期也是充滿困惑與壓力的時期，他們的生活絕大部分仍須倚靠長輩指引，協助他們做決定。習俗慣例、教養風格、同儕關係等，也同樣深深影響這段轉折期。青少年後期在關係、教育、生涯及生活型態等領域的關鍵抉擇，持續影響他們的未來動向。

本章將從發展、文化和臨床的視角，綜觀青少年後期這個階段。

344

┌───┐
│ ═══════ ・**讀完本章之後，你應該能夠**・ ═══════ │
│   │
│ ・瞭解青少年後期的特徵與優勢。   │
│ ・瞭解青少年後期的神經生理變化。   │
│ ・瞭解青少年後期不同的認同發展假設與經驗。   │
│ ・認識與千禧世代和後千禧世代有關的特殊議題。   │
│ ・培養青少年後期諮商的知識與技巧。   │
└───┘

急遽成長與變化的時期

　　青少年後期的外表看似大人模樣，但掌管決策、衝動控制與推理等部位的大腦仍在發育中（U.S. Health and Human Services, 2001）。三更半夜溜出家門、超速駕駛、情緒波動、打架鬧事、上課不專心、背後講師長壞話、不安全性行為、嗑藥喝酒等不計後果的行動，只是其中幾個小小的例子，難怪青少年的監護人深陷挫折無助。美國青少年風險行為調查（National Youth Risk Behavior Survey, YRBS）報告發現，70% 的青少年死因為交通意外、身體傷害、他殺或自殺（Eaton et al., 2012），在在顯示青少年和家長有多需要諮商師的關心與協助。此外，許多心理疾病症狀的首度發作年齡為青春期（U.S. Health and Human Services, 2001），因此，諮商師有必要瞭解大腦發育在個案的主述問題中扮演何種角色。

　　傳統多以荷爾蒙風暴解釋青少年的行為，其實更應該從基因、童年經驗、環境與大腦發育著眼。青少年後期的大腦正進行大規模的神經連結整頓。掌管決策、衝動控制與推理等的大腦前額葉皮質區是最後才成熟的。根據學者的研究，大腦發育尚未成熟，加上多巴胺濃度偏低，導致青少年覺得兒童期還算刺激的活動，到青春期反而顯得無聊了（Giedd, 2011）。皮質下方的腦部區域先成熟，但前額葉控制區發育延緩，造成一段時間的神經失衡（Konrad, Firk, & Uhlhaas, 2013），使得青少年傾向嘗試高風險行為，想要體驗有別於兒童期的興

奮刺激（Powell, 2006）。此外，青春期到成年期這段期間，由於促性腺激素釋放素（gonadotropin releasing hormone, GnRH）的作用，性腺分泌旺盛。這些變化加總起來，激化了青少年大腦的神經迴路，引發對性的好奇與性行為（Sisk & Foster, 2004）。

　　除了大腦的發育變化之外，青少年後期也受到家庭環境和社會結構影響。他們不斷發問：「我是誰？」及「我可以做自己嗎？」青少年在尋求認同與爭取自主權之間搖擺不定，內心爭戰不休。青少年後期的社會環境擴展身分認同探索，但家庭／家族同時又在限制他們的自由。再者，性、道德、社會、文化、靈性、性別、宗教等方方面面的身分認同，也是青少年後期的探索重點。

引導活動 14.1

說明：傑夫，18 歲，白人，在當地的社區大學就讀二年級。他和父母同住，他的學費和生活開銷（如：汽車、車險、食宿免費）也是由父母支付。以下是第一次晤談中段的逐字稿。

諮商師：傑夫，聽到這裡，可以感覺到你對於父母親一直以來教導你的信念，和你在大學裡學到的觀念不太一樣。你很困惑，不知道該怎麼辦才好。

傑　夫：我爸媽是「非常」虔誠的信徒，但我早在幾年前就開始產生疑惑了。大學同學的宗教信仰和我完全不一樣，不過他們都是很棒的人。我沒辦法若無其事地坐在他們面前，心中暗想著他們會像我媽說的那樣，全部會下地獄。他們都是好人。

諮商師：聽起來你的朋友動搖了你一直以來堅定不移的信仰。

傑　夫：我想是吧，但我可不能告訴他們。誰知道他們會做何反應。

諮商師：傑夫，如果你的父母知道你正在為這些想法苦惱不已，你覺得他們會說什麼？

傑　夫：可能是「滾出去！」所以打死我也不會跟他們說真心話。我付不起學費跟車子。你得明白，我們全家跟教會的關係密不可分，這……這會毀了他們。

諮商師：傑夫，我整理一下你所說的。一方面，你最近交的好朋友引發你對信仰的「質疑」。另一方面，我也看得出來你很在意爸媽的想法，擔心他們的反應。你需要爸媽的支援，攻擊他們等於是攻擊你自己。

反思與討論：思考傑夫的環境對他的影響。有哪些環境因素對他來說很重要？這些環境的實際情況是？有哪些困境是傑夫要面對的？試著感同身受傑夫的處境，他的情緒、想法和信念為何？最後，假設你就是諮商師，你對傑夫的處遇方向大致是？你會設定哪些諮商目標，以及該如何協助傑夫探索？

　　青少年前期（12 到 14 歲）和青少年後期（15 到 18 歲）正處於人生兩大社會轉折期（Tanti, Stukas, Halloran, & Foddy, 2011）。青少年前期準備從小學升上中學，青少年後期則是預備從中學升大學或進入職場。青少年後期的自主性忽高忽低，表現方式不一。中學畢業之後，各人的轉折方向不同。例如，不靠家人的經濟支援、直接就業的人，自主性較高。自主性混沌未明，則反映在雖然離家上大學，但一切開銷卻仍完全仰賴監護人資助的人身上。這兩種情況的個體，都面臨 Erikson（1993）所說的，在探索認同與角色混淆之間掙扎。轉折期（如：成為獨當一面的大人）深受經濟條件、家人期待、教育限制、動機等變項影響。此外，即使選定了方向（如：就業、就學、半工半讀或暫無任何打算），上述變項也可能影響未來的成就與壽命。例如，若拿全額獎學金就讀四年制大學，可能得因付出相應的工作服務時數，而成了大學邊緣人（Burbach, 1972; Burbach & Thompson, 1971）或碰到文化適配性（cultural congruity）（Gloria & Robinson Kurpious, 1996）等問題，影響他們的生活經驗和學業成就。

　　Tanti 等（2011）發現同儕團體在青少年從依賴走向獨立的這段過渡期，發揮相當大的影響力。青少年後期的「社會認同改變，反映其所處的社會脈絡出現大的變化」（p. 557）。由於年齡、個人成熟度及同儕團體等因素的複雜交互作用，因此，實務工作者應避免將青少年「一視同仁」，過度類化青少年的經驗。此外，認知、行為、情緒等重要面向的個別差異極大，故應將青少年後期視為獨一無二的階段。接下來將探討青少年後期的心理社會和文化認同發展。

347

青少年認同發展的模式

心理社會發展階段

　　發展理論先驅學者一致同意，青少年對於獨立自主的反應不一（Erikson, 1959; Marcia, 1966; Chickering, 1969）。與青少年前期相比，青少年後期對下列問題，面臨更嚴峻的決定壓力：（1）願意為什麼事挺身而出，（2）他們認定的重要價值為何，（3）要跟哪些人當朋友或進一步發展成伴侶關係，（4）他們的生命任務為何（Schwartz, Zamboanga, Meca, & Ritchie, 2012）。Erik Erikson（1959, 1968, 1993）的心理社會發展模式強調，人生全期都在面臨類似的決定歷程和轉折。Erikson 的八個發展階段說明心理和生理變化同受家庭和同儕等社會文化規範影響。自我統合與角色混淆階段，特別側重在青少年期的認同與挑戰。

　　根據 Erikson（1993）的心理社會階段，12 到 19 歲的青少年開始探索與發展認同，處在認同統合或角色混淆的轉折期。Erikson 建議青少年著手探究：（1）社會認同（如：「我和誰最合得來？」）及（2）個人的能力與目標。逐一探索眼前的各種可能性，深入認識何謂真正的自我。Erikson 進一步解釋：「自我認同感，來自於逐漸累積對個人能力的自信，具備維持個人內在（自我和心理感）一致性及連續性的能力，同時，個體對別人的意義，也符合一致性及連

續性」（Erikson, 1993, p. 94）。萬一青少年未能發展出清楚的認同感和目標方向，恐會陷入認同混淆，造成過度認同或怯於承諾而喪失認同。但，個體也不會就此卡住停滯不前，而是帶著這些特質繼續來到下一個心理社會發展階段，直到獲得矯正的機會。到了青少年後期，由於上大學、就業和／或脫離照顧者，適應自主生活的時間縮短，危機一觸即發。

348

引導活動 14.2

我和誰最合得來？

說明：Erikson 的心理社會發展論主張，青少年處於展開認同探索的「自我認同 vs. 角色混淆」階段。為了更能同理瞭解你的青少年個案，請用下面的練習活動重溫那段青春歲月。回想你 15 到 19 歲（高中到大學一、二年級）的經驗、成就、嘗試、克服的阻礙、好奇的事物，以及任何印象深刻的事件或里程碑等等。最重要的是，從這些經驗，你如何認識自己。

我和誰最合得來？				
我認同哪個社交團體／曾是哪個社交團體的一員？	為什麼我會加入那些團體？	這些團體對我過去的影響是？	這些團體對我現在的影響是？	這些經驗如何幫助我更同理個案的處境？

▎認同狀態論

　　James Marcia（1966）是傑出的認同形成與自我發展理論學者。他的研究重
點為以實驗證據檢視 Erikson 的理論概念，探討青少年後期的認同形成過程。
Marcia（1980）指出，個體認同形成的關鍵在兩個重要的變項：（1）探索
（exploration）（即：有危機 vs. 無危機）與（2）承諾（commitment）（即：有承
諾 vs. 無承諾）。「探索」意指「質疑父母（或其他長輩）認定的價值觀和目標，
權衡各種認同選項的利弊得失」（Evans, Forney, Guido, Patton, & Renn, 2010, p.
52）。例如，爸媽強迫 17 歲的麥爾斯選讀某大學。這番強迫對麥爾斯來說，可
能是危機（也可能不是）。它開啟麥爾斯探索的契機，去質疑、接受或拒絕父
母的期望。當麥爾斯做出決定（或不做決定），即移向承諾變項。Evans 等
（2010）說：「擁有堅定承諾的個體，會做出有自覺、有自信的決定……他們不
只目標明確，也為達成目標採取行動。」（p. 52）。再以麥爾斯為例，他可能會
答應去念父母屬意的學校，或選讀另一間大學。麥爾斯也可能放棄讀大學，直
接就業。探索變項（有危機 vs. 無危機）與承諾變項（有承諾 vs. 無承諾），構
成 Marcia（1966）的青少年認同狀態四大類別，分別為：早閉型、延遲型、迷
失型、定向型。

　　早閉型：意指青少年對於危機和承諾能避則避、能閃則閃。早閉型個體不
曾經歷危機，「堅持聽從父母長輩的決定」（Marcia, 1967, p. 119）。早閉型的人
毫無懸念地接受長輩的建議、規劃和價值觀，成為他人期待的樣子（Evans et
al., 2010; Marcia, 1966, 2002）。他們的觀念固著、不覺得需要探索，「完全認同
權威人士的價值觀」（Marcia, 1966, p. 557）。換句話說，上例的麥爾斯若屬早閉
型，他會不加思索地奉行父母的指示。他雖然做出堅定的承諾，但卻沒有個人
的選擇意識。

　　延遲型：另一方面，處於探索危機、但還未確切承諾的人，屬於延遲型。
這類型的青少年雖然會有危機感，但還沒有下定決心努力追尋答案（Marcia,
1966）。延遲型的人會主動質疑長輩的期望與價值觀。長輩的意見對他們來說

349

還是很重要，但他們非常用心地比較各種選項，想在家人期望、社會規範和個人能力之間，找到一個折衷方案（Marcia, 1966, 2002）。麥爾斯若屬延遲型，他會在申請或放棄父母屬意的大學間苦苦掙扎。由於延遲型是一個仍在持續探索的狀態，在下定決心之前，麥爾斯可能會旅行、工作，或什麼也不做。多數延遲型最終能達到認同定向狀態（Marcia, 2002）。

迷失型：既無危機感也不投注承諾的人，處在認同迷失的狀態。這類型的人「不願做出清楚的承諾」（Evans et al., 2010, p. 54），漫無目標、渾渾噩噩地過日子（Marcia, 1966, 2002）。他們「要不是沒興趣深入思考，就是採取兩手一攤，什麼都好都行的態度」（Marcia, 1966, p. 552）。猶豫不決的態度讓他們隨波逐流，選擇阻力較少之路。假如麥爾斯是迷失型，他不會把父母灌輸的期望和價值觀視為危機。此外，他也不像早閉型狀態的人，看起來一副老神在在的模樣（Marcia, 1967）。迷失型的人不但缺乏認同感，也欠缺穩定的自我感（Marcia, 2002）。這導致麥爾斯一面附和爸媽的意思，一面又三心二意，有新的選項出現就改變心意。

定向型：最後，有危機意識且願意堅定承諾的青少年，已臻至認同達成的狀態（Marcia, 1967）。定向型的特色是穩固的內在自我認同和選定的理想抱負。他們不屈不撓、鍥而不捨（Marcia, 1966）。如果麥爾斯是定向型，適度的危機感會讓他主動思考父母和自己的期望。他需要蒐集資訊，但不希望有人在旁邊指手畫腳（Marcia, 2002）。深思熟慮各種選項後，麥爾斯最終決定就讀爸媽屬意的大學，但那是因為那所大學也符合他的目標、價值觀和信念。

▌發展的向度

青少年後期追尋認同發展的過程中，難免碰到能力勝任與否的問題。Chickering（1978）以提出大學生心理社會發展模式著稱。雖然不是每位青少年都會上大學，但模式的內涵值得參考。Chickering 提出大學生面臨的七個向度（vector），分別是：（1）發展個人能力，（2）情緒管理，（3）自立自主，（4）建立自我認同，（5）開放的人際關係，（6）確立目標，（7）邁向統整。由於

下一章會再仔細說明這個理論，本節僅簡短介紹第一個向度。無論是要就業或 351
上大學，發展個人能力都是青少年後期會遇到的任務。Chickering（1978）認為
能力建立在個體有自信因應挑戰並獲得成功經驗。發展個人能力向度由三大要
素組成：（1）智能，（2）運動及操作技能，以及（3）人際能力。這些要素的
任務包括知識與技能、思辨與推理、理解力、注重健康、實作活動、溝通與社
交技巧、領導能力等（Chickering and Reisser, 1993）。隨著能力提高，青少年在
其他向度的發展也趨於穩健。

　　不同學者的認同發展模式（Erikson, 1959; Marcia, 1966; Chickering, 1969），
是實務工作者概念化青少年個案的重要參考依據。但各個認同發展模式僅以特
定群體為研究對象。認同向度的交互影響，使得青少年的自主與能力等發展差
異極大。青少年的族裔、文化、種族、性別、性取向等認同，或許和上述理論
模式相差十萬八千里。因此，實務工作者須留意，別硬把眼前的青少年個案和
認同發展模式劃上等號。

青少年認同發展的全貌

　　許多傳統的認同發展模式，並未充分認識文化與生態的影響力。為說明清
楚，我們再用 Marcia（1966）的認同狀態理論來看麥爾斯的發展。如果麥爾斯
所屬的文化背景期待他要聽從父母親的價值觀，臣服於父母親專制權威的教養
方式，可以想見麥爾斯的認同狀態是早閉型。如果麥爾斯想違逆文化價值觀的
作法，關於危機與探索這兩個變項的探討，一定會更加複雜。

　　檢視文化與生態對認同發展的影響，最好的方法是研究不同種族與文化背
景的群體。其中值得注意的，就是多族裔者（multiracial population）各自相異
的認同發展經驗。多族裔的英文用字有：biracial（雙族裔）、mixed-race（混合
族裔）、mixed-heritage（混合血統）及 multiple heritage（多元血統）。2000 年的
人口普查發現，約有 680 萬人具多族裔背景（占總人口的 2.4%），2010 年激增
至 900 萬人以上（占總人口的 2.9%），且有約 92% 的人自認是雙族裔。多族裔 352

人口與日俱增，有待投注更多的研究和臨床實務。此外，跨種族婚姻自 2000
年以來暴增 20%，多元血統的後代子女自然也增加不少（U.S. Census Bureau,
2010）。多樣的種族與文化背景，造就青少年各式各樣、形形色色的發展經
驗。即使青少年不認為自己是多族裔者，生態環境仍對他們的生活造成直接影
響。諮商師應拿掉偏見與刻板印象，從多族裔的角度看青少年，視個案為最明
白環境、家庭、文化背景對自身發展或主述問題影響的專家。以下將進一步說
明多族裔青少年的認同發展歷程。

　　儘管研究慢慢累積成果，我們對多族裔青少年的認識仍有待加強。直到
2000 年的人口普查時，個體才有勾選一個以上種族身分的選項。在此之前，
僅有黑白混血（mulatto）這個族群類別選項（1890-1920）。而四分之一黑人
（quadroon）和八分之一黑人（octoroon）（1890）——這兩個標籤是要確保有
黑人祖先的混血兒，不會被歸類於白人（Henriksen & Paladino, 2009）。這可以
回溯到 19 世紀美國社會的「一滴血法則」（one-drop rule）（又稱「低等血統法
則」[the rule of hypodescent]）。也就是只要混入一丁點黑人血統，即被迫認定
為黑人或其他少數族裔（有色人種）（Davis, 1991; Wehrly, Kenney, & Kenney,
1999）。1967 年，著名的「深愛夫婦訴維吉尼亞州案」（*Loving vs. Virginia*）（1967）
判決後，《反異族通婚法》（視跨種族婚姻違法）才被認定違憲。不用說，這
段黑歷史在多族裔裡埋下不信任與認同混淆的種子。

　　多族裔青少年的父母本身可能就是多族裔或有各自的單一種族認同
（monoracial identity）。不管如何，多族裔青少年有其獨一無二的經驗世界。在
他們年紀還輕的時候，就已經開始在跟社會打交道了。文化、認同及發展交錯
糾結，形塑了個體的人際互動樣態與世界觀。Harris 與 Sim（2002）探討不同
出身背景青少年的多族裔認同。他們的研究發現，僅 8.6% 的青少年願意在家
裡或學校擇一承認自己是多族裔，僅 1.6% 願意在學校和家裡兩邊都承認。雖
然這項研究的重點是種族，但個人的生態環境顯然影響個體是否有信心揭露自
己的族裔認同。雙親、監護人、家族、同儕、教師等，難免懷有社會偏見。因
此，多族裔青少年必須謹慎觀察哪個環境夠安全，適合揭露個人的族裔認同。
這些全都是青少年世界的重要組成部分，而且是在他們的認同發展過程中影響

其決定的變項。

▋多族裔社會的認同發展

認同發展模式（identity development models, IDMs）闡述多族裔者的經驗與族群自我認同歷程。他們複雜的心路歷程，最早見於 Everett Stonequist 在 1937 年出版的《邊緣人》（*The Marginal Man*）一書。Stonequist（1937）指出，多族裔者或「邊緣人」，夾在兩種不同的社會群體間。他的書生動描寫處在雙方水火不容、與生身父母文化迥異者的悲慘際遇。這本書講的雖然是多年前的故事，但依然道出當今多族裔者的矛盾處境。認同發展模式審視多族裔者的困境與優勢。Carlos Poston（1990）的線性模式主要探討雙族裔者的認同發展，其後的理論學者如：Root（1999, 2002）、Henriksen 與 Paladino（2009），開始從生態與動力的角度，深究多族裔和多元血統者的認同發展。

種族認同發展生態模式

延伸生態環境、文化與認同發展的概念，Maria Root（1994）認為影響多族裔者經驗的六大主題為：獨特性（uniqueness）、接納與歸屬（acceptance and belonging）、外貌特徵（physical appearance）、性（sexuality）、自尊（self-esteem）、認同（identity）。這些主題不僅影響個體的人際互動，也衝擊他們的認同發展，足見青少年認同發展過程之複雜。主題一：**獨特性**，一種異於他人、常被誤解的感受。多族裔者常覺得沒人真正瞭解他們的多元認同經驗，和主流群體相處時不知所措。主題二：**接納與歸屬**，被同儕、家族和主流社會接納的感受。若與上述團體的情感連結薄弱，可能萌生格格不入的孤立感與疏離感。主題三：**外貌特徵**，自認長得和周遭的主流群體或少數族裔不一樣。他們必須一直向別人解釋自己的出身背景和種族緣由，無法放心地隸屬任一特定種族或文化群體。主題四：**性**，通常指的是混血女性比其他單一種族女性同儕更具性魅力的迷思，影響同儕與親密關係。主題五：**自尊**，與其他主題交互影響。「個體的自尊來自於覺得自己很特別，受到重視、關懷與接納」（Root,

354

1994, p. 471）。因此，若個體在前述主題的經驗不佳，自尊也岌岌可危。主題六：**認同**，意指以個人的多族裔身分為榮，願意融入成為多族裔血統的一份子。

Root（1999, 2002）的種族認同發展生態模式明白道出多族裔者的生態環境對認同發展的影響。Root 後來又再加上性別、階級、性取向、區域、種族歷史、族群關係等環境變項。另外，家庭功能與社會化、種族／族裔認同、特質與潛能、社區態度、種族社會化、表現型（phenotype）等，也都可以細分為額外的變項去做探討。

多元傳承認同發展模式

Henriksen 與 Paladino（2009）根據 Henriksen（2000）的研究，提出多元傳承認同發展模式（multiple heritage identity development model, MHID），從非線性的創新觀點檢視多族裔者的身分認同。該模式認為，舉凡族群、性別、性取向、國籍、宗教信仰／靈性、原生血統、語言等不同傳承，都是個體的認同探索面向。多元傳承認同發展模式適用於任何年齡層，包含六個時期：中立期、接受期、覺察期、試驗期、過渡期、確認期。一旦出現新的際遇，這些時期可能同時出現或再度循環（Henriksen & Paladino, 2009）。多元傳承認同發展模式可說明青少年後期不斷變化的狀態，從更多元的面向理解他們的經驗。選擇青少年臨床介入策略時，不妨參考種族認同發展生態模式（Root, 1999, 2002）與多元傳承認同發展模式（Henriksen & Paladino, 2009）。

案例描述 14.1

355

阿曼達

16 歲，高一生。她的爸爸是白人，媽媽是菲律賓人。在她住的小鎮裡，媽媽算是少數族群，而她就讀的學校約有五百名學生，大部分是白人。阿曼達求助諮商的原因是父母親要求她選讀工程學系方面的大學。她的爸媽都是成功的電機工程師，堅信「這才是她正確的道路」。阿曼達心裡很猶豫，她真正喜

歡的是表演和音樂，但爸媽卻拒絕接受。「我拚命想告訴他們電機工程不適合我。我的理工科目成績是很好，只是談不上喜歡。」阿曼達想要讀有表演藝術科系的大學。

第一次晤談時，阿曼達沉默片刻，然後開始哭泣。她說爸媽的管教方式專斷獨行，「不管他們說什麼，我都得聽。」阿曼達還說因為她的外表，使得她和大家格格不入。「學校大部分的同學都長得很像，只有我像個……外人。要一直跟大家解釋我的爸媽來自兩個不同的國家，實在很累。所以有時候我會說謊，說我是白人。」她希望自己能像爸爸一樣膚色白一點，但這可讓媽媽不高興了。她坦承從沒跟爸媽談到種族問題，只聽一些親戚講過媽媽的身世。「發生那麼多事，可是我還沒有準備好要去面對。」

後千禧世代青少年：須關注的議題

心理健康研究

千禧世代與後千禧世代（the millennial and postmillennial generations），又稱 Y 世代（Generation Y）、自拍世代（Selfie Generation）、數位原住民（Digital Natives）（Caumont, 2014），推著當代青少年面臨前所未有的挑戰。Twenge（2011）在青少年心理健康趨勢分析文中下結論道，近來青少年心理疾病的盛行率「令人瞠目結舌」（p. 469）。焦慮、憂鬱以及其他心理疾病問題節節高升，某些研究雖然指稱自殺和憂鬱有緩和傾向，但精神崩潰及各種心身相關的抱怨主訴有增無減。從抗憂鬱藥物使用量與談話治療人次屢創新高可見一斑（Twenge, 2011）。

近期研究強調在青春期及早發現憂鬱和焦慮等心理疾病問題的重要性，這些心理疾病很可能是成年期相關心理疾病的先兆（Wolitzky-Taylor et al., 2014）。

356　但就連實務工作者也很容易漏掉青少年憂鬱症，造成青少年憂鬱症的辨識率遠不如成人（Leaf et al., 1996），可能是因為層出不窮的症狀，如：情緒反應性、飲食異常、學業問題、物質濫用或病因不明的種種生理抱怨，才是求診的主訴問題（Thapar, Colishaw, Pine, & Thapar, 2012）。此外，青春期憂鬱症也是自殺的主要危險因子，為青少年族群的第二大或第三大死因（Windfuhr et al., 2008）。

　　壓力生活事件與壓力引發的情緒，對青少年大腦的影響不容小覷。例如，日常生活壓力和負向情緒經驗（尤其是憂傷與孤獨），與青少年後期的憂鬱症、下視丘─腦下垂體─腎上腺（hypothalamic-pituitary-adrenal, HPA）軸向功能，以及可體松濃度息息相關（Doane et al., 2013）。研究發現，童年壓力環境和青少年後期的焦慮症有關。某些因素如：不良的管教方式、霸凌受害者、雙親有憂鬱焦慮病史、童年長期受挫和無力感，都是青少年後期焦慮症的高風險因子（van Oort, Greaves-Lord, Ormel, Verhulst, & Huizink, 2011）。

　　研究顯示，求助心理健康服務的青少年擔心被汙名化，男性尤其不敢求助（Chandra & Minkovitz, 2006）。青少年依賴家中長輩供給，若造成青少年痛苦的是他尚且無力脫離的混亂家庭，更讓治療變得棘手。家長一方面鼓勵青少年做決定，但又對這些決定下指導棋，讓他們不知如何是好。有些家長連番對青少年的工作、升學和關係抉擇提出意見，青少年根本無法行使自主權。加上多數青少年仍須仰賴家人提供經濟支援，想要求助諮商還得看家長出不出錢。是故治療關係的建立，仍以青少年尚須依賴家長的支援為前提考量。本章稍後會再進一步討論這個問題。

▌青少年在虛擬世界的關係

　　由於社交是青少年生活很重要的一環（Larson & Hartl, 2013），因此臨床工作者必須瞭解現代青少年是怎麼跟同儕團體建立關係的。現今青少年每天都在運用科技培育社交關係。在這個科技發達的社會，青少年的溝通與互動型態，
357　已非過去十年甚至五百年前能比擬（Giedd, 2011）。各種科技配件、智慧型手機及平板電腦不斷推陳出新，青少年一頭栽進沉迷於這些科技裡，成了他們與

周遭世界交流的主要形式。這些出生於 1990 年代中後期的青少年，一出生就與電腦為伍。他們的溝通方式與建立關係的型態，令之前的世代望塵莫及。

　　被稱為**數位原住民**的青少年，平均日花 11.5 小時（時數仍持續上升中）在媒體上面（Giedd, 2011）。調查顯示，超過 50% 的青少年每天必定使用社交媒體一次，22% 的青少年每天至少登入最喜愛的社交媒體十次以上（Common Sense Media, 2009）。由於社交媒體日新月異，這項數據變化之快必定超乎想像。75% 以上的青少年擁有自己的手機，可見當代青少年的情緒與社會發展受高科技影響之深（O'Keeffe, Clarke-Pearson, & Council on Communications and Media, 2011）。

引導活動 14.3

高科技下的犧牲品

說明：閱讀以下案例，列出影響個案生活的高科技清單。

　　莉迪亞，16 歲，白人女孩，被媽媽帶來諮商。第一次晤談時，看得出莉迪亞愁容滿面，低著頭搓揉兩手，坐立不安。短暫沉默後，她的椅子傳來輕微振動聲，她嚇得趕緊拿起手機，讀了一些訊息。每當振動聲響起，表示又有新的訊息進來，一連串振動聲長達半分鐘之久。莉迪亞皺了皺眉頭，關掉手機放在大腿上。諮商師決定用這個開啟話題。

諮商師：妳的手機好酷。那是上星期才出的最新款嗎？

莉迪亞：是的，媽媽買給我當生日禮物。

諮商師：妳喜歡嗎？

莉迪亞：（嘆了一口氣）嗯……本來是很開心，但我的生活被它害慘了。

諮商師：害慘了？

莉迪亞：沒錯，我一直受到簡訊轟炸，片刻不得安寧。自從……（莉迪亞低下頭，掉下眼淚）

諮商師：發生了什麼事？

莉迪亞：（用手帕捂住臉啜泣）這就是為什麼我會來這裡。我不該加入什麼約會交友網站的。

諮商師：妳很後悔加入約會交友網站。可以多說一點嗎？

莉迪亞：網站的名字是「愛神丘比特之箭」。你看過它的廣告嗎？

諮商師：好像有印象。但它有青少年約會交友項目嗎？我以為那是成人約會網站，可見我沒有跟上最新科技潮流。

莉迪亞：我上傳我的檔案，謊報年齡。那是免費的，所以我媽不知道。在學校裡，男同學根本不理我，但加入「愛神丘比特之箭」之後，一大堆男孩趨之若鶩，話說得動聽。我霎時覺得別人終於看到我的存在了。用網路聊天，比面對面講話容易多了，一點都不用怕冷場。我可以好整以暇地構思寫信，如果覺得對方可愛，就挑逗他們一下。我從來沒那麼有自信過，我以為這種好事會持續下去，直到……

諮商師：直到……

莉迪亞：他的名字叫亞瑟，17 歲，在鄰鎮讀高中。我很高興有同年齡的人可以講話聊天。他真的帥斃了，我很快就喜歡上他。我給他我的手機號碼，幾乎天天互傳訊息。媽媽抱怨我老是盯著手機螢幕看，但媽媽本來就很愛碎碎念。亞瑟加我臉書和 IG 好友，他甚至開始追蹤我的攝影部落格。他知道我喜歡攝影，每次都會在照片下方留下很棒的評論。

諮商師：聽得出來妳很高興認識這位朋友。

莉迪亞：本來是！他還傳訊息說要當我的男朋友。我好開心，把我的臉書感情狀態設成「穩定交往中」。之後，每個人都開始來關心我，我把他的臉書照片拿給同學看，她們都替我高興。即使我從來沒有見過他，但因為交了這個新男友，我變得越來越受歡迎。（她的眼眶又泛淚了）

諮商師：講到這裡，看得出來妳真的很難過。

莉迪亞：糗大了！結果他竟然是個大混蛋！（啜泣）他要我傳一張裸照，我還真照做了。誰叫他每天都傳訊息來，叫我趕快寄。一開始我不要，最後還是屈服了。他很會甜言蜜語，說他很愛我之類的。

諮商師：我懂了。

莉迪亞：全都是謊言。亞瑟把我傳給他的照片再傳給他的朋友看，他們竟然 po 在網路上！現在兩所學校的人都看到了。警察發現我只有16 歲，找上門來，我真的惹上麻煩了。朋友不再理我，無視我的存在，在網路上留言罵我，說我是賤人。你聽到這些訊息的聲音了嗎？（她舉起手機）這些只是其中一小部分。他們一直罵我：「妳這個婊子。」我再也沒臉見人了！我想要搬走！

研究顯示，人類的大腦會適應環境的變化（Giedd, 2011）。一天到晚透過科技與外界互動的青少年，正在形成另類的文化樣態。研究亦指出，長時間待在螢幕前面，給青少年帶來不少新的挑戰，包括：面對面接觸時間減少、久坐不動、網路霸凌、社交能力退化、孤立感增加，以及憂鬱與焦慮的發病率提高（Selfhout, Branje, Delsing, Bogt, & Meeu, 2009）。此外，由於青少年的情緒自我調節能力有限、易受同儕壓力影響，網路社交互動的風險大增（O'Keeffe et al., 2011）。其他研究亦顯示網路霸凌（Patchin & Hinduja, 2006）、個資外洩、色情訊息（sexting）、網路成癮、睡眠不足等，都是常見的問題（Christakis & Moreno, 2009）。雖然鮮少研究指出電子溝通媒介如何影響青少年的家庭互動，但可以想見頻繁的同儕交流必定剝奪親子相處時間（Subrahmanyam & Greenfield, 2008）。儘管存在這些風險，科技無疑為青少年關建另一個人際關係和發展認同的虛擬空間（Subrahmanyam & Greenfield, 2008）。

上一代的年輕人，情感連結能力建立在日常生活現實的互動。如果現代社會越來越依賴科技裝置，對親密感的建立究竟是好是壞，研究尚未得出結論。根據 Pew 網路研究中心（Pew Internet Research）的調查（Lenhart, 2009），當代

青少年傳簡訊的次數，比見面講話還勤快。視訊聊天室提供有如面對面接觸的錯覺，讓兩端的使用者得以繼續保持距離。自從電話發明之後，看著對方的眼睛說話、閒話家常、互相訴苦、吵架爭執、邀請舞伴等，那樣的日子似乎一去不復返了。結果，一向相沿成習的約會交往與關係發展樣貌，最近 15 年來也以驚人的速度變化（Clark, 1998; Wilson & Peterson, 2002）。

　　數以百萬計的年輕人透過交友網站、社交軟體、私訊、email 和視訊聊天拓展人際關係。有些人還沒親眼見面前，早已在網路上認識很久了。研究發現科技進步反倒讓人越感孤獨（Fischer, 2009）。科技既能載舟，亦能覆舟；既能迅速地開啟關係，也能在眨眼間結束。現今青少年出其不意地用簡訊分手，或隨意在社交媒體更動感情狀態。很多方式都快到難以及時看出它們對青少年心理健康的影響。這些都是在科技進步的社會進行諮商時須認真思索的現象。

青少年的關係暴力

360

　　不幸的是，現代青少年碰到關係暴力和創傷經驗的風險，完全不亞於上一代。根據《精神疾病診斷與統計手冊第五版》，將近四分之一的青少年曾遭受「極端壓力」（DSM-5; American Psychiatric Association, 2013; Costello, Erkanii, Fairbank, & Angold, 2005）。研究證實許多人在童年和青少年期曾經歷或目睹多種關係暴力。事實上，家庭暴力、約會暴力、社區暴力三者環環相扣。Saunders（2003）發現多數暴力受害青少年，往往也是其他暴力形式的受害者。自陳遭受單一暴力攻擊的為少數族裔青少年，而多數兒童虐待受害者也蒙受多重暴力，先前不少研究已得出類似結論（Finkelhor & Dzuiba-Leatherman, 1994; Green, 1998; Kilpatrick & Saunders, 1999）。全國青少年調查（National Survey of Adolescents, NSA）的系列研究更是讓人不能忽略這項事實（Acierno et al., 2000; Crouch, Hanson, Saunders, Kilpatrick, & Resnick, 2000）。一項隨機電話訪問 12 到 17 歲受暴青少年（N＝4,032）的研究發現，將近 50% 的受訪者回答在四種暴力型態中（目睹暴力、身體暴力、重大傷害、性暴力），至少曾遭受其中一種暴力攻擊。受訪兒童中，40%（全部受訪者的 20%）自陳遭到至少兩種以上的

暴力。這些兒童不是曾目睹社區暴力，就是身體或性暴力的倖存者，半數以上是家暴受害者。此外，遭受家庭暴力的受訪者中，有 40% 到 80% 說自己也是其他形式暴力的受害者。

　　疾病管制與預防中心指出，親密伴侶暴力（intimate partner violence, IPV）通常在年輕時即露出端倪。9% 的高中生自陳曾遭受約會暴力（Eaton et al., 2012）。這項調查也顯示 22.4% 的女性和 15% 的男性不但在青少年期首度受到親密伴侶暴力，他們成年之後也有遭到性侵害、身體攻擊及被尾隨跟蹤的慘痛經驗。過去二十多年來的關係暴力研究，一再顯示青少年期的暴力會演變成成年期虐待情事。導致事態惡化的因素包括：貧窮、貧困社區、壓力、家庭失功能、雙親失和、家庭暴力等（Tolan, Gorman-Smith, & Henry, 2006）。

　　多數心理健康研究機構指出，打擊關係暴力，首重預防。近期推動的親密伴侶暴力預防措施，如：「開始堅強」（Start Strong: Building Healthy Adolescent Relationships initiative），成效卓著（Spivak et al., 2014）（譯注：見 http://startstrong.futureswithoutviolence.org）。運用公共衛生領域的社會－生態模式（social-ecological model）、創意的社會行銷和社會媒體，教導青少年、家長和校方聯手努力，推動暴力預防計畫。

361

▍青少年的創傷

　　Finkelhor（2009）曾說，兒童和青少年是最容易成為犯罪被害人的族群。根據美國司法部全國犯罪受害調查（National Crime Victimization Survey, NCVS）報告指出，1993 至 2003 十年間，每年訪問十萬名民眾的結果，發現針對 12 到 17 歲青少年的重傷害、強暴等整體暴力行為，是其他年齡層的兩倍以上。尤有甚者，將近半數（47.2%）的受害者為 25 歲以下的現役軍人（Department of Defense, 2012）。許多研究早已指出創傷對兒童和青少年的潛在影響，如：憂鬱、焦慮、低自尊、易怒、罪惡感、羞恥、睡眠與食欲障礙、攻擊行為、解離、自殺、物質濫用與依賴、社會功能缺損、人格障礙、親密關係問題、創傷後壓力症候群，以及其他健康風險如：糖尿病、癌症、心臟病、胃腸疾病等

（Kendall-Tackett, 2009）。

看到這些驚人的統計數據，諮商師必須準備好有效的青少年創傷倖存者的介入策略。研究證明受創青少年在經過治療後，在個人、人際與社會功能上有顯著改善（Briere, 1992; Cohen & Mannarino, 2008; Ducharme, Atkinson, & Poulto, 2000; Finkelhor, 1998; Harvey & Taylor, 2010; Saywitz, Mannarino, Berliner, & Cohen, 2000）。基本方針是確保青少年的安全，並降低創傷的衝擊（Foa, Keane, Friedman, & Cohen, 2009; Glaser, 1991）。實證研究支持有效的療法，如：以創傷為焦點的認知行為治療（trauma-focused cognitive behavioral therapy），顯示每週一次、一次 60 至 90 分鐘，經過 12 至 16 次的療程後，超過 80% 的受創兒童獲得顯著改善（Cohen, Mannarino, Berliner, & Deblinger, 2000; Deblinger, Lippmann, & Steer, 1996）。

適合青少年後期發展的介入策略建議

處遇青少年個案時，有幾項因素應納入考量。例如，青少年是否自願前來諮商，抑或被父母、法庭等外力強迫而來。在學校諮商與在社區機構諮商，狀況又不一樣。此外，諮商策略的選用，須呼應青少年的社會、情緒和認知發展階段。例如，非指導性的個人中心遊戲取向，較適合兒童與青少年前期個案；對年紀稍長的青少年則採洞察取向的談話治療兼表達性藝術活動（Sori & Heckler, 2003）。

諮商師應對青少年個案進行縝密的「檢傷分類」篩選流程（triage decision making）。如果青少年因受虐而接受創傷治療，非施暴方親人幫不上忙，家不是個安全的避風港，或家庭暴力情況堪虞，此時諮商師應：（1）若懷疑個案有危險，須諮詢並通報兒童保護專線；（2）將照顧者轉介到更為專業的服務機構（伴侶、個人或家庭諮商），解決教養問題（Tavkar & Hansen, 2011; SAMHSA, 2014）。

創傷諮商的重要介入措施之一，是訓練青少年學習健康的因應方式。許多

受虐倖存者的創傷經驗一被挑起，即採不當的方式（如：閃躲逃避、不予理
會、呆若木雞、物質濫用、飲食失調或自我傷害等）來應付排山倒海而來的負
面想法、情緒和感覺。諮商師應告知照顧者治療目標，包括：肯定訓練課程、
設立健康的界線、健康的情緒表達，確保家長能瞭解、支持並滋養孩子在家裡
的學習環境（Cohen et al., 2000）。

　　有些家長誤認諮商師教孩子情緒表達，是不尊重長輩或叛逆行徑。例如，
諮商師鼓勵青少年練習自我肯定語句，如：「聽到你對我大吼大叫，我覺得很
受傷。」這些練習雖有助於原處被動位置的青少年學著保護自己、免受傷害，
但要留意部分家長可能反倒認為孩子竟然會頂嘴了，進而處罰得更嚴重。因
此，除了評估症狀外，諮商師也應審慎考慮青少年的準備度、家長的支持度、
身心安全，以及是否能定期規律地來諮商。

　　18 歲以下的未成年者，必須取得監護人同意才能諮商。即便家長的參與
能大大提高諮商效果，但也可能影響青少年揭露的意願。Helitzer、Sussman、
Hernandez 與 Kong（2011）指出：「必須找出既能保護青少年隱私，又能協助
家長預防孩子高風險行為的平衡點。」（p. 404）說明諮商流程時，應與青少年
及家長討論他們對諮商的期待、保密的限制條件。目的是建立一個能夠安心談
話的環境，使青少年不用擔心諮商師會跟父母通風報信（除非有必須打破保密
的強制要求情況出現）。Sommers-Flanagan 與 Bequette（2013）認為，在諮商初
期就須做好評估、建立關係、父母效能訓練及個案概念化（case formulation）。

　　建立友好、互信的諮商關係，無疑是諮商能成功最重要的因素。研究發現
治療同盟能顯著提高諮商效果，如：緩解症狀、改善家庭關係、提高自尊、提
升社會支持滿意度（Hawely & Garland, 2008）。Rogers（1957）強調治療同盟的
三大核心要素是：（1）同理心，（2）真誠一致，（3）無條件正向關懷。**同理
心**是指助人者瞭解當事人的內在參考架構。下面這段話，最能闡述 Rogers 的
個人中心諮商理念：「為了協助你，我會把原來的我放在一邊，盡我所能地完
全進入你的知覺世界。感覺就像是我成了另一個你。」（Rogers, 1951/2003, p.
35）。**真誠一致**是指助人者展現「毫不做作的自己」（Rogers, 1957, p. 97），坐
在當事人面前的助人者，言行一致、表裡如一。最後，**無條件正向關懷**的助人

者，溫暖地接納當事人，就算當事人是做出高風險行為的青少年也不例外。諮商師如能至少做到上述三點，必能和青少年個案建立更穩固的治療關係。

案例描述 14.2

茉莉

　　17 歲，高三女生。前來諮商時，她的衣著整潔、謙恭有禮，自述喜歡上學，說學校「是我的避風港」。她說她想從軍或當一位醫生——不過，諮商師注意到她不太談要怎麼去達成她的目標。和她的父親初次晤談時，茉莉一臉愁容、不發一語，並且面露懼色。茉莉出生在牙買加，她和父親兩年前合法移民到美國，但媽媽卻沒有同行。他們兩人都在同一家超市工作，賺取生活費。對於茉莉前來諮商，爸爸表現出不以為然的態度。

　　爸爸在茉莉的阿姨要求下，勉為其難地答應初次晤談，「簽署一些文件」。上星期，茉莉告訴學校警衛她被一位鄰居老先生猥褻。爸爸跟諮商師說：「我女兒知道她自己在做什麼。」諮商師向兩位說明諮商流程，討論保密問題後，請爸爸到候診室等待。茉莉一開始只是沉默地坐著，低頭不看諮商師。最後才說：「我什麼都不能告訴你。爸爸把所有的事都怪到我身上。他說如果我跟你說任何家裡的私事，我就會被禁足。」雖然她真的很想跟諮商師說出一切，但她也說：「我習慣靠自己活下去，不要別人幫忙。」

　　如何與多族裔兒童與青少年建立治療同盟，可從某些文獻得到啟發。Herring（1995）建議建立讓個案感覺安全、可以暢所欲言的環境為首要之務。個案所說的主述問題和知覺想法，應該受到全然的尊重。諮商師應以開放的心胸看待個案的問題，或許和家庭與同儕有關。諮商師也應自我反思對青少年的態度和偏見，因為任何偏見都不利於治療關係和治療進行。此外，自我檢視的工夫也要用在提升臨床知能，關心日益複雜多樣的青少年議題。

　　諮商師的訓練應包括瞭解青少年認同發展及引導討論技巧。特殊議題如：

創傷、飲食違常、物質濫用或自我傷害等，皆須接受額外訓練。由於網路資源琳琅滿目，使用前須詳加判斷網路資料的可信度。加州兒童福利實證資料庫（The California Evidence-Based Clearinghouse for Child Welfare, CEBC; http://www.cebc4cw.org）是助人者可善加利用的資源。該資料庫提供諸多涵蓋各種特殊議題的實證支持實務工作指南。此外，諮商師也應具備心理評估與篩選的知能。讀者可到物質濫用與心理健康管理局官網（samhsa.gov）免費下載諮商工具百寶箱。不過，雖然線上資源豐富，提醒諮商師也應培養使用能力。

　　青少年的發展與社會環境生態系統環環相扣，生活各個面向與各種關係，好的壞的全交織在一起。此時，家系圖和生態圖可派上用場。家系圖（genograms）（McGoldrick, Gerson, & Petry, 2008）以視覺化方式呈現個案的家族史和家庭關係，顯現有哪些影響力作用於他們的主述問題。生態圖（ecomap）（Logan, Freeman, & McRoy, 1987）則可用來瞭解個案當前的生態與情境脈絡影響因素。生態圖和家系圖的共同點是描繪出家庭的影響力，同時也進一步看到外部系統是助力還是阻力。諮商師可藉此快速蒐集到豐富的背景資料。另外，個案亦可透過深入探索，從中覺察個人的認同歷程。

　　媒體或文學資料很適合用在自我探索的心理教育宣導。讀書治療、自由書寫、說故事、影片欣賞、網路資源等，都能幫助青少年多瞭解他們的社會、認知及情感世界。透過心理教育宣導賦能個案，認可自己的經驗，為成年期預做準備。心理教育宣導也能帶出個案的特殊興趣（如：藝術與音樂），為未來的探索奠定基礎。

　　進入高等教育就讀的青少年，有大學諮商中心作後盾，協助因應包括適應問題（如：上大學、獨立、離家）、關係問題（如：同儕、家庭、重要他人、溝通問題）、學業困難（如：學習技巧、時間管理），以及其他重要問題（如：飲食失調、憂鬱、焦慮、自殺意念、物質使用、性侵害、ADHD）。大學諮商中心提供許多服務項目，如：個別諮商、團體諮商、危機介入、用藥與診斷、諮詢、外展計畫等（Sharkin, 2012）。所幸，這些服務已經算在學費內，幾乎是免費的。大學諮商中心的老師熟諳大學生發展理論，如 Chickering 的七大發展向度、Kolb 的經驗學習理論、Perry 的學生發展認知理論、Schlossberg 的過渡

論（Evans et al., 2010），各種與大學生相關的議題都可向他們請益（Grayson & Meilman, 2006）。

　　最後，諮商師別忘了要從文化的角度來看待青少年，從個案獨特的需求出發，制定介入策略。瞭解並應用多族裔的主題與認同發展模式，一方面以歷史觀綜觀個案的發展，同時也重視家長、同儕、社群和社會的影響力。

諮商的基本原則

366

- 青少年後期處於依賴到自主的發展階段，是個充滿壓力的過渡期。
- 數位時代已成為千禧世代及後千禧世代生活不可或缺的一部分，青少年的溝通方式也大受影響。
- 欲瞭解青少年的行為，須從遺傳、童年經驗、環境、大腦發展等因素來探討。
- 自我與生活探索是青少年後期的重要議題。
- 雖處於獨立自主的過渡期，但受制於經濟條件或家庭固有觀念等，導致青少年施展不開，屢遭拘束。
- 青少年後期的生態環境廣袤開闊，形塑他們的認同發展。
- 互信互賴的諮商環境是與青少年建立關係的不二法門。

┌───┐

本章作者簡介

Derrick Paladino，博士、有照心理健康師、諮商師。羅林斯學院諮商
學系研究生。他的臨床與研究興趣包括：多元族裔認同、大學生諮商、
大學生發展。他是《多元族裔個體、伴侶與家庭諮商》（*Counseling
Multiple Heritage Individuals, Couples and Families*）（暫譯，美國諮
商學會出版）一書的共同作者，也是美國諮商學會「多元族裔諮商勝任
能力」特別工作小組成員。

Leigh DeLorenzi，史丹森大學諮商員教育學系助理教授。除了教學
外，她還擔任當地兒童與青少年虐待與創傷倡議志工／督導。她的研究
興趣包括：諮商所研究生行為準則、兒童性虐待受害者治療耗竭預防、
家庭暴力、兒童倡議中心的檢傷決策。她致力於發展兒童與青少年創傷
諮商、家庭諮商、創傷對大腦發育影響的訓練課程。DeLorenzi 博士亦
為史丹森大學創傷治療認證學程的創辦者。

└───┘

15
Chapter

成年初顯期諮商（18-21 歲）

Laura Choate

> 一向發生在青春期的事情，如今出現的時間晚多了。25 歲反倒像是 15
> 歲。這樣不但延後了孩子的成熟年齡，也徹底改變了他們。
>
> ——**Allen & Allen**（**2009, p. 25**）

引言

　　青少年後期與成年早期，是發展階段相當重要的一段時期，也為未來人生
持續發展奠定重要基礎。這段期間的生命抉擇，大大影響往後的人生（Zarrett
& Eccles, 2006）。近年來，學者們逐漸意識到過去獨領風騷的 G. Stanley Hall
（1904）與 Erik Erikson（1968）的理論，已不再能充分說明成年期的經驗。從
前的成年期，指的是脫離原生家庭獨立，擔負起穩定的成年角色。以往進入成
年期的分水嶺原本十分清楚，絕大多數人在 20 歲前後成家立業，找到終身伴
侶及全職工作。21 世紀初開始，情況完全不一樣了。人們花數年的時間尋尋
覓覓，盡可能對親密關係和工作抱持開放選擇的態度，傳統的「成年期」如今
已延後到 30 歲左右。

　　Arnett（2000, 2004, 2007）最早提出青少年後期到 20 幾歲這段獨特的發展
時期，統稱為**成年初顯期**（**emerging adulthood**）（譯注：又稱始成年期、準成
年期）。最近十年來的文化變遷，使得這段時期開始受到注目。例如，初婚年
齡大幅提高，男性延至 28.6 歲，女性延至 26.6 歲（U.S. Census Bureau, 2013）。

此外，想要接受高等教育、找到待遇更佳的工作，也讓高中畢業生進入大學就讀的人數屢創新高（68.2%；National Center for Education Statistics, 2011），延遲全職就業年齡。多數準成年人說他們要等到完成學業、找到穩定的工作後，才會考慮結婚。終身大事或為人父母不再是他們非得達成的階段性目標（Settersten & Ray, 2010）。整體而言，這是個嘗試多重角色與信念、探究「我是誰」、「我想成為什麼樣的人」的時期。於此同時，成年初顯期也是充滿變動、不確定的過渡期。

由於美國並沒有特定的里程碑指明何謂健康或準時出現的成年初顯期發展（Arnett, 2007; Garrett & Eccles, 2009），諮商師須進一步瞭解何謂成年初顯期，及如何提供最佳服務，以順利協助他們度過徬徨又困惑的成年初顯期。

===== **·讀完本章之後，你應該能夠·** =====

- 説明成年初顯期的主要特徵。
- 探討成年初顯期的生理與認知發展。
- 探討成年初顯期認同發展的重要任務。
- 説明成年初顯期的發展挑戰與相關諮商策略。

成年初顯期

Arnett（2004）指出成年初顯期的五大特徵，分別是：

1. **探索自我認同、關係與就業的時期。**四十多年前，Erikson（1968）已提出「心理延緩償付期」（psychological moratorium）的必要性——推延成年責任，透過多樣化的角色探索，嘗試發掘適合自己在社會中的位置（利基）（Arnett, 2000）。此為成年初顯期的重要面向之一。他們多方嘗試不同的人生選擇，逐漸找到清楚的自我認同。

375

2. **變動與焦慮的時期**。那麼多選擇攤在眼前，反倒讓準成年人不知所措。許多人對未知的前程茫然不安，還有些人因缺乏經濟資源或發生出乎意料的事件（如：孩子出生、父母死亡），不得不放棄某些選擇，徒呼奈何。

3. **關注自我（self-focused）的時期**。做決定時通常不會考慮別人，他們關注的是自己的需求。

4. **介於青春期和成年期之間，進退失據的時期**。如果問成年初顯期的年輕人是否覺得自己是成人呢？他們的回答通常是「是，也不是」（yes and no），既肯定又否定（Arnett, 2004）。準成年人認為成年期的定義為是否具備某些特質，而非由像是大學畢業、結婚或為人父母等特定人生事件來認定。至於他們會如何界定成年期呢？常見的回答是：（1）為自己負責，（2）獨立做決定，以及（3）經濟獨立。簡而言之，所謂的成年期並非僅限定在傳統的成人角色，而是指終於能依靠自己的能力生活（Arnett, 2007）。

5. **充滿各種可能性的時期**。許多準成年人說他們很喜歡這種半獨立、不受角色責任束縛、越來越自主的狀態。他們摩拳擦掌，自認潛力無窮、未來一片光明，並且肯定自己有扭轉乾坤、夢想成真的機會。

Arnett（2007）提醒大家留意，成年初顯期的五大特徵並非普世定理，而是這段發展時期的特色。他也指出這段時期歧異多樣的人生百態，使得每位準成年人享有的機會和自由不盡相同。擁有較多財務資源和家庭支持的人，角色探索的時間與不受責任拘束的情況相對較多；而有些必須工作以維持生計、被各種現實要求追著跑的準成年人，在沒有足夠的準備和支援下，被迫走入大人的世界（Settersten & Ray, 2010）。引導活動 15.1 將帶你反思對成年初顯期的想法。

376

引導活動 15.1

自我探索活動：成年初顯期

1. 回顧成年初顯期的五大特徵。你覺得哪個特徵最能代表這個階段？

2. 多數準成年人認為，能（1）為自己負責，（2）獨立做決定，（3）經濟獨立，才算得上是真正的成人。這些定義以能否自立自足為主，而非專指發生某個特定生命事件或里程碑。思考你對成年期的定義。它會如何影響你對準成年個案的看法？你是否認為個案在某一年齡或發展階段前，就應當（或不應當）做某些事？

生理與認知發展

　　相較於先前的發展階段，成年初顯期雖沒有太大的生理波動，但還是得適應青春期劇烈的體型變化。年輕女性的生理發展大致完成，年輕男性的體重、身高、肌塊和體毛等，到 20 歲出頭都還有生長空間（American Academy of Child and Adolescent Psychiatry, 2011）。成年初顯期的大腦結構與功能仍在發展中。以往學者假定青春期的大腦發展已經成熟，從具體思考進步到抽象思考。如 Piaget 所言，在青少年前期，多數人仍處於具體運思階段（Piaget, 1972），還不大能抽象思考。他們憑個人的感覺做決定，拿捏不定什麼是最實際的問題解決方案。到了青少年中期，開始進入形式運思期，慢慢懂得運用邏輯思考問題的**多重結果**（**multifinality**）（如：針對同一情境，可以想出各種選項、觀點、計畫或結果）。隨著邏輯、抽象思考、同理心在青少年後期持續發展，他們已有能力從不同角度思考世界、自主學習、想出問題解決方法、更有效率地處理訊息、反思內在經驗與生活環境、設定學習與職涯目標、節制高風險行為、延宕滿足、展現同理心、思考他人的觀點、更懂得如何化解衝突，以及欣賞周遭的文化內涵（American Academy of Child and Adolescent Psychiatry, 2011;

377

Simpson, 2001）。

不過，近期的大腦研究顯示，前額葉皮質直到 25 歲之後，才會完成重組與發展成熟。前額葉皮質掌管大腦的執行功能（如：自我調節、自我驅動、靈活變通、組織與指揮認知活動、情緒調節、行為調整等），即便到了成年初顯期，都還不一定具備調節與控制衝動，或執行有方向、合乎邏輯、目標導向行為的能力（Pharo, Sim, Graham, Gross, & Hayne, 2011）。換句話說，大腦的執行功能有待加強，有時雖能好好發揮作用，有時又前後矛盾，使得準成年人的行為捉摸不定，讓人難以理解。很多家長不解為何成年初顯期的孩子不能依個人的核心信念與價值觀，做出一致、合理、目標導向的決定。他們有時能做出成熟的決定，有時卻不懂得規劃、付諸行動、考量別人的觀點或管控好自己的情緒，令人百思不得其解（Allen & Allen, 2009; Steinberg, 2014）。

此外，成年初顯期也常是高風險行為的好發期。由於大腦執行功能區域的成熟速度不一，研究證實執行功能發展較差的準成年人，表現出較多的高風險行為（Pharo et al., 2011）。恰如青少年，準成年人評估高風險行為利弊的面向和成人不太一樣。與成人相較，準成年人優先考慮的是高風險行為的好處，而低估潛在的不良後果。他們明知風險存在，但權衡利與弊的比重不同。對準成年人而言，被同儕接納或短期滿足的利益，遠勝於負向結果（Mahalik et al., 2013）。由於他們把好處看得如此之重，即使知道可能有風險，依然會一意孤行（Institute of Medicine and National Research Council, 2011）。諮商師須瞭解準成年人這種前後矛盾的行為，再教導他們認識涉及的風險有多大。

認同發展

正向的認同發展是青少年和準成年人最重要的心理社會任務之一。根據 Erikson（1968）所言，**青少年期（adolescence）**是探索我是誰、找出個人定位的時期。但 Arnett（2004）卻主張這是發生在成年初顯期。理論上，認同形成的基本面向應是：既能獨立自主，又能與他人連結。認同形成也包括整合性

別、外表、性取向、種族、人格、職涯方向、價值觀、自我等各個認同的不同面向（Simpson, 2001）。準成年人常認為自己就像個「東拼西湊、兜不攏的馬賽克拼貼。他們必須在那個馬賽克拼貼裡，創造出一致性」（Knefelkamp, Widick, & Parker, 1978, p. 6）。

Chickering 的認同發展向度

　　Arthur Chickering（1969; Chickering & Reisser, 1993）的認同發展模式以 Erikson 的架構為本，是瞭解成年初顯期的重要參考依據。Chickering 的七個發展向度模式說明，個體越來越懂得與自己和他人相處，建立起指引個人行為的價值系統。儘管這七個向度相互關聯，彼此影響，但個體在這七個向度的發展步調不一，極少人以直線方式進展，也不必然和其他同年齡的人速度同步。還記得本書第 14 章曾討論 Chickering 的發展向度一：**個人能力**（**competence**）。以下再詳細說明他的七個發展向度。

▌向度一：發展個人能力

　　能力意指一般智能、體能及人際能力（Chickering, 1969）。隨著能力發展，個體逐漸接受自己的外表（體力、健康、耐力），與同儕建立友誼，達成學業目標。能力也意味著有信心因應生活的要求和壓力，包括：初次離家、適應大學生活或完成工作要求。例如，19 歲的大學新鮮人阿曼達，每週打工十小時。她不是很想這樣，因為這學期她可是修了 18 學分的課。不過，第一學期結束後，她很高興自己懂得如何做好時間管理，成績也維持在中上。

379

▌向度二：情緒管理

　　情緒管理（managing emotions）意指有能力覺察、瞭解及管理個人的情緒，而非任由情緒控制；有能力調節情緒，抑制強烈情緒。如前所述，由於前額葉皮質的成熟速度不均，準成年人相對比較不會適當地排解情緒、找到釋放情緒的管道、延後滿足及忍受焦慮。這個向度可以透過諮商獲得改善（詳見介入策略建議一節）。以 20 歲的雅各為例，他的成績平均 3.0，又是學生會長，卻在跟女友分手後情緒崩潰，沮喪了好一段時間。每個認識他的人都很驚訝，因為他一向冷靜自持、沉著鎮定，卻不會處理分手的情緒。

▌向度三：相互依賴

　　相互依賴（interdependence）這項發展任務的目的是學習獨立自主，同時又懂得與他人連結，和諧共事以達成個人目標。其中包括情感性相互依賴與工具性相互依賴：情感性相互依賴意指不再過度以尋求他人肯定或讚許來行事及做決定；工具性相互依賴則指有能力設定實際的目標，制定達成計畫，也體認到與他人是互賴互依的關係（Chickering & Reisser, 1993）。例如，奧莉薇搬離老家，對生涯路徑和關係做出自己的選擇，但她也瞭解自己不時需要父母的經濟支援，做決定時也會徵詢他們的意見。

▌向度四：建立認同

　　Chickering 認為正向認同建立在前三個向度上，並為下面三個向度做好準備（Chickering, 1969）。因此，向度四可謂立於樞紐位置。前三項任務是建立認同（establishing identity）不可或缺的要素，後三項任務則是為了建立清楚明確的認同感。如前所述，認同是透過拼貼各個面向的自我概念後，慢慢穩固下來的。Evans、Forney、Guido、Patton 與 Renn（2009）說明認同的面向包括（但不限於）：個人特質（接受身體外貌）、性別、性取向、種族（族裔）、文化認

380

同、家庭背景、教育程度、社經地位、宗教信仰等。把這些面向交織成一個穩定的認同，是成年初顯期最富有挑戰性且必要的任務。請利用引導活動 15.2 反思你的認同發展。

引導活動 15.2

　　思考你自己的認同發展過程。你是從什麼時候開始意識到你的自我一致性，有別於家人或朋友？你會怎麼從外表、性別、性取向、種族、文化認同、家庭背景、教育程度、社經地位及宗教來定義你自己呢？回想你是如何建立自我認同，以及該如何運用你的經驗協助準成年人個案順利度過這個過程？

向度五：培養成熟的人際關係

　　培養成熟的人際關係向度，主要是與同儕、伴侶發展親密及長期的關係，並修復原生家庭關係。根據 Chickering（1969）指出，要能發展成熟的關係，準成年人須培養容忍和欣賞不同人的雅量、接納自己和別人在所難免的缺點，深化同理他人和平等互惠的能力。

　　除此之外，為與他人發展親密關係，個體也應培養自我感與個人認同（Erikson, 1968）。Erikson 說明所謂的親密情誼，意指願意投注心力在支持、溫柔、但又不會失去自我的關係上。換句話說，認同發展是與他人建立成熟、親密、真誠關係的重要前提條件（Montgomery, 2005）。若準成年人還不瞭解自己，很容易在親密關係中失去自我。

　　青少年時期，友誼與同儕團體益發重要。剛開始是基於友伴與娛樂性質而共同參與活動。慢慢地，在參與更多有選擇性的活動，加上相互坦誠揭露之後，培養出深厚的友誼。這些友伴關係是可以暢所欲言、暢談抱負的安全場所（Radmacher & Azmitia, 2006）。然而，從青春期步入成年初顯期之後，同儕關

係的影響力大不如前。伴侶關係的重要性逐漸凌駕朋友甚至父母之上。事實上，當準成年人陷入熱戀，朋友帶來的幸福喜悅感遠不及戀人（Demir, 2010; Meuus, Branje, van der Valk, & de Wied, 2007）。研究顯示，擁有健康的伴侶關係，對身心健康大有助益，也較有可能在成年期建立良好的親密關係（Zarret & Eccles, 2006）。健康的伴侶關係賦予準成年人探索情感與身體親密度的機會，思考許下長期承諾、同居甚至結婚的可能性（Young, Furman, & Laursen, 2011）。欲投入一段伴侶關係時，雙方都應該時時問自己：「我想跟什麼樣的人共度一生？」或「我正在交往的對象，是否具備我欣賞的特質？」

　　另一個相當重要的是準成年人與原生家庭的關係。當他們離開原生家庭、獨立生活，也不可忽視與家人繼續保持友好的聯繫。家人不僅會提出建言與忠告，也提供情緒支持或經濟支援。家人之間要重新調整親密與自主的距離。準成年人希望父母繼續當他們的安全堡壘。當他們探索外在世界、嘗試新事物的同時，即使搬出老家，另與伴侶共組再生家庭，或出外工作打拚，仍渴望老家是可以放心依靠的避風港（Jordan, 2000; Worell, 2006）。事實上，準成年人和父母的情感親密程度，是整體幸福感的重要指標。親密的情感關係和心理社會適應、學業功能、生涯成熟度、獨立自主等息息相關（Arnett, 2007）。

　　準成年人要面對的另一個問題是，要不要繼續住在家裡（或是搬回家住）。民眾普遍認為準成年人的父母親不贊成同住，免得衍生諸多困擾。近期一項針對準成年人父母的調查結果略有不同：「社會大眾以為多數 18 到 29 歲年輕人的父母親會抱怨孩子搬回家住，其實是大錯特錯。父母親知道孩子就業不易、起薪低、租金高，又還沒有穩定的交往對象——不能拿現在跟三、四十年前的情況相比。」（Clark University News, 2013）。2013 年的調查顯示，61% 的父母非常贊同準成年人繼續住在家裡或回家同住，僅有 6% 的父母非常反對。多數父母也說跟孩子同住在一起感覺更親近：67% 覺得彼此更貼近，73% 覺得關係變得更好，86% 覺得孩子是快樂的源泉。雖然主流媒體一直灌輸父母不滿同住的準成年孩子，給他們貼上懶惰又自私的刻板印象標籤，但調查卻指出其實爸媽很歡迎孩子回家住，支持他們撐過這段過渡期（Clark University Poll of Parents of Emerging Adults, 2013）。例如，安娜在大學畢業後，因為第一份工

作的收入不高，付不起在外租屋的費用，使得她必須搬回家跟父母一起住。儘管不喜歡爸媽訂的家規，但她依然感謝爸媽適時伸出援手，工作之餘，她也會花時間從事一些休閒娛樂活動。

向度六：確立目標

確立目標（developing purpose）意指整合生命各個面向（如：職業、自我及人際）的優先順序，找出一個有意義、有方向的目標。為完成此任務，準成年人必須自問想對這世界做出什麼貢獻和改變。許多 20 歲上下的準成年人並不願意早早就設定人生方向。他們想探索各種可能的選項，盡可能地替未來找出路，等到成年期時，再致力於某一特定的生涯歷程。例如，20 歲的迪倫對於究竟要上大學，還是繼續留在大賣場工作，還沒下定決心。他並不想一輩子待在大賣場工作，讀大學只是因為目前還不確定未來的生涯走向。他先保持開放選項的狀態，免得因為只圍限於一項專業而封鎖其他可能性。

向度七：邁向統整

最後一項任務——邁向統整（developing integrity），是指準成年人有意地去釐清個人的價值信念，作為指引行為的準則。以下從準成年人的認知與道德發展，來探討邁向統整的歷程。

383　　William Perry（1970）以他對大學生的研究，提出成年初顯期特有的認知發展階段。這些階段說明一般準成年人獲取知識、學習、逐漸發展出個人信念與價值觀的途徑，也稱為**個人認識論（personal epistemologies）**或**認識信念（epistemic beliefs）**（Elby & Hammer, 2001; Muis, 2007; Murphy, Alexander, Greene, & Hennessey, 2012）。Perry 的智能與道德發展模式，說明大學生的智力與道德發展如何透過九個發展序位（positions）逐漸開展。由於他的模式以大學生為研究對象，對於理解大學生的發展特別有價值。許多剛進大學的新鮮人仍舊從二元化（dualistic）的角度看世界——不是對，就是錯。學生期待專家奉上對的

「答案」。隨著形式運思能力進展，他們才懂得從多元化（multiple）的觀點瞭解議題。這些觀點是相對的（relative）、具有同等的效力、視情況而定，並各有脈絡背景。加上其他成年初顯期的特徵，可以看到許多準成年人不願那麼快下定論，而是對「真理」或「正確」抱持開放的選擇空間。

然而，時間一久，相對主義的觀點變得令人無所適從、難以忍受，學生們開始意識到為了減輕這種緊張感，個人的承諾（personal commitment）是必要的。他們首度瞭解自己的觀點也可以是正確的，致力於建立個人的信念系統與訊息處理方式。但，看重個人論點的同時，他們也明白及欣賞他人亦可抱持有別於自己的觀點。事實上，Perry（2007）寫道，大學教育的目標，應該是協助持相對主義觀點的學生，學習如何在個人的知識與道德發展上定出承諾。為此，學生必須學會自我負責，而不是盲目地聽從他人的標準（Brownlee, Boulton-Lewis, & Purdie, 2002）。他們得在面臨人生抉擇時，努力負起責任，並時時自問：「如果以往所學都有令人懷疑的餘地，那麼誰該負起這個問題的責任？答案當然就是責任從外界轉移到我身上了」（Perry, 1970, p. 34）。服從社會與組織的要求，或許比堅持個人的思想與信念輕鬆得多。個體想要跳脫人云亦云、隨聲附和，得靠成熟懂事、個性堅強及自立自主，加上經驗、批判性反思和責任感，方有可能達成（Halonen et al., 2003; Perry, 1970）。

Perry（1970）的模式因未將女性包含在研究樣本內而飽受批評。在《女性的知識論》（暫譯）（*Women's Ways of Knowing*）（Belenky, Clinchy, Goldberger, & Tarule, 1986）一書中，作者從探討女性如何思索自我、權威、真理和生命選擇中，提出另一模式以補充 Perry 的不足。與準成年人最有關的是**自我沉默**（**self-silencing**）這個概念——他們把知識看成自身以外的事物，聽從他人的論調，沒有自己的聲音。然而，若有適當的發展條件，知者（knowers）可以走向「知識建構」（constructed knowing）。知者體認到自己是知識不可分割的一部分。這時候的個體「重視知識的多元來源，在求知的過程中強調個人參與及個人承諾」（Goldberger, 1996, p. 5）。此與 Baxter Magolda（1992）的「自我主導」（self-authorship）概念類似，意指明確指出個人信念、認同與社會關係的內在能力。選定個人信念後，就會生出捍衛它的勇氣。要有這樣的轉變，個體

384

必須對自己的行為、信念和價值觀負起責任，而不是過度依賴他人訂定的標準（Hensley, 2001）。例如下面案例描述 15.1 的說明。

案例描述 15.1

米莉

　　上大學第一天，米莉準時出席上課，準備用她過去在高中學習的那一套來念大學：牢牢記住課堂內容，再原封不動地寫在試卷上就可以了。她一向被動地吸收教材，就算是多重選擇題也得心應手。然而，上了大學後，她發現過去的作法似乎不管用。她很挫折，因為教授不再只提供教材，而是要她自己去找資料，整理摘要，找出答案。她尋思：「要是教授們給出答案，我再背起來就好了，這樣絕對沒問題。為什麼他們要把事情搞得那麼複雜？」慢慢地，她發現班上其他同學也陷入同樣的困境，在課堂上激盪各自不同的觀點。米莉聽著聽著，旋即明白或許沒有所謂的「真理」要去記住，所有的觀點都合理可信。越升上高年級，越須懂得建構個人的意見。她得學習闡述自己的政治信念與宗教看法，從被動的資訊吸收者，轉變成知識的共同創作者，在學習的過程中扮演主動積極的角色。

　　Lawrence Kohlberg（1976）也檢視個體從相對主義觀點，朝向個人承諾之後的道德發展。Kohlberg 說明個體在做關於社會正義方面的決定時，推理階段的階層差異。青春期時，多數青少年的道德推理層次以服從團體為主。慢慢地，他們開始質疑原生家庭灌輸的信念，瞭解到沒有絕對的規則，而是形成共識，好讓人與人之間可以和睦相處。如果規則不合時宜，當然可以質疑或更改。此種道德決定型態在人際關係中特別管用。年紀較大的青少年開始意識到他們需要一個可以理解社會議題的架構。因此，成年初顯期來到 Kohlberg 所謂的**後成規原則道德（postconventional principled morality）**（譯注：又譯道德自律期），亦即關心維繫社會秩序，所以在做道德決定時，不僅要考慮他人的

感受，也會考慮是否有利於整個社會的穩定（Kohlberg, 1976）。準成年人越來越看重基本人權與個人道德價值。個人所持的道德價值和行為表現漸趨一致。

後來，Gilligan（1982）質疑 Kohlberg 的道德推理模式過於推崇男性的抽象正義，無法適切說明女性的道德發展。Gilligan 認為女性的道德發展具有關懷他人、注重關係及強調責任感等特點，但男性較偏向使用抽象、缺乏人情味及正義導向的推理模式。Gilligan 的主張雖也受到實證研究質疑（Jaffee & Hyde, 2000），但的確也進一步把我們對道德發展的認識，擴展到強調關懷與回應他人的需求。經過一番質疑、評估，及考量他人的需要及最佳福祉後，準成年人慢慢發展出具個人意義的價值觀與世界觀，為他們的選擇及行為指引出方向（Simpson, 2001）。

須關注的議題

成年初顯期通常須面臨以下數個重大挑戰。第一，準成年人的周遭生活環境，不一定能提供他們達成該階段發展任務的助力。Erikson（1968）認為有助於認同發展的理想環境是：（1）可以嘗試各種不同的角色，（2）做選擇的經驗帶來有意義的成就，（3）毋須過度焦慮，（4）提供反思與內省的時間。傳統上，就讀大學提供如：培養獨立、與父母分化、自由選擇生活型態、追求更寬廣的生命經驗、反思自我，甚至延後擔負成年期責任等環境（Zarrett & Eccles, 2006）。但過去對準成年人來說的理想生活，未必符合當今 18 到 21 歲年輕人的現狀。過去的大學環境或許是自我探索的絕佳場所，但今日僅有少數大學生有充裕的時間可以一氣呵成地嘗試及內省。相反地，學校只是忙碌的工作、親子教養和財政負擔當中的一個角色而已。現在的準成年人多數無法一口氣完成高等教育，經常為了工作職責在身而多次中斷學業與重新復學（Arnett, 2007）。由此之故，僅有半數學生能在六年內拿到他們的第一個學位（National Center for Education Statistics, 2013）。

第二，高中畢業直接進入職場的準成年人，處境更為艱困。雖然有 68.2%

的高中畢業生直接升上大學，但仍有不少畢業生走的是另一條路（U.S. Bureau of Labor Statistics, 2013）。選擇就業的年輕人鮮有探索及嘗試的餘裕。他們在缺乏足夠的支援下，孤單地前進。沒有接受大學教育，很難達成認同發展的任務，更別奢求經濟獨立（Settersten & Ray, 2010）。例如，高中輟學生到了成年初顯期才嘗到苦果。他們的就業選項有限，不太能找到提供穩定薪水的工作，使得他們更容易濫用菸酒及藥物、從事危險性行為、犯罪和加入幫派（Henry, Knight, & Thornberry, 2011）。某些離開寄養機構的準成年人或回歸社會的更生人，因缺乏家庭結構與社群支持，處境更是雪上加霜（Arnett, 2007）。

案例描述 15.2

迪龍

19 歲，男性，出身單親家庭，有兩位姊妹。小學起就有學業及行為問題，16 歲時中輟，離開校園。迪龍開始跟一些老大不小的人廝混，染上菸酒和非法藥物。他成了癮君子，利用毒品交易賺錢。後來他被逮捕，送進少年感化院。迪龍覺得自己的前途茫茫。最近，他交往兩年的女友懷孕了。他沒有高中學歷，更別說大學學歷了。他不知道該怎麼跳脫貧窮和毒品的泥淖。即使想照顧女友和小孩，他也不知道能做什麼。他覺得人生毫無希望，可是他才 19 歲啊！

387　　　準成年人所遭遇的第三個問題，可說是具有致命的吸引力——成年初顯期看似不必承擔責任，前途不可限量，但不確定感和缺乏約束力，也很容易惡化成焦慮與其他心理問題。某些高風險行為在成年初顯期不斷向上攀升，包括：不安全性行為、物質濫用及危險駕駛（飆車或酒駕）（Pharo et al., 2011）。如前所述，追求新奇與感官刺激的驅力如此強烈，但可以抑制衝動的大腦前額葉皮質卻未完全成熟。情緒調節失準與情緒表達失當，導致他們驟下定論、貿然行動。

　　準成年人喜歡嘗試與追求冒險、快感，是因為既不用擔負成年責任（如：負擔生計、養兒育女等），又不像青少年期那般受社會控制或成人監督。成年初顯期的酒精使用／濫用情形令人堪憂，這些問題有可能在成年期引爆，如：難以建立親密關係、無法完成大學學業或無力承擔工作與經濟責任（Stone, Becker, Huber, & Catalano, 2012）。成年初顯期的物質濫用，也置準成年人身處毒品使用、犯罪與反社會行為、危險性行為及戕害身心健康的險境（Stone et al., 2012）。然而，即使物質濫用情形在成年初顯期大幅飆升，幸好，當他們願意擔負成人責任，比率即開始下降。進入婚姻和為人父母後，使用狀況更是急遽減少（Arnett, 2007）。

　　除了這些外顯行為問題外，成年初顯期也是心理疾病（如：憂鬱症與焦慮症）的好發期。調查訪問大學院校諮商中心主管，結果顯示大學生的心理問題不減反增，焦慮與憂鬱持續居高不下（Reetz, Krylowicz, & Mistler, 2014）。大學生最為迫切的主述問題，47.4% 為焦慮，其次為憂鬱（39.7%）、關係問題（33.7%）。總之，雖然有些準成年人能暫緩決定職涯及立下關係承諾，但也要注意還有不少年輕人面對徬徨的未來，只能一路跟蹌前進。

適合成年初顯期發展的介入策略建議

388

　　依據成年初顯期的特徵與挑戰，茲提出數點諮商策略建議如下。

從成年初顯期的背景脈絡看高風險行為

　　諮商準成年人時，常很難理解他們為什麼要沉溺於損人不利己的高風險行為無法自拔。準成年人缺乏規劃及設定目標、理性解決問題、控制衝動的充分能力，有時可以做出成熟的決定，有時卻又魯莽輕率，可以理解他們這段期間反覆無常的舉動。作為建立諮商關係的一環，諮商師應該尊重個案的世界觀。與其指出這些風險，諮商師可運用動機式晤談（motivational interviewing）技巧

表達理解高風險行為有其好處的同理心——例如，飲酒是為了和同儕交流，暫時把成年責任、學業和生涯煩惱拋諸腦後。目標是協助準成年人認識高風險行為的後果確實弊大於利（Miller & Rollnick, 2012）。除非他們打從內心相信，否則是不會有動機去改變的。

協助準成年個案建立社會支持網絡

許多成年初顯期的發展任務，顯然需要一定的社會與情緒能力，而那是透過與同儕和親密伴侶的互動經驗培養出來的。在與信賴和安心的對象互動的過程中，探索個人的信念與價值觀，慢慢確立自我（Jordan, 2000）。諮商師是陪伴準成年個案走向成年的重要支柱（Young, Marshall et al., 2011），協助個案結交益友，評估戀愛關係是正面效益抑或負向影響。若諮商師處遇的是整個家庭，可以鼓勵家長持續給予支持，指引人生方向，同時鼓勵孩子自立自足。如果個案與父母的關係不佳，也可嘗試以其他成人為楷模（如：老師、牧師、上司；Liang, Spencer, Brogan, & Corral, 2007）。

教導情緒調節技巧

瞭解情緒、調節情緒、適當地表達情緒，甚至承受一些不安，是成年初顯期的發展任務。諮商師可協助個案學習情緒調節的技巧，如 Marsha Linehan 為邊緣性人格障礙疾患所發展出來的辯證行為治療（DBT），是以個別或團體形式，教導個案基本實用的情緒調節技巧（Linehan, 1993），學習辨識、觀察、描述情緒；調節強烈、痛苦的情緒；增加正向情緒；降低對負面情緒的易感性（vulnerability）。經過持續不懈的練習，個案學會如何對情緒做出反應，賦予改變情緒反應的能力。如 Miller、Rathaus 與 Linehan（2007）的建議，降低易感性（如：關心自己的身體，減輕負面情緒的衝擊力）、增加正向情緒（如：累積日常愉快事件）以及建立掌控感（如：規律完成日常活動，建立能力感與掌控感）。

▌協助準成年人發展優勢能力來促進他們的認同發展

認同發展的其中一個重要面向是省思「我是誰」、「我想成為什麼樣的人」。如 Chickering 的發展向度一，亦即接納自己的外表（包括體重和體型）、學業與職業優勢、性格等使你之所以為你的特點。如實地評估個人的能力，學習安排調整外在環境，以便讓潛能得到最大發揮。諮商師亦可協助個案找到有助其成長的資源。

▌鼓勵準成年人確立目標，承諾個人信念與價值觀

準成年人不一定能與同儕甚或父母暢談個人的認同與生命意義，反而可以在諮商師建立的安全、包容環境下，找到新的方式來認識自己和他人，探索世界觀。跳脫過分依賴同儕和父母的觀點，諮商師帶領個案深入探討個人的價值觀與意義建構系統。諮商師鼓勵個案跨出同儕團體或家庭建構的舒適圈，澄清個人信念，展開新的生命扉頁，成為自己生命故事的作者（Hensley, 2001）。

390

20 歲前後的成年初顯期，是一段既掙扎又有趣的時期。從發展上來看，準成年人在建立自主性的同時，也需要成年人協助他們指引人生方向，當他們的強力後盾。諮商師協助個案搭起從青春期過渡到成年期的橋梁，確立有意義的人生目標，順利邁向人生下一階段。

案例描述 15.3

凱莉

20 歲，大三，前來社區心理健康中心尋求諮商。她說她不想去學校的諮商中心，怕被人知道覺得尷尬。凱莉的主述問題是焦慮，間或恐慌發作，難以集中注意力學習，考試時會焦慮。自從上大學後，焦慮的情況一直出現。她的主修是生物，預備畢業後考醫學院。可惜，她的大一生物和化學只拿到 C 和 D，當醫生的夢想恐怕一輩子都無法實現了。她先改主修英文，後改主修心理

學，接著又換成政治科學。現在大三了，她對上學失去興趣，每個禮拜花數個晚上跟朋友出去喝酒。她說至少喝酒的時候，不會想起煩心事。她的朋友也不知道畢業後何去何從，一副「漫無目標」的模樣，但是她常覺得跟他們在一起的自己像個騙子。她雖然喜歡出去找樂子，但她也相信自己能有一番作為。她很害怕現在這段時光轉眼成空，她得要「長大」。凱莉也覺得她好像讓家人失望了，因為他們供她上大學，期待她進醫學院。所以她不敢跟爸媽談她的迷惘與憂慮。她知道他們對她的平庸成績相當不滿，爸媽一定覺得供她上大學是浪費錢，「因為我沒有做好人生規劃」。當她一靜下來思考人生問題，例如一個人讀書的時候，一想到沒有達到父母的期望，一想到自己的未來，就萌生陣陣的恐慌。她不知道自己想做什麼、想住在哪裡，她連一個重要他人都沒有，只是「不停地在原地打轉」。只有去參加派對玩樂，才可以像沒事一般，但揮之不去的焦慮糾纏著她，伺機而動。她不確定能從諮商中獲得什麼，但希望諮商師可以讓她的焦慮「一掃而空」。

討論問題：

1. 你會和凱莉從哪裡開始談起？如何從發展的架構概念化凱莉的問題？

2. 凱莉正面臨哪些特別的發展難題？這些難題如何挑起她的焦慮？

3. Chickering 的認同發展向度中，哪些跟凱莉特別有關？

4. 有哪些諮商介入策略能幫助到凱莉？

諮商的基本原則

- 18 到 25 歲前後是獨特的發展時期，稱為成年初顯期。

- 成年初顯期的特色是：探索自我認同、變動與不安、關注自我、介於青春期與成年期之間、充滿各種可能性的時期。

- 掌管大腦執行功能的區域，通常到 25 歲左右才完全發展成熟，影響準成

年人的邏輯思考、做出合理一致決定的能力。

- Perry 的認知發展階段適合用來瞭解大學生知識獲得、學習、信念與價值觀發展的路徑。

- 成年初顯期若缺乏充分成長的環境，恐為未來埋下隱憂。例如，沒有大學學歷，較難達成認同發展任務和長期的經濟獨立。

- 成年初顯期是某些心理疾病的初次發作期，最常見的為憂鬱症及焦慮症。

- 對準成年人的諮商介入策略建議包括：促進認同發展、教導情緒調節技巧、強化社會支持網絡、確立人生目標及方向。

本章作者簡介

Laura Choate，教育博士、有照專業諮商師、諮商員教育／督導工作經驗達十五年。她的著作等身，關注女性的身心健康。她是 2012 年 *Journal of Counseling and Development* 飲食疾患特殊議題的客座編輯，也曾任 *Journal of College Counseling* 的編輯委員。她曾獲頒多項殊榮，包括：美國大學諮商學會傑出研究獎（American College Counseling Association Research Award）、路易斯安那州立大學 Phi Kappa Phi 非終身教職人文社會科學獎、2014 年人文科學與教育學院卓越研究獎。

國家圖書館出版品預行編目（CIP）資料

兒童與青少年諮商：理論、發展與多樣性／Sondra Smith-Adcock, Catherine Tucker主編；陳增穎譯.
-- 初版. -- 新北市：心理出版社股份有限公司, 2021.01
　　面；　公分. --（輔導諮商系列；21128）
譯自：Counseling children and adolescents : connecting theory, development, and diversity
ISBN 978-986-191-937-9（平裝）

1.心理諮商　2.兒童心理學　3.青少年心理

178.4　　　　　　　　　　　　　　　　　　　　　　　109021098

輔導諮商系列21128

兒童與青少年諮商：理論、發展與多樣性

主　編　者：Sondra Smith-Adcock & Catherine Tucker
譯　　　者：陳增穎
執 行 編 輯：陳文玲
總 編 輯：林敬堯
發 行 人：洪有義
出 版 者：心理出版社股份有限公司
地　　　址：231026 新北市新店區光明街 288 號 7 樓
電　　　話：(02) 29150566
傳　　　真：(02) 29152928
郵撥帳號：19293172 心理出版社股份有限公司
網　　　址：https://www.psy.com.tw
電子信箱：psychoco@ms15.hinet.net
排 版 者：菩薩蠻數位文化有限公司
印 刷 者：龍虎電腦排版股份有限公司
初版一刷：2021 年 1 月
初版二刷：2023 年 2 月
I S B N：978-986-191-937-9
定　　　價：新台幣 450 元